張無忌的猶豫、慕容復的執念、韋小寶的賭性
行為經濟學教你識破盲點，打通財經八脈！

岑嶸 著

決策江湖
金庸小說中的行為經濟學

刀劍爭生死，選擇定成敗
商業戰場臥虎藏龍，行為經濟學就是屠龍刀！

做出關鍵決策，讓你少走彎路，步步為贏

目 錄

內容簡介	005
序　有江湖的地方就有經濟學	007
第一章　參照依賴：奇妙的行為模式	013
第二章　成本收益：怎麼算，最划算？	041
第三章　偏見自負：錯誤決策與它們的產地	067
第四章　認知失調：選擇與錯覺	103
第五章　訊號理論：紛亂世界的說明書	131
第六章　情感迷思：愛恨情仇的代價	165
第七章　行為賽局：鉤心鬥角的最佳選擇	189

目錄

第八章　神經科學：大腦知多少？　　221

第九章　幸福探索：最重要的一種智慧　　251

寫在本書最後　　277

內容簡介

金庸小說讓人百讀不厭，但如果讀者以行為經濟學的視角去解讀這些故事，會得到全新的理解。金庸小說最精采的部分並非五花八門的武功，而是小說人物所展現的人性。各式江湖人物或愛憎分明，或險惡詭譎，令人著迷。那麼這些人物行為的深層動機是什麼？這些性格的產生原因又是什麼……

本書按照行為經濟學的主要框架展開，透過金庸小說人物來說明和解釋經濟學概念，釐清行為經濟學的主要脈絡和框架，闡述行為經濟學中的主要概念，如心理帳戶（mental accounting）、展望理論（prospect theory）、定錨效應（anchoring effect）、框架效應（framing effect）等，以及行為經濟學的主要研究方向，如行為賽局論、幸福經濟學、神經經濟學等。

閱讀本書，讀者將感知生活中各種不易察覺的非理性，從而為購物、婚戀選擇、企業決策等各方面，找到一種理性的思考方法，避免各種失誤。本書關於行為經濟學的分支──行為財務學和行為投資學的知識，將有助於讀者在投資理財中做出更明智的選擇。同時，本書也能幫助讀者更容易理解金庸小說。

內容簡介

序　有江湖的地方就有經濟學

■ 一

就像《笑傲江湖》中衡山派的劉正風和魔教長老曲洋一樣，彼此遇到後就知道對方是今生的知己，1969 年，兩位以色列心理學家丹尼爾‧康納曼（Daniel Kahneman）和阿摩司‧特沃斯基（Amos Tversky）在希伯來大學相遇，他們同時被對方的頭腦所吸引，儘管兩人性格迥異，但互為知己。在希伯來大學，除了睡覺時間，兩人基本上是形影不離。他們甚至肩並肩坐在同一臺打字機前創作，兩人彷彿合為一體，正如劉、曲二人琴簫合奏一般。

也許他們沒有意識到，兩人正在開拓一項偉大的事業——把心理學引進經濟學。

在世界的另一端，一位年輕的美國經濟學教授理查‧塞勒（Richard Thaler）誤打誤撞地走進了康納曼和特沃斯基打造的這個世界，自此以後，他開始一心一意地探索心理學理論對經濟學的影響，並推動了一門新學科的創立，這就是「行為經濟學」。

丹尼爾‧康納曼在 2002 年獲得了諾貝爾經濟學獎（特沃斯基不幸在 1996 年因病去世），15 年後的 2017 年，理查‧塞勒也獲得諾貝爾經濟學獎。如果以丹尼爾‧康納曼與阿摩司‧特沃斯基的經典論文發表時間（1979 年）算起，行為經濟學在其快速發展的道路上已經前行了四十多年。在這期間，行為經濟學所研究的領域囊括了從經濟學基本理論到

序　有江湖的地方就有經濟學

賽局理論、金融學、管理學，甚至到腦神經科學、心理學等分支的廣闊領域。

那麼武俠世界和行為經濟學有什麼關係？

美國經濟學家羅伯特·巴羅（Robert Barro）在他的評論集《不再神聖的經濟學》（Nothing Is Sacred: Economic Ideas for the New Millennium）裡開宗明義地宣布：「我認為任何社會行為，包括愛情、犯罪都受到經濟推理的支配。」

武俠世界看似充斥著飛簷走壁、刀光劍影，和我們的世界截然不同。可是，當你仔細研究江湖人物的行為，會發現其實和今天的人也沒什麼兩樣。

我們把金庸的武俠故事放在行為經濟學視野下研究，會發現很多有意思的結論。

滅絕師太為了報仇，念念不忘剷滅魔教，這種執著的復仇念頭究竟如何在大腦中產生；游坦之為何心甘情願忍受阿紫的百般虐待，甚至願意挖出自己的眼睛；張無忌為何無法在眾多他喜歡的女性之中做出選擇；慕容復為何心心念念復興大燕這種根本無法完成的任務；柯鎮惡為何一口咬定黃藥師就是殺害師弟師妹的凶手……各種行為看似不可思議，然而卻正是當今行為經濟學研究的範疇。

我們的大腦是一部高度易錯的「機器」，不過它總是以某種可預測的方式犯錯，這取決於它是如何演化而來。因此江湖人物的認知偏差並非是他們的專利，我們雖然不能和他們一樣飛簷走壁，但是我們犯錯的方式卻是一樣的。

另外，江湖上的人或展現武功，或深藏不露，或不經意間小露一手，這些行為和今天我們在商業競爭、人際交往中看到的是一樣的，他

們的行為被稱為「發送資訊」。麥可‧史彭斯（Michael Spence）、喬治‧阿克洛夫（George Akerlof）、約瑟夫‧史迪格里茲（Joseph Stiglitz）等人就曾經因為這方面的研究獲得諾貝爾經濟學獎。

二

當我在中學階段第一次接觸到金庸小說時，常常是徹夜把一本書讀完。那個時代武俠小說很流行，如果我們拿起一本不怎麼精采的武俠小說，語言平淡如水，情節沒有高潮，或是匪夷所思……沒看幾分鐘，我們就開始哈欠連天，把書丟在一邊。

同樣是武俠小說，為什麼帶給人的體驗如此不同？我們的大腦是如何判斷小說的精采和乏味的？

我們先來談談，為什麼不精采的小說令人昏昏欲睡？

我們把這種情況稱為「心理疲勞」，根據我們日常的經驗，之所以產生心理疲勞，是因為能量耗盡了，這就像手機需要充電，我們也應該去休息或者外出散步，以補充能量。因為能量耗盡而感到疲憊的情況很多，比如我們徹夜加班，或者踢完一場球賽，然而心理疲勞或許另有原因。

神經科學的一項最新模型對心理疲勞作出了解釋。根據這一個模型，疲勞是身體和大腦發出的訊號，告訴我們目前正在做的事所消耗的生理成本超過了所取得的回報。大腦就像一名精算師，一直默默探索如何分配注意力資源和新陳代謝資源才是最佳的選擇，疲勞也是大腦得出的結論之一。

當我們經歷某場戀愛或從事某項工作時，如果我們疲於奔命、難以

序　有江湖的地方就有經濟學

應對，我們的大腦就會透過疲勞、分心等訊號告訴自己，我們只是在浪費時間，我們應該放手這段戀情，或者換個工作試試看。

治癒心理疲勞的正確方法不是休息，而是換一件事情去做。一段戀情讓你感到疲憊不堪，這是來自心理的，正確的方法是開始新的戀情。一本小說讓你昏昏欲睡，你應該放下這一本，拿起另一本試試。

那麼像金庸小說這樣優秀的作品是如何引起大腦的興趣的？

在生活中我們經常會看到這個現象：僅僅幾個月大的嬰兒看到熟悉的人做出意外的舉動，很容易笑個不停。比如嬰兒看到家人撕紙時，會咯咯笑個不停，是什麼讓他感到樂趣？答案就是「意外」。

希伯來大學理性研究中心經濟學教授艾雅爾·溫特（Eyal Winter）說：我們對意外的情感反應帶給我們某些生存優勢，因為人們主要透過出人意料的經歷來學習和認知自然和社會環境，每次意外的經歷，都會將重要的知識灌輸到我們的大腦中，以備將來協助決策之用。

當我們在被窩裡徹夜不眠讀著金庸的小說時，我們的大腦經歷一個又一個意外，我們大腦中的「精算師」把更多的能量分配給注意力，我們在閱讀中樂此不疲。我們早就具備了熟悉的套路所提供的知識，因此吝嗇的大腦不願意提供過多的能量。而出人意料的情節則不同，意外的經歷能給予我們關鍵的新資訊，從意外經歷中獲得心理愉悅感，驅使我們主動尋找這種經歷並警惕其存在，從而累積知識，提高生存機率。

還有十分重要的一點，不是所有的意外都讓人愉悅，比如陌生人的突然舉動會讓嬰兒哇哇大哭。我們需要熟悉的結構，才能從意外的經歷中學到東西，在處處是意外的世界裡，我們不會學到半點知識。

儘管金庸的小說天馬行空，但小說中的人物又讓我們感到真實，那些共通的人性讓我們理解小說人物的行為，我們總是能找到身邊的人與

小說人物的原型對應，說這個是韋小寶，那個是岳不群。而那些拙劣的武俠小說，常常過於荒誕離奇，我們很難認同這和我們是同一個世界，於是大腦啟動關機模式，我們打著哈欠把書闔上了。

三

有人的地方就有江湖，有江湖的地方就有經濟學。

武俠世界並非無源之水，而是作者根據現實世界創作的。

所謂的江湖道義，代表了我們想像中的武俠世界運行方式，而行為經濟學則揭示了它在真實世界是怎麼運作的。

武俠世界其實是我們真實世界的投射，所以武俠世界的行為法則仍然遵循現實世界的邏輯運作，行為經濟學的作用就是把現實和虛構兩者隱含的共同邏輯梳理和還原出來。

江湖上拿著刀劍的虯髯大漢，本質上和坐在辦公室裡敲擊鍵盤的我們並沒有區別。我們共同具備人類的獨特屬性，我們的行為模式在大約600萬年的時間裡逐步形成，都是適應演化的產物，有著共同的「動物精神」，因此無論大俠還是怪盜，管理者還是受僱者，他們之間的區別其實是很小的。

當我今天重新閱讀這些武俠小說，和少年時代的體會很不一樣。隨著年齡的增加，那些所謂的招式、武功、祕笈漸漸淡去，我在這些故事中看到了我們自己（所有優秀的小說都有這個特點）。

優秀的武俠小說真正吸引我們的地方是共通的人性。這一點和經濟學一樣，當我們真正著迷於經濟學，就會發現經濟學之所以吸引我們，不是那些複雜的模型、深奧的函式或者它可能帶來金錢和榮譽，而是透

過經濟學揭示出人類社會的發展和命運,以及我們永恆的人性。我們會發現,其實每個人都是韋小寶、岳不群、楊過、任我行、蕭峰或者段正淳。

就像金庸喜歡讓他的人物處於一個鉅變的時代,我們今天也同樣身處一個驚天鉅變的時代,在這個時代,網際網路帶來的變革不亞於蒸汽機於19世紀帶來的革命。奧地利經濟學家約瑟夫‧熊彼得(Joseph Schumpeter)把這種機器和技術革命帶來的破壞力稱之為「創造性破壞」,他說,這種改變社會面貌的經濟創新是長期和痛苦的,它將摧毀舊的產業,為新的產業騰出崛起的空間。

就像武俠小說中的大俠,他們的終極目標並不是打敗對手,而是找到真正的自我。我想,我寫這本書的目的也在於此,經由這些故事,讓所有人更了解自己,我們為什麼會這麼做而不是那麼做,我們如何找到最好的選擇。

第一章
參照依賴：奇妙的行為模式

第一章　參照依賴：奇妙的行為模式

 張三丰對常遇春的賞識和憎惡
　　——我們的思考受「框架效應」的影響

　　在《倚天屠龍記》中，常遇春中了蒙古人的毒箭，張三丰出手救了他一命。

　　常玉春心中萬分感激，自己在江湖上被別人看作是殺人放火、十惡不赦的歹徒，而張三丰明知他的身分，卻還願意出手相救。

　　張三丰見常玉春言談舉止間頗有英雄氣概，於是有了愛惜人才的想法，他對常玉春說：「如果你願意放棄魔教，那麼我就讓徒弟宋遠橋收你為徒，日後你行走江湖就可以揚眉吐氣。」不料常遇春果斷拒絕，他說：「承蒙張真人瞧得起，實是感激至極，但本人身屬明教，終身不敢背教。」張三丰見他這麼說，心中頓生厭惡，連「後會有期」四個字都不願說。

　　在行為經濟學中，同一個問題在不同的框架下表達或者思考，會對行動者的決策產生重大影響，行為經濟學把這種現象稱為「框架效應」（framing effect），這個概念是由特沃斯基和康納曼於 1981 年首次提出。

　　張三丰對待常遇春的態度就是在兩種框架下切換。

　　原著寫道：「他見常遇春慷慨豪爽，英風颯颯，對他甚是喜愛。」張三丰作為武林中人，自然欣賞豪爽的英雄，常遇春不顧性命，千里護送小主公，這讓張三丰有了惜英雄、重英雄的感慨。因此，張三丰不但幫助常遇春取下毒箭，敷藥療傷，甚至願意將他收入門下。

　　在這裡，張三丰對待常遇春的是「俠義框架」，江湖上的人講究重義

> 張三丰對常遇春的賞識和憎惡─我們的思考受「框架效應」的影響

氣，為朋友兩肋插刀。同時，張三丰生性豁達，於正、邪兩途，原無多大偏見，他曾經對張翠山說過：「正、邪兩字，原本難分。正派中弟子若是心術不正，便是邪徒；邪派中人倘若一心向善，那便是正人君子。」他還說天鷹教主殷天正雖然性子偏激，行事乖僻，卻是個光明磊落之人，很值得交這個朋友。因此在這種框架下，張三丰看中的是常遇春的個人特質，他是賞識常遇春的。

然而張三丰很快又把認知切換到了「正邪框架」。原因是他想起三弟子俞岱巖終身殘疾，五弟子張翠山自刎身亡，皆由天鷹教而起，不論他胸襟如何博大，一提起「魔教」就深惡痛絕。

在這種「正邪框架」下，張三丰便不考慮對方個人品行究竟如何，而是看他身處正教還是魔教。只要是正教中人就是同類，而魔教教徒通通是異類。因此張三丰「想到他是魔教中人，不願深談」。無怪乎常遇春會說：「真不知我們如何罪大惡極，給人家這麼瞧不起，當我們明教中人便似毒蛇猛獸一般。」

即便是生性豁達的張真人，也難免陷入框架效應的思路，那就更別說是普通人了。

在生活中，僅僅是不同的表達，也會導致「框架效應」產生。

我們來看看下面這個例子。

假設你是一名戰場上的將領，正奉命率領一群勇敢的士兵，冒死和敵軍奮戰。

第一種情況：根據情報部門的消息，敵軍已布下陷阱，可能會讓600名士兵喪生。你必須從以下兩條逃生路線中選擇其一，才能減少傷亡。A：逃向山區，可以讓200名士兵存活。B：逃向海邊，600人都存活的

第一章　參照依賴：奇妙的行為模式

機率為三分之一，沒有人存活的機率為三分之二。那麼你會帶領軍隊逃向山區，還是海邊？

第二種情況，前提和第一種完全一樣，你同樣必須從以下兩條逃生路線中選擇其一，才能減少傷亡。C：逃向山區，將會使400名士兵喪生。D：逃向海邊，無人喪生的機率為三分之一，600人都喪生的機率為三分之二。那麼你會帶領軍隊逃向山區，還是海邊？

行為經濟學家發現，大多數人在第一種情況下選擇了A（比例高達72%），而在第二種情況下選擇了D（比例高達78%）。也就是說，人們對提問的方式非常敏感，提問方式能左右人們的抉擇。其實第一種情況和第二種情況的方案是完全一樣的，然而，提問方式的改變竟然會影響逃生路線的選擇。

1992年美國經濟學家做過一個研究，他們邀請受試者比較兩種汽車保險金額報價，一種以免賠框架表述，另一種以返還框架表述，實驗結果如下：

免賠框架——保費1,000美元，保期一年。這款保單具有600美元的免賠額度，這600美元將從對保單提出的全部索賠額中扣除。換句話說，如果你基於保單提出了任何索賠，公司賠付的數額會從全部索賠金額中扣除免賠額。如果一年中你的索賠金額少於600美元，公司不會給予任何賠付；如果你的索賠金額高於600美元，公司將賠付超過600美元的所有部分。

返還框架——保費1,600美元，保期一年。在這款保單下，公司會在年底把這600美元扣除賠付款交到你手中。換句話說，如果你沒有根據保單提出索賠，公司會在年底還給你600美元，如果你提出一次或者多次索賠，你會拿回600美元減去公司賠付款之後的餘額，如果總計的

賠付款高於 600 美元，公司不會返還任何金額，但仍賠付索賠。

其實這兩種方案只是表達方式不同（如果考慮到未來貼現，第一種會更划算），然而研究發現，只有 44% 的受試者會接受第一種選擇，當出現第二種選擇時，68% 的受試者表示能夠接受。

把一件事情描述成不同的框架，可以有效地改變人們的選擇。例如醫生說「手術後一個月內的存活率是 90%」的說法要比「手術後一個月的死亡率是 10%」更令人安心。食品業宣稱冷盤「90% 不含脂肪」要比說「10% 含有脂肪」更具吸引力。每一組句子的深層含義都是相同的，只是表達方式不同而已，但人們通常能讀出不同的含義。

在投資領域，我們同樣也會受到框架效應的影響。

經濟學家拉吉希‧梅哈（Rajnish Mehra）和愛德華‧普雷史考特（Edward C. Prescott）曾提出一個問題：根據美國於西元 1889 年到 1978 年間的數據，股票的年均真實報酬率是 7%，而國庫券的年均報酬率是 1%，這顯示風險資產和無風險資產兩者的風險溢價為 6%，如此巨大的溢價是個謎──人們得要有多厭惡風險啊。

這個著名的「股權溢價之謎」問題提出後，立刻引起了廣泛的爭論，有些人認為根本不存在這麼巨大的差異，這是統計失誤，有些人把這種溢價歸結為習慣，部分投資者就是愛買債券，不管股票市場的收益有多高。

行為經濟學家理查‧塞勒和合作者施洛莫‧貝納茲（Shlomo Benartzi）認為這根本不是風險厭惡的問題，他們發現投資者關閉帳戶大約以 13 個月為一個週期，也就是說大多數人一年只評估一次他們的資產組合。

股票市場一年期的報酬率起起伏伏，常有虧損，但從幾十年的跨度來看，它的收益遠遠超過債券，所以注重一年期報酬率的投資者一旦發

第一章　參照依賴：奇妙的行為模式

生年度虧損，他們就會關閉股票帳戶，而那些能觀察到數十年報酬率的投資者，則將資產大多投資於股票。

行為經濟學家也將這種行為稱為「短視的損失厭惡」，不管是專業人員還是缺乏經驗的投資者都會產生這樣的行為。短視的損失厭惡是框架效應中「狹窄框架」（narrow framing）現象的一個特例，「狹窄框架」是指在評估投資前景時，人們往往將前景單獨評價，而不是將其看作全部組合的一個部分。人們原本應該把股票的收益放到更長的期限裡去評估，但是事實上往往因為「狹窄框架」的緣故，把考察收益時間放在一年左右。

日常生活中的一些例子更能幫助我們理解這個概念。

我們在下雨天時通常很難搭到計程車——這看起來是天經地義的事情，下雨天搭車的人多，車又開得慢，不過經濟學家還有新的看法。經濟學家科林‧凱莫勒（Colin F. Camerer）在1997年的研究，使用了紐約計程車司機於1988年到1994年間總共1,826個觀察值。這些資料不僅涉及不同司機，還包括同一位司機在不同日子的資料，這些資料來自司機每天填寫的車程單，它對應著每個乘客上下車的時間以及搭車費用。透過這些資料，凱莫勒發現，不管是下雨天生意好的日子，或者平時生意不好的日子，司機每日總收益的變化很小。

理查‧塞勒用「狹窄框架」提供了解釋，計程車司機同樣運用「狹窄框架」來做生意。他們常常以每天的收入作為單獨評價，當某天生意不好時，他們便會延長工作時間，直到賺到目標收入才收工，而某天比如因為下雨而生意熱絡，他們便會提早賺到目標收入，因此便心滿意足地打道回府，結果使得市面上計程車更少，進一步加劇了下雨天搭不到車的情況。

不過塞勒也發現，經驗豐富的老司機常常能跳出這個「狹窄框架」，在容易賺錢的時候盡量多賺錢。

張三丰對常遇春的態度從「見常遇春慷慨豪爽，英風颯颯，對他甚是喜愛」，到「想到他是魔教中人，不願深談」，這種態度的變化，也和張三丰對常遇春的認知框架變化密不可分。

接下來的事情再次發生反轉。張三丰一生和人相交，肝膽相照，向來信人不疑，當常遇春提出送重傷的張無忌找「蝶谷醫仙」胡青牛看病時，張三丰要將愛徒唯一的骨血交在魔教弟子手中，實在放心不下，一時拿不定主意。

常遇春此刻豪邁地表示，自己送了張兄弟去胡師伯那裡，隨即便上武當山拿自己來做抵押。張兄弟若有什麼閃失，張真人可以一掌把自己打死。

終於，這一番話讓張三丰把他的決策模式從「正邪框架」又回到了「俠義框架」，他選擇信任常遇春，把張無忌交給了他。

第一章　參照依賴：奇妙的行為模式

聚賢莊中群雄為何和喬峰勢不兩立
——「定錨效應」讓我們在股市中偏聽偏信

在《天龍八部》中，薛神醫在聚賢莊撒英雄帖對付喬峰，三百多豪傑摩拳擦掌要誅殺喬峰。

有些人曾經對喬峰有好感，此時感到失望，比如向望海，他說喬峰這個人一向名聲很大，沒想到是假仁假義，竟會做出這樣滔天的罪行來。還有些人和喬峰有交情，此刻也憤怒不已，比如鮑千靈，他說喬峰過去的為人，他一向是十分佩服，可惜終究是「夷狄之人」，和禽獸無異，現在終於獸性大發。

還有一些是喬峰的老部下，比如徐長老認為，喬峰的確為丐幫立過不少大功，可是大丈夫立身處世，總以大節為重，小恩小惠，也只好置之腦後了。他們這些長老雖然都受過他的好處，卻不能以私恩而廢公義。喬峰現在已經喪心病狂了，丐幫也只能大義滅親。

為什麼所有的人都認定喬峰是十惡不赦的惡人，往日裡喬峰頂天立地的大丈夫行為，群雄卻視而不見呢？

首先一個原因是「羊群效應」（herd effect）。「羊群效應」也被稱為「從眾效應」，是指一種人們去做別人正在做的事情的行為，即使他們自己的私有資訊顯示不應該採取該行為，即個體不顧私有資訊，採取與別人相同的行動。同時它也是社會群體之中互相作用的人們趨向於相似的思考和行為方式，比如在一個群體決策中，多數人意見相似時，個體趨向於支持該決策，即使該決策是不正確的，也會忽視少數反對者的意見。

聚賢莊中群雄為何和喬峰勢不兩立—「定錨效應」讓我們在股市中偏聽偏信

「羊群效應」之所以產生，是因為人們總是渴望融入某些群體，藝術潮流和意識形態在社會中迅速傳播就是此現象的例子，在此種情況下，資訊和機率修正並不產生影響，原因只是某些人想要獲得其他人的認同。

當我們和群體發生衝突時，大腦中的杏仁核就會活躍起來，它是負責大腦情緒處理和恐懼的中心。當我們與群體不一致時便會引發恐懼，與群體中的大多數人背道而馳讓我們內心不安。另外，與群體不一致還會導致生理上的疼痛，被群體排斥會讓大腦的前扣帶皮層和島葉變得活躍，這兩個區域也可以促發真實的身體疼痛。

聚賢莊的三百多江湖豪傑大多和喬峰並無交集，但是參與到這樣一個消滅契丹惡徒的群體中，會讓這些豪傑感覺很好，自己融入這種為江湖清理敗類的正義團體，有一種自豪感和被團體承認的安全感，至於喬峰有多大可能受到冤枉，則是次要的。

「羊群效應」也就是我們常說的從眾心理。既然大多數江湖人士都認為喬峰是惡人，那麼剩下的人也會選擇加入這個隊伍。

在金融市場，「羊群效應」也很常見，投資者追漲殺跌，行為受到其他投資者影響，模仿他人決策，或者過度依賴輿論。

讓群雄產生這般認知的另一個重要原因，是因為受到「定錨效應」（anchoring effect）的影響。

當時中土漢人對契丹人切齒痛恨，視作毒蛇猛獸一般，因此，不論喬峰曾經做過什麼，只要他的身分變成了契丹人，在天下英雄看來，他就是無惡不作的敗類。

當喬峰趕到少室山的家中，義父義母已經為人所害。一名少林寺僧

第一章　參照依賴：奇妙的行為模式

人的話很有代表性，他大聲罵道：「喬峰，你這人當真是豬狗不如。喬三槐夫婦就算不是你親生父母，十餘年養育之恩，那也非同小可，如何竟忍心下手殺害？……契丹人狼子野心，果然是行同禽獸。」顯然，他心中認定，只要是契丹人，就是「狼子野心、行同禽獸」。

「定錨效應」也被稱為「沉錨效應」，根據經濟學家康納曼和特沃斯基的定義，定錨效應是指在不確定情境的判斷和決策中，人們的預估會受到最先呈現的資訊（即初始錨）的影響，以初始錨為參照點進行調整和做出推測，由於調整的不充分，使得其最後的預估結果偏向初始錨的一種判斷偏差想像。

「定錨效應」不單單存在於預估中，各種資訊判斷都存在初始錨。我們在無意中得到的資訊就像沉入海底的錨一樣，把我們的思想固定在某處，並在不經意間影響我們的決策和判斷。

關於定錨效應最著名的一個實驗是康納曼和特沃斯基設計的，他們製作了一個幸運轉輪，上面刻有 0 到 100 的標記，但他們對這個轉盤進行了改裝，使指標只能停在 10 或 65 這兩個位置上。他們從奧勒岡大學招募了一些學生做這項實驗。他們兩人中有一人會站在實驗者小組前面，轉動這個幸運輪盤，並讓小組成員記下轉盤停下時指向的數字，當然，這些數字只可能是 10 或 65，之後，兩人向實驗者提出兩個問題：

（1）你剛才寫下的數字和非洲國家占聯合國（所有成員國）的百分比數字相比是大還是小？

（2）你認為聯合國之中，非洲國家所占的比例最有可能是多少？

幸運輪盤的轉動根本不可能為任何事情提供有效的資訊，實驗者應該忽略它的影響，但是他們卻沒有做到這一點，那些看到 10 和 65 的人平均估值分別為 25% 和 45%。

定錨效應在生活中也很常見。

《紅樓夢》第十三回中，賈珍在秦可卿的喪禮上，想替賈蓉捐個前程，於是他就找到了大明宮掌宮內監戴權。戴權會意道：「事倒湊巧，正有個美缺：如今三百員龍禁尉缺了兩員，昨兒襄陽侯的兄弟老三來求我，現拿了一千五百兩銀子送到我家裡……既是我們的孩子要捐，快寫個履歷來。」

賈珍對於捐一個龍禁尉要多少錢，他並沒有概念，所以這件事情的初始值非常重要。戴權開口說他幫襄陽侯的兄弟捐龍禁尉花了一千五百兩銀子，他拋出了第一個數字，這很關鍵，因為以後的討價還價都將圍繞著這個數字展開。

另一個故事發生在《紅樓夢》第二十五回中，寶玉寄名的乾娘馬道婆到府裡來，見了寶玉被燙傷，便建議賈母供奉大光明普照菩薩。

賈母問：「不知怎麼供奉這位菩薩？」

馬道婆回答說：「也不值什麼，不過除香燭供奉以外，一天多添幾斤香油。」

賈母就問：「那一天得多少油？」

馬道婆說：「南安郡王府裡太妃，她許的願心大，一天是四十八斤油；錦鄉侯的誥命次一等，一天不過二十斤油；再有幾家，或十斤、八斤、三斤、五斤的不等。」

在這裡，馬道婆就已經拋出了錨，賈母供奉香油的數量就會在這些數值上調整。最後，賈母拍板道：「既這麼樣，那就一日五斤吧。」一天五斤的香油錢讓馬道婆狠狠賺了一票。

在市場投資中，我們也會受到定錨效應的影響。

第一章 參照依賴：奇妙的行為模式

比如當我們在報紙上看到近八成的「著名分析師」一致看好市場，還有些全國知名的「首席經濟學家」提出詳細且有說服力的理由，告訴你「股市一定會上漲」，於是這一項資訊（錨）就會保持在你的記憶中，讓你樂觀地認為股市一定有出色的表現。

然而很不幸，股市卻開始下跌了，但是因為在你的意識裡存在一個很明確的聲音，「股市一定會上漲」，所以你會認為目前的下跌是階段性的微調，股市一定還會上升的。於是你就不會認真客觀地分析股價為什麼會下跌，或者說你根本不願意分析。

直到股市持續下跌，熊市已經成為共識，你才如夢初醒，後悔不該聽所謂的專家意見，可是已經悔之晚矣。

在喬峰的故事中，「契丹人都是壞人」的錨深深地釘在每個漢人腦海中，他們腦中閃現的是契丹人殘害漢人的畫面。其實契丹人也有英雄好漢，漢人也有大奸大惡之徒。小說中，即便是對喬峰情深義重的阿朱，雖然知道喬峰是個十足頂天立地的好漢，但心中也有這樣的錨，當她聽喬峰講小時候的故事時就說：「這樣凶狠的孩子，倒像是契丹的惡人！」

這樣的故事我們在《笑傲江湖》中也能看到，以令狐冲的聰明，為何想不到是師父岳不群一直在陷害他，最明顯的就是當他受傷暈倒的時候，只有岳不群可能從他身上偷走「辟邪劍譜」，可是令狐冲從小是師父、師母養大的，他對岳不群的認知已經從小錨定在「父親一樣的親人」這一點上，所以根本不會往這個方面想。

我們在認知上受到「定錨效應」的影響，並非我們愚蠢，而是因為調整認知需要耗費能量和時間，而我們的大腦會盡量節約耗能，盡可能迅速做出判斷，從而保證我們的生存，這也是人類在千百萬年的演化中形成的本能。

段皇爺半夜爬上屋頂的奇怪舉動
——「損失規避」使得收益損失不對稱

《射鵰英雄傳》中，一燈大師在出家前是大理國的第十八代皇帝段智興。用他自己的話說：「我大理國小君，雖不如中華天子那般後宮三千，但后妃嬪御，人數也是眾多。」

當段智興得知自己的貴妃劉瑛姑和周伯通在一起，表現得很大度。他說學武之人義氣為重，女色為輕，豈能為一個女子傷了朋友交情？並且當即解開周伯通的捆縛，還把劉貴妃叫來，命他們結成夫婦。

對於嬪妃眾多的段皇爺，似乎失去一個嬪妃也不是什麼了不起的事情，段智興更大的興趣可能還在武學上。他怕周伯通誤解，又特地強調：兄弟如手足，夫妻如衣服，區區一個女子，又不是什麼大事。

假如事情到此結束也就罷了，接下來段智興卻做出了令人匪夷所思的舉動。

根據段智興自己描述，此後大半年之中，他雖然沒有召見劉貴妃，但睡夢之中卻常和她相會。有一天晚上他再也忍耐不住，決意前去探望。他悄悄去劉貴妃的寢宮，想瞧瞧她在做什麼。剛爬到她的寢宮屋頂，便聽到裡面傳出一陣兒啼之聲。屋頂霜濃風寒，段智興竟怔怔地站了半夜，直到黎明方才下來，就此得了一場大病。

一個堂堂大理國的皇帝，為了一個失貞的嬪妃，三更半夜爬到屋頂上偷看她在做什麼，還呆呆地站了半夜，結果得了一場大病，這似乎就很奇怪了。

第一章　參照依賴：奇妙的行為模式

　　黃蓉猜測的是「你心中很愛她啊」，但事實並非如此，一個說出「兄弟如手足，夫妻如衣服」的「混蛋」，一個動不動要把老婆送人的傢伙，怎會一轉眼變得如此癡情？段智興的前後舉動為何如此矛盾？

　　我們可以用行為經濟學的「損失規避」來解釋這種矛盾現象。所謂「損失規避」（loss aversion）是指大多數人對損失和獲得的敏感程度不對稱，面對損失的痛苦感遠大於面對獲得的快樂感。

　　在段皇爺心裡，佳麗成群的後宮裡多一個或者少一個嬪妃並不會造成多大影響，因此他大方地說：「兄弟如手足，夫妻如衣服。」但是一旦確定要付出這種損失，劉貴妃的心永遠回不來的時候，他則感到痛苦不堪。

　　行為經濟學家做過這樣一個實驗：拋一枚均勻的硬幣，正面為贏，反面為輸。如果贏了可以獲得 100 元，輸了失去 100 元。請問你是否願意賭一把？

　　從整體上來說，這個測試的結果期望值為零，無論選願意或者不願意，都是絕對公平的。但大量類似實驗的結果證明，多數人不願意玩這個遊戲。為什麼人們會做出這樣的選擇呢？

　　這個現象同樣可以用「損失規避」效應解釋，雖然出現正、反面的機率是相同的，但是人們對「失」比對「得」敏感。想到可能會輸掉 100 元，這種不舒服的程度超過了想到有同樣可能贏來 100 元的快樂。很多研究顯示，人們厭惡損失的程度是對同等金額收益喜愛程度的 2 到 2.5 倍。也就是說，拋硬幣，反面輸 100 元，正面贏 200 元到 250 元，人們才願意進行這個遊戲。

　　再比如，我們會發現，人們總是願意拋售賺錢的股票，而留下虧損的股票，這裡的原因，也是「損失規避」。

段皇爺半夜爬上屋頂的奇怪舉動──「損失規避」使得收益損失不對稱

我們以 100 元一股的價格買進了某檔股票，如果股價上升到了 120 元，那麼我們就獲得每股 20 元的收益，相反，如果這檔 100 元買進的股票跌到了 80 元，那麼我們就蒙受了 20 元的損失。

然而我們內心的感受並不與收益或損失的絕對值成正比。每股損失 20 元的痛苦會大於每股收益 20 元的愉悅，因此，我們通常會傾向把獲益的股票拋售，而留下虧損的股票。因為帳面虧損變成實實在在的虧損時，帶來的痛苦會比得到收益的快感大得多。

理查・塞勒還曾做過這樣一個測試：

問題 1：你得了一種奇怪的病，這種病不痛不癢，也沒有其他症狀，卻有萬分之一的可能性會讓你在五年內突然死亡。萬幸的是醫學界研發出了一種新藥，經過嚴格的科學檢驗和實驗證明，這種藥沒有任何副作用，不會為身體帶來任何損害，但是吃了以後也沒有什麼別的好處，不能減少你面臨的其他風險，就是可以把由這種怪病引起的五年中萬分之一的死亡可能消除，那麼請你想想，你是否願意花錢買這種藥？如果願意，你最多願意花多少錢來買這種藥呢？

問題 2：假設你的身體很健康。現在醫學界研發出了一種新藥，醫藥公司想找一些人來測試這種藥品。經過嚴格的科學鑑定和實驗證明，這種藥沒有任何副作用，不會為身體帶來任何其他損害，也沒有什麼好處，但是一旦服用了這種藥，就會使你在五年中有萬分之一的機率會突然死亡。那麼請你想一想，你是否願意服用這種藥？醫藥公司至少要付多少錢給你，你才願意服用這種藥呢？

塞勒發現，對於第一題，很多人回答說只願意出幾百元買藥，甚至有為數不少的人不願意花錢買藥；但是對第二題，即使醫藥公司花幾十萬元，他們也不願意參加實驗，有不少人甚至說無論給多少錢，他們都

第一章　參照依賴：奇妙的行為模式

不會吃這種藥的。原因就是得與失的不對等。

芝加哥大學行為經濟學家奚愷元說：很多美國年輕人在儲蓄退休金時，都會把錢都存在銀行，而不是投資在股票上。客觀上說，從長期來看，股市的報酬率要大於銀行的利率，理性的人應該選擇最有利可圖的投資。但股市總是有漲有跌，由於損失規避，人們在「得」的時候，也就是盈利時往往處之泰然，覺得是應該得到的。而在「失」的時候，也就是虧損時卻心急如焚。所以人們選擇將大部分錢存入報酬率低的銀行，不願將資金投到股市中而承受虧損帶來的痛苦。

所以當段皇爺擁有劉貴妃的時候，並沒有感到多大的快樂，而一旦失去，痛苦卻比想像的大得多。

這讓我想起中國歷史上的一則故事。

竟寧元年（西元前33年）正月，南匈奴首領呼韓邪來長安朝覲漢朝皇帝，以盡藩臣之禮，並自請為婿。於是漢元帝就將宮女王昭君賜給了他。

由於王昭君不肯賄賂畫工，就被畫得很醜，一直得不到皇帝召見。在王昭君將遠嫁匈奴前，元帝見其美麗嫻靜，後悔不迭。遂命徹查此事，知道真相後憤怒地殺了畫工毛延壽。

到了宋代王安石卻為毛延壽翻案，他在〈明妃曲二首〉寫道：「歸來卻怪丹青手，入眼平生幾曾有。意態由來畫不成，當時枉殺毛延壽。」王安石認為，王昭君的美可能不單是容貌，更是神態氣度，神態是宮廷畫匠難以透過畫筆表現的，這些只有見到本人才能感受到，因此王安石認為，毛延壽被殺是非常冤枉的。

段皇爺半夜爬上屋頂的奇怪舉動—「損失規避」使得收益損失不對稱

　　王安石的解釋有一定的道理，但假如這個故事是真的，漢元帝很可能犯了和段智興同樣的毛病。佳麗三千從來看不上眼，可是一旦要失去，王昭君就變成了他的寶貝。毛延壽其實就是元帝為失去王昭君而感到後悔的替罪羔羊。

　　在戀愛和婚姻中這種現象其實很常見，當對方完全屬於你的時候，我們往往不知道珍惜這份感情，忽略對方的感受，覺得一切理所當然。一旦等到某一天真正失去了對方，卻又會神魂顛倒，或者痛苦得發狂。可是到了那個時候，一切都已經來不及了。

第一章　參照依賴：奇妙的行為模式

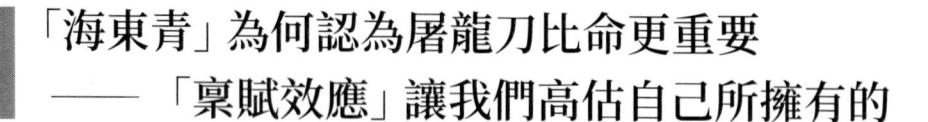

「海東青」為何認為屠龍刀比命更重要
——「稟賦效應」讓我們高估自己所擁有的

當張三丰的弟子俞岱巖拿出一顆解毒丹藥給「海東青」德成時，沒想到德成以為俞岱巖要下毒害他，以便搶他的屠龍刀。

俞岱巖告訴德成，他身中劇毒，這丹藥也未必能夠解救，但至少可延三日之命。到時候德成還是需要將屠龍刀送去給海沙派，換得他們的本門解藥救命。

德成卻說，誰想要自己的屠龍刀，那是萬萬不能。

俞岱巖不解：「你性命也沒有了，空有寶刀何用？」

德成顫聲回答說，自己寧可不要性命，屠龍刀總是自己的。說著他將刀牢牢抱著，臉頰貼著刀鋒，表現出說不出的愛惜。

俞岱巖告誡德成，除了以此刀去換海沙派的獨門解藥，再無別法。於是德成哭道：「可是我捨不得啊，我捨不得啊。」

性命和寶刀哪個更重要，答案是不言而喻的，命沒有了，稀世寶刀又有什麼用？那麼德成為什麼不肯用寶刀去換海沙派的獨門解藥，卻說「可是我捨不得啊，我捨不得啊」，難道他不懂命比刀更重要的簡單道理嗎？

當然不是，就像他自己所說：「我千辛萬苦地得到了屠龍寶刀，但轉眼間性命不保，要這寶刀何用？」那他為什麼不肯用刀去換命呢？

如果是文學評論，我們可以用「貪婪」這類的詞語來評價德成，但是行為經濟學卻提供了更科學的答案。

我們先來聽聽理查‧塞勒講的故事：

塞勒在美國羅徹斯特大學求學時，時任經濟系主任的是理查‧羅賽特（Richard N. Rosett），他是一名出色的經濟學家，同時也是一位葡萄酒收藏家，非常喜愛葡萄酒。

羅賽特告訴塞勒，在他的酒窖中，有的酒是他當初花 10 美元買來的，現在卻價值 100 美元。當地有位叫伍迪的酒商，願意以當前的市價 100 美元收購羅賽特收藏的酒，卻被羅賽特拒絕了。羅賽特還說，自己會在某個特殊的日子開一瓶葡萄酒喝，但絕不會花 100 美元買一瓶葡萄酒喝。

塞勒認為這種行為很不理性。如果他願意喝掉一瓶能賣 100 美元的酒，那麼這瓶酒的價值就是 100 美元。既然如此，他為什麼要拒絕購買任何價格接近 100 美元的酒，或者以 100 美元賣出這些酒呢？

作為經濟學家，羅賽特也知道這樣的行為並不理性，但他依然這麼做了。

以 10 美元收藏的葡萄酒，為何別人出價 100 美元仍然不願意賣呢？塞勒把這種現象稱為「稟賦效應」（endowment effect）。

「稟賦效應」是指一旦你擁有了某樣東西，就會大大高估它的價值。與你即將擁有的那些東西相比，你更看重自己已經擁有的東西。用經濟學的理論來解釋，就是你擁有的東西屬於你的一部分稟賦，這種現象的本質在於，效用並非與占有無關，透過某種方式獲得某物品的人，不管是購買還是獲贈，他們對該物品的估價一般要高於旁人的估價。

關於「稟賦效應」最全面細緻的研究是由康納曼、塞勒和奈奇（Jack L. Knetsch）三人在 1990 年一起完成的。他們進行了一系列的實驗，其中最著名的就是馬克杯和原子筆的實驗。在這個實驗中，康納曼、塞勒等

第一章　參照依賴：奇妙的行為模式

人在康乃爾大學法律經濟系的一個高年級班級中找到了 44 名學生，塞勒在康乃爾大學的校園書店裡挑選了兩樣東西，分別是印有康乃爾大學校徽的馬克杯和有外包裝盒的原子筆，每個馬克杯的售價為 6 美元，每支原子筆的售價為 3.98 美元，塞勒各買了 22 件，分配給 44 名學生。

那些得到馬克杯的學生就成了潛在的賣家，而沒有獲得馬克杯的學生則是潛在的買家。塞勒讓學生仔細檢查自己的馬克杯，了解這個杯子，然後讓學生模擬拍賣。

這個時候，研究者發現擁有杯子的學生極不願意賣掉這些杯子，而沒有杯子的學生對它也沒興趣，結果賣出價格比買入價格大致高了一倍，也就是說杯子在所有者和非所有者心目中的價值是不一樣的。塞勒等人又用原子筆在另一些學生中做了同樣的實驗，結果和馬克杯極為相似，同樣證明了這個和標準經濟學模型相矛盾的證據──人的偏好確實依賴於權利。

一旦擁有就不願意放手，這就是「海東青」德成所犯的錯。屠龍刀當然是個好東西，可以賦予擁有者很高的江湖地位，可是怎麼也不會比命更珍貴，但是當德成冒著極大的風險從海沙派的手裡偷來了屠龍刀，使得他一度擁有了屠龍刀，這種短暫的所有權，便使德成又大大高估屠龍刀的價值，以至於在性命和寶刀之間舉棋不定。假若他從未擁有屠龍刀，而要他用性命去換寶刀，想必不用考慮就會被他拒絕。

行為經濟學家還發現，不同物品的稟賦效應也不同，那些明確為了轉售目的而購買的商品，或者以更低的價格可獲得完全替代品的商品，比如代幣券、購物卡，稟賦效應不大可能存在。當這件物品稀少且不易被替代時，這時效應最大，比如售罄的演唱會門票。所以當這件物品是獨一無二的屠龍寶刀時，這種稟賦效應當然會很大。

稟賦效應廣泛存在，當你的朋友不停地給你看自己孩子的照片，希望你花幾十分鐘把影片從頭看到尾時，你理解他們有多愛自己的孩子，只是這些照片和別的嬰兒照片並沒有太大區別。同樣地，在一個企業中，管理者總是不情願自行削減曾經為之感到自豪的部門，一個工廠不到萬不得已也不願停產往日的明星產品。

美國杜克大學的行為經濟學家丹‧艾瑞利（Dan Ariely）曾經提出「宜家家居效應」（IKEA effect），其實本質上就是「稟賦效應」。有一次，艾瑞利去宜家家居買了一個玩具櫃，帶回家後親自動手安裝組合。這並不是一個簡單的過程，但最終玩具櫃還是安裝成功了，艾瑞利為自己的成就感到自豪，他說：「客觀地看，我很清楚它在我買的家具中絕非上乘，而且我一沒有參與設計，二沒有測量尺寸，三沒有拉鋸操刀，甚至連個釘子也沒敲進去，但是，我覺得僅僅因為花費了幾個小時的功夫和力氣，就把我和玩具櫃的距離拉近了。」

丹‧艾瑞利的另一個實驗也證明了當我們付出了努力，會多麼看重和高估自己的勞動成果。在這個實驗中，艾瑞利在哈佛大學學生活動中心設立了一個臨時實驗室，招募了一批學生。他讓這些學生按照操作指南用紙折成青蛙和仙鶴。然後艾瑞利等人又請了兩位摺紙大師製作了一些青蛙和紙鶴，他們請了另外一組非創作者對這些製作精美的大師作品客觀地出價競買，這些非創作者給出的平均出價是27美分。非創作者又對學生的業餘作品進行估價，給出了5美分的出價。

但是讓那些業餘創作者對自己的作品進行估價時，他們居然給出了一個和大師作品接近的估價23美分。可見人們對自己的勞動成果有多看重。

德成得到屠龍刀的過程遠遠比安裝一個玩具櫃困難，需要冒著丟失

性命的危險，因此他對屠龍刀的價值認定遠遠高於局外人。

　　丹・艾瑞利同時說，有一種被稱為「虛擬所有權」的經歷，我們不需要完全買下一件產品，也能獲得擁有感。假設我們在 eBay 上看中了一款米奇手錶，並出了最高價，雖然拍賣還沒結束，但我們覺得自己贏了，已經是它的所有者了，我們開始想像擁有這件物品的感受，這個時候如果有人橫插一腳，出了一個更高的價格，我們會很沮喪，短暫的擁有產生的稟賦效應讓我們對拍賣品的估值隨之增加，於是我們對那只米奇手錶的估價也跟著增加……

　　即便虛擬的擁有也會大大增加對擁有物品的價值評估，更何況是德成真真切切已經抱在懷裡的屠龍刀呢？這些因素加在一起，使得他把屠龍刀的價值看得比性命更重要。

韋小寶為什麼敢賭自己的腦袋
——「反射效應」中危機越大越會選擇冒險

韋小寶一輩子都在「賭」，但最大的一次賭注是自己的腦袋。為了保護師父九難和心上人阿珂，韋小寶向武功高強的喇嘛發起了挑戰。

韋小寶恐嚇喇嘛說，自己已經練成了「金剛門」的護頭神功，如果大刀砍在自己頭頂上，那麼這柄大刀會反彈回去，砍到喇嘛自己。

當時的韋小寶雖有寶衣護體，但見到刀光閃閃時，實在是有說不出的害怕，倘若對方當真一刀砍在自己頭上，別說是腦袋，甚至連身體也非給剖成兩半不可。只是一來他確定自己不是這個喇嘛的對手，除了使詐，別無脫身之法；二來他好賭成性，賭這喇嘛聽了自己一番恐嚇之後，不敢砍自己腦袋。

這場賭，賭注是韋小寶性命。這時韋小寶的生死，只在喇嘛一念之間，倘若不賭，喇嘛提刀亂砍，韋小寶和師父九難、阿珂三人都會被他砍死。

丹尼爾‧康納曼和阿摩司‧特沃斯基提出了展望理論（prospect theory）。根據展望理論，在確定的好處（收益）和「賭一把」之間做一個抉擇，多數人會選擇確定的好處，這就是「確定效應」（certainty effect）。在確定的壞處（損失）和「賭一把」之間，做一個抉擇，多數人會選擇「賭一把」，這就是「反射效應」（reflection effect）。

人們對獲利和損失的敏感度是不同的，損失的痛苦遠遠大於獲得的快樂，這個我們也稱為「損失規避」（前面段皇爺和瑛姑的故事中已經談

第一章 參照依賴：奇妙的行為模式

到過）。在正常情況下，人們都會傾向於規避風險。這就是「確定效應」。

比如有兩個選擇方案，甲方案肯定贏 1,000 元，乙方案有 50% 的可能性贏 2,000 元，50% 可能性什麼也得不到，你會選哪一個？

事實上，大多數人都會選擇甲，人們會規避風險，而喜歡確定的收益。這就是「確定效應」在發揮作用。

下面我們再看一個例子：還是有兩個選擇方案，甲方案肯定會損失 1,000 元，乙方案有 50% 的可能性損失 2,000 元，50% 的可能性什麼都不損失，你會選哪一個？

這個時候，人們大多數會選乙方案，人們又會偏好風險。

其實兩個問題幾乎是完全一樣的，可是為什麼人們給出的答案會不一樣呢？

在第一個例子中，在確定收益的時候，人們都會選擇拿了就跑。然而在第二個例子中，在面對確定損失的時候，人們的「賭性」卻變得很強。

人們在巨大的虧損時，反而往往選擇孤注一擲翻本。遇到的危機越大（甚至威脅到生存），人們越會選擇冒險。就像韋小寶在師徒三人生命堪憂的時候，他選擇了鋌而走險。這就是「反射效應」：在確定的壞處（損失）和「賭一把」之間做一個抉擇，多數人會選擇「賭一把」。

經濟學家理查・塞勒和艾瑞克・強生（Eric Johnson）共同發表過一篇論文，說明在兩種情況下賭徒不那麼厭惡風險，甚至會主動追求風險。第一種是他們贏錢的時候，即「用莊家的錢賭博的時候」；第二種情況是輸錢但有機會翻本的時候。

康納曼和特沃斯基曾引用過一項研究，該研究發現，在一天的最後

韋小寶為什麼敢賭自己的腦袋—「反射效應」中危機越大越會選擇冒險

一場賽馬中,獲勝機率極小的馬的賠率會變低,也就是說有更多的人把賭注壓在最不可能獲勝的馬身上。一天下來,那些輸錢的賭徒會在最後的機會急於翻本,因此他們會傾向於把賭注押在賠率最高(最不可能獲勝)的冷門馬上。

不要以為這種行為只在非職業投資人身上會發生,即使在受過專業訓練的職業投資者身上也很常見。

例如到每年的最後一個季度,如果共同基金經理所管理的基金落後於基準指數,如標準普爾 500,他們就會冒更大的風險,用更激進的方式買入高風險的股票,以期可以翻本。

下面這個故事的主角尼克・李森(Nick Leeson)被稱為國際金融界「天才交易員」,他曾任霸菱銀行(Barings Bank)駐新加坡霸菱期貨公司總經理、首席交易員。霸菱銀行是歷史上聲名顯赫的英國老牌貴族銀行,已故英國女王伊麗莎白(Elizabeth II)也信賴它的理財水準,並曾是它的長期客戶。

李森的投資以大膽著稱。在日經 225 指數期貨合約市場上,他被譽為「不可戰勝的李森」。

1994 年下半年,李森認為,日本經濟已開始走出衰退,股市將會有大漲趨勢,於是大量買進日經 225 指數期貨合約和看漲期權。然而「人算不如天算」,1995 年 1 月 16 日,日本關西大地震,股市暴跌,李森所持多頭頭寸遭受重創,損失高達 2.1 億英鎊。

這時的情況雖然糟糕,但還不至於能撼動霸菱銀行。但已然虧損巨大的李森卻進一步冒險,押下了讓人吃驚的賭注,他再次大量補倉日經 225 期貨合約和利率期貨合約,頭寸總量已達十多萬手。

第一章　參照依賴：奇妙的行為模式

這是以「槓桿效應」放大了幾十倍的期貨合約。當日經225指數跌至18,500點以下時，每跌一點，李森的頭寸就要損失兩百多萬美元。2月24日，當日經指數再次加速暴跌後，李森所在的霸菱期貨公司的頭寸損失，已接近其整個霸菱銀行集團資本和儲備金之和。此時融資已無管道，虧損無法挽回，李森本人也跑路了。

霸菱銀行面臨滅頂之災，銀行董事長不得不求助於英格蘭銀行，希望挽救破產局面。然而這時的損失已達14億美元，並且隨著日經225指數的繼續下挫，損失進一步擴大。因此，各方金融機構竟無人敢伸手救助，霸菱銀行從此倒閉。

人們普遍傾向於規避風險，但是當遇到巨大的危機時，更傾向於冒險，這些可能和人類的演化有關。

在有些情況下，演化可能並不喜歡真相和準確性，人們做出判斷是為了提高生存機率。如果偏見和不準確在某些情況下恰好幫助人類提高適應性，那麼大腦將持續做出帶有偏見和不準確的判斷。

迴避損失是確保穩定生存的一種法則，冒險意味著可能失去食物，也可能飽餐一頓。然而當巨大的危機顯現時，採取迴避風險的策略並不能提高生存率，反而孤注一擲更有生存的希望。

行為經濟學家曾做過一項實驗：鴿子要面對幾個不同的鴿子洞，洞內所放置的食物量不同，有的鴿子洞始終保持等量的食物，有的則食物量每次均有變化，每個鴿子洞每次的食物量分配均受到嚴格控制，因而每個洞的平均食物量是相等的。比如一個鴿子洞每次都固定有20克的葵花子，另一個鴿子洞則半數時間有40克葵花子，半數時間是空的。

不同於人類通常表現出來的規避風險行為，鴿子傾向於食物量不定的鴿子洞。凱格爾認為，人類與鴿子對風險的態度有異或許來源於彼此所處的環境不同，鴿子要保證生存，食物量需要達到最低限度，供給量小於鴿子所需底線的食物來源對生存並無用處。

事關鴿子的生存，因此鴿子願意為獲得高於所需底線的食物量而甘冒風險。

同樣地，人類在演化過程中也是如此，當生存出現危機時，早期人類只有甘願冒更大的風險才能存活下來，比如食物短缺，人類可能選擇更大的風險去狩獵大型凶猛的動物（有可能獲得充足的食物，或者死於猛獸之口），因為選擇諸如採集野果這樣折中的辦法並不能保證其生存。

事關生死，韋小寶勇於下注，這也是他的生存之道。

第一章　參照依賴：奇妙的行為模式

第二章
成本收益：怎麼算，最划算？

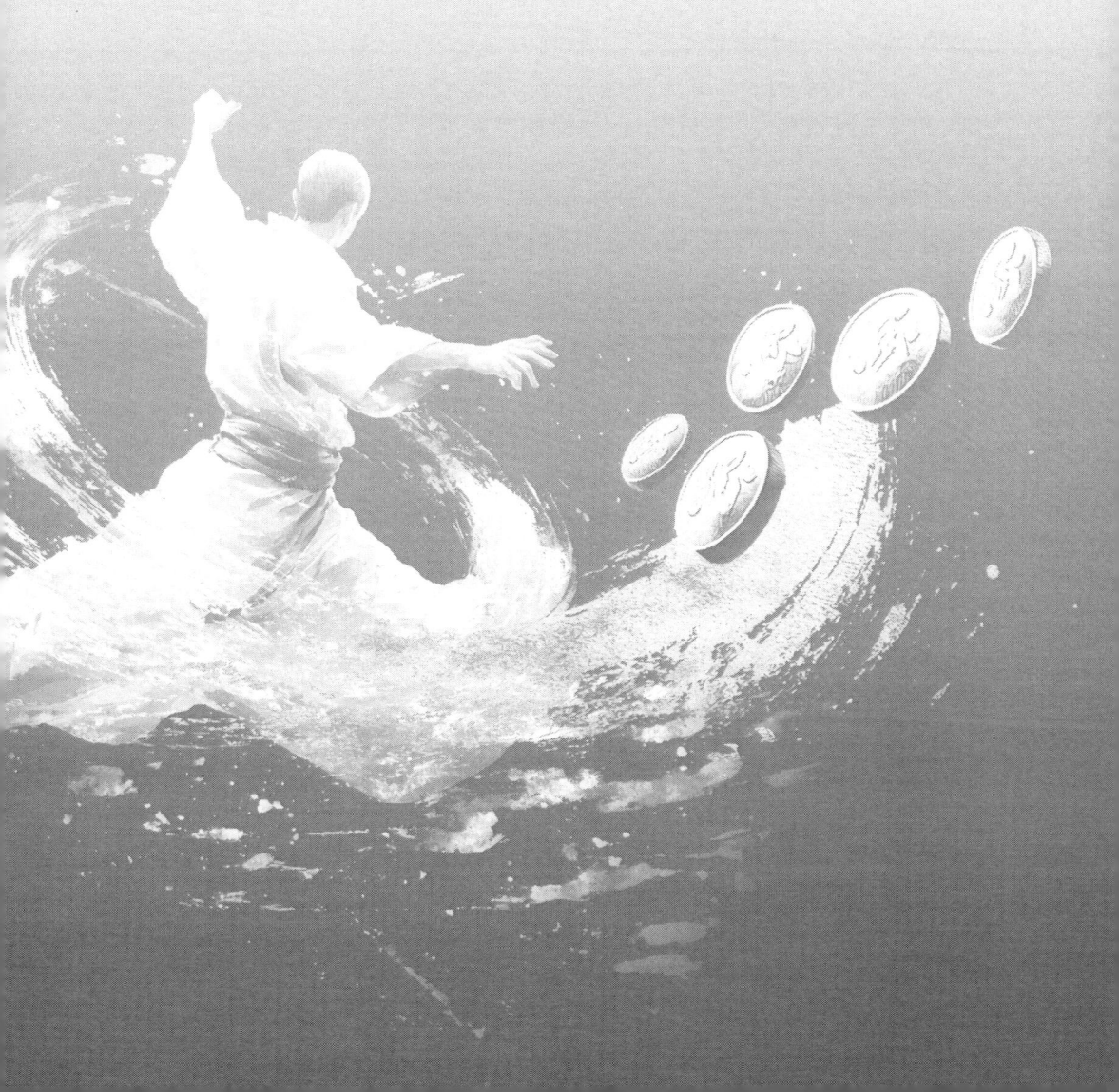

第二章　成本收益：怎麼算，最划算？

愛惜新衣的狄雲為何不在乎黃金
——「心理帳戶」讓金錢有不同的分量

在《連城訣》中，少年狄雲一直住在鄉下跟著師父戚長發習武，有一天，師父受到邀請，要去荊州城向師兄祝壽。戚長發想把家裡的黃牛「大黃」賣了，換點盤纏並讓大家購置兩件新衣，以免穿著太寒酸被人看不起。狄雲和師妹戚芳都捨不得把黃牛賣給屠夫，因為黃牛是他們從小養大的，親如家人。

當戚長發父女和狄雲來到了荊州，他們身上穿著的，就是用賣掉「大黃」換來的新衣。三人來到戚長發的師兄萬震山家裡祝壽，剛好碰到仇家呂通來尋事，結果戚長發的新衣被糞水潑髒，為了這件新衣，狄雲和呂通拚了命。

幾兩銀子的新衣服就讓狄雲拚命。那如果是價值連城的黃金大佛呢？

在小說的結尾，師父戚長發在金佛前對狄雲說：「你假惺惺的幹什麼？這是一尊黃金鑄成的大佛，你難道不想獨吞？佛像肚裡都是價值連城的珍寶……」狄雲搖搖頭表示：「我不要分你的黃金大佛，你獨個兒發財去吧。」

為什麼狄雲會如此看重只值幾兩銀子的新衣服，而對成噸的黃金卻視而不見？

芝加哥大學行為經濟學教授理查·塞勒提出的心理帳戶（mental accounting）的概念或許可以提供解釋：人的頭腦裡有一種心理帳戶，人們

| 愛惜新衣的狄雲為何不在乎黃金—「心理帳戶」讓金錢有不同的分量 |

把實際上客觀等價的支出或者收入在心理上劃分到了不同的帳戶中。「心理帳戶」使個人和家庭在進行評估、追溯經濟活動時有一連串認知上的反應。

塞勒在1999年的論文〈心理帳戶的作用〉(Mental Accounting Matters)中對「心理帳戶」作了如下定義:「心理帳戶是個人和家庭用來編碼、分類和評估財務活動時使用的認知運算的集合。」「心理帳戶」的存在影響著人們以不同的態度對待不同的支出和收入,從而做出不同的決策。

買新衣服的錢被狄雲劃在賣掉老夥伴「大黃」得來的辛苦錢,在這個帳戶中的錢就顯得特別珍貴,所以當師父的新衣服被弄髒後狄雲不惜拚命。而黃金大佛則屬於不義之財的帳戶,狄雲並不認可這個帳戶中的錢屬於自己,所以再多的財富他也並不動心。

現實生活中有很多例子,經濟學家發現費城的犯罪集團成員對於手中的錢以「乾淨的錢」和「骯髒的錢」來嚴格分類。比如一個叫「馬蒂」的成員喜歡去教堂,他經常從母親給的錢中拿出一部分,進行小額捐贈,但是他不會拿偷來的錢作為捐款。「不,」他否定說,「這是骯髒的錢,這錢不乾淨。」

挪威奧斯陸的舞者會把薪資、福利金記錄在長期帳戶上,小心翼翼地把它們用於租金等長期費用。但是,她們會把夜店獻舞所得記錄在短期帳戶上,這些錢被這些女人用於購買酒和衣服,如流水般揮霍一空。一位舞者說:「不義之財分文不值。相比那些小費,我會更加小心謹慎地對待自己半個月一次領到的薪資。」

我們通常以為錢可以互相替代,有一句很經典的電視劇臺詞:「現在

043

第二章　成本收益：怎麼算，最划算？

放這兩根金條,你能告訴我哪根是高尚的,哪根是齷齪的?」然而一系列的實驗卻推翻了「錢具有可替代性」的事實。

心理學家奇普・希思（Chip Heath）和傑克・索爾（Jack Soll）曾做過一項研究,他們發現大多數MBA學生都為吃喝和玩樂制定了每週預算。希思和索爾詢問兩組實驗對象,他們是否願意買一張週末的演出票?其中一組實驗對象被告知他們這週已經花50美元看了一場籃球賽（看演出和看球賽屬於同一類預算）,而另一組實驗對象被告知他們這週已經被開了一張50美元的違規停車罰單（被開罰單和看球賽屬於不同的預算）,實驗結果發現,那些看過球賽的學生不大可能去看演出。

塞勒還講過一個例子:兩個狂熱的球迷計劃到距離他們大約64公里遠的地方看籃球賽,其中一個買了門票,另一個人在買票的途中遇見了一個朋友,免費得到了票。現在,天氣預報稱比賽當晚會有暴風雪,這兩位持票的球迷誰會比較願意冒著暴風雪去看比賽?

答案很明顯,自己掏錢買票的那個球迷更有可能會去。同樣的門票來自兩個不同的心理帳戶,一個是別人贈送的幸運帳戶,一個是自己掏錢的消費帳戶,雖然無論怎麼得到門票,他們都會感到失望,但是對於自己花錢買票這個人來說影響更負面,因為現在他的錢沒了,還不能看比賽。對這個人而言,待在家裡是個更糟糕的選擇,所以他比較願意去看比賽。

經濟學家潔絲汀・黑斯廷斯（Justine Hastings）和傑西・夏皮羅（Jesse Shapiro）研究的課題是:汽油價格的變化對人們選擇普通汽油或優質汽油會有什麼影響?在美國,汽油根據辛烷值分成普通、中級、高級三個等級,而專家會建議某些車型應該使用好一點的汽油。2008年汽油價格下降了約50%,每加侖汽油從4美元的高價位降至不到2美元,兩人研究

這次油價降低對高等級汽油銷量的影響。

從理性經濟人看來，金錢是可以互相替代的，省下來的錢用在哪裡都可以。然而人們把用於購買汽油的錢歸入了專門的帳戶，因此當油價暴跌後，普通人改買優質汽油的機率是平常的14倍。兩位研究者的另一發現進一步確證了「心理帳戶」的存在：加油連鎖店還出售其他兩樣商品──牛奶和柳橙汁，但研究者發現消費者並沒有購買更好的牛奶和柳橙汁。當時正值2007年後的金融危機，汽油價格因此大幅下降，在那段恐慌時期，大多數家庭會盡量節省開支，但是人們卻在高級汽油上亂花錢。這就是「心理帳戶」的作用。

小說《圍城》中，方鴻漸丟下身體不舒服的孫柔嘉去見了朋友趙辛楣，回來的時候他覺得撇下懷孕的孫柔嘉孤單一人太久了，於是經過水果店，買了一些新鮮荔枝和龍眼。回來後方鴻漸對孫柔嘉說：「我今天出去回來都沒坐車，這東西是我省下來的車錢買的。當然我有錢買水果，可是省下錢來買，好像那才算得真正是我給妳的。」

這裡，方鴻漸就是剛好巧妙地運用了「心理帳戶」的原理。方鴻漸巧妙地將買龍眼和荔枝的錢歸納於「交通費帳戶」，這些水果變成了是自己節省了交通費而買來的，於是這些普通的荔枝就顯得非常可貴。這一招果然發揮了作用，剛剛還滿腹怨言的孫柔嘉抬起滿是淚痕的臉溫柔一笑道：「那幾個錢何必去省它，自己走累了犯不著。省下來幾個車錢也不夠買這許多東西。」

賭桌上的賭徒也會把錢分成「自己的本錢」和「贏來的錢」，當用自己的本錢下注時，他們會小心翼翼，而用「贏來的錢」下注，他們則會格外大膽。在《鹿鼎記》中，韋小寶是個賭錢的好手，但也常常會把銀子慷慨送人，因為這些錢都是他贏來的。

第二章　成本收益：怎麼算，最划算？

　　人在賭桌前有時會變得很慷慨，不單單是韋小寶會這樣，比如在賭場贏錢的賭客也常常會給服務人員令人吃驚的小費，而這其中的原因也和「心理帳戶」有關。

　　理查・塞勒說：「贏錢的人似乎並不把贏的錢當錢看。」這種心理十分普遍，賭徒常說一句話：「用莊家的錢賭。」也就是說，贏錢時，你會認為是拿賭場的錢而不是自己的錢在賭博。賭桌上時常會發生這樣的事：如果一個非職業賭徒晚上贏了一些錢，你可能會發現被稱為「雙口袋」心理帳戶的情況，如果一個人帶了 300 美元去賭場賭博，結果贏了 200 美元，此時，他會將 300 美元放在一個口袋裡，認為這些錢是自己的，然後把贏得的 200 美元籌碼整齊擺放在另一個口袋裡，而通常情況下，這些籌碼會被用來繼續下注。

　　「莊家的錢」來得快、去得快，這就是因為「心理帳戶」的作用，韋小寶之所以出手這麼大方，因為這些錢他認為是「贏來的錢」，和「自己的錢」不同，「贏來的錢」相當於白來，所以他絲毫不吝嗇。隨著「白來的錢」數額的增加，比如從鰲拜這裡抄家貪汙了 50 萬兩白銀，韋小寶的出手也越來越闊綽了。而狄雲，同樣因為「心理帳戶」的原因，對新衣和金佛的價值有完全不同的理解。

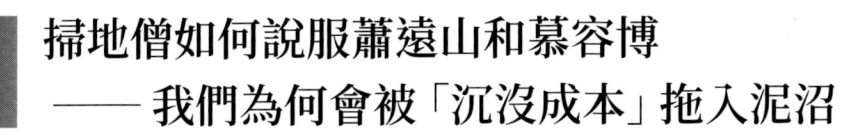

掃地僧如何說服蕭遠山和慕容博
——我們為何會被「沉沒成本」拖入泥沼

在《天龍八部》中，掃地僧對蕭遠山和慕容博喝道：「王霸雄圖，血海深恨，盡歸塵土，消於無形。」

蕭遠山和慕容博一起在掃地僧面前跪下。掃地僧問道，你二人由生到死、由死到生地走了一遍，心中可還有什麼放不下？倘若適才就此死了，你們現在還有什麼興復大燕、報復妻仇的念頭嗎？

蕭遠山表示，自己生平殺人無數，要是被自己所殺之人的家人都來復仇索命，早就死一百次了。慕容博也開竅道，庶民如塵土，帝王亦如塵土。大燕不復國是空，復國亦空。

掃地僧點化蕭遠山和慕容博的佛學道理，如果用經濟學來表述就是簡單的四個字「沉沒成本」（sunk cost）。

「沉沒成本」是指那些已經發生且無法收回的支出，如已經付出的金錢、時間、精力等。從決策的角度看，以往發生的費用只是造成當前狀態的某個因素，當前決策所要考慮的是未來可能發生的費用及所帶來的收益，而不需要考慮以往已發生的費用。

當錢和精力都已經花了，並且這些都無法收回，那麼這些錢和精力就是沉沒成本。然而，面對「沉沒成本」時，人們往往會陷入這樣的思考陷阱：我已經為這個項目花了這麼多精力，不能就這麼簡單地放棄了。

無論慕容博為復興大燕花了多少力氣和心思，多少深謀遠慮，整個家族付出多少代價心血，這個目標都無法實現，因此這些付出都是沉沒成本。

第二章　成本收益：怎麼算，最划算？

同樣地，蕭遠山為了報殺妻之仇，無論他如何處心積慮、精心策劃，如何隱忍煎熬，仇恨永遠是冤冤相報、沒完沒了，而死者並不能復生，所以他為報仇付出的代價也是沉沒成本。

歷史上最著名的沉沒成本事件莫過於「協和謬誤」（Concorde fallacy）。

協和飛機是英國航空公司和法國航空公司合作生產的世界首架超音速客機，曾經作為力壓美國波音航空公司、維護了歐洲自尊心的飛機而廣受矚目。不過因其過高的投資和研發費用，在經濟性方面受到質疑，後來又出現急速下降時發出巨大噪音和破壞環境等種種問題。另外，此飛機是由歐洲多個國家生產零組件，所以故障率也很高。

由於這些問題，中斷協和式飛機生產的呼聲理應很高，不過對於加入協和飛機專案的人來說，已經做了大量的投資，到了無法放棄專案的地步。因此即便存在這麼多的問題，政府對協和式飛機的財政支持卻沒有中斷。1976 年完成首航之後，協和式飛機最終於 2003 年完成了最後飛行，就此退出了歷史舞臺。工商心理學家們就把這種現象命名為「協和謬誤」。

前英國首相溫斯頓·邱吉爾（Winston Churchill）說：「放棄是失敗的象徵。」其實並非如此，有時候明智地放棄也是一種成功。因為很多時候我們投入的時間、金錢和血汗都已經是沉沒成本，如果不及時放棄，只會使得這些成本越來越大。美國之所以持續在越南進行一場徒勞的戰爭，就是因為投入太多以至於無法中途放棄。美國管理學教授巴里·斯托（Barry M. Staw）寫了一篇名為〈深陷泥沼〉（*Knee Deep in the Big Muddy: A Study of Escalating Commitment to a Chosen Course of Action*）的文章，在他看來，犧牲的數千條生命、花費的數十億美元都使得美國宣布撤軍難上加難。

在生活中，我們也經常會遇到這類問題。

假如你在購物節買了一雙心儀已久的鞋子，雖然折扣幅度不小，但買下來還是花了不少錢。你很高興地穿著這雙鞋去上班，然而很不幸，到了中午的時候你的腳開始痛了。

你讓雙腳暫時休息一下，因為已經穿過，也無法退換。於是過了幾天，你又穿上了這雙鞋。假設無論穿多少次這雙鞋，你的腳都會不舒服，你會再穿多少次呢？如果和大多數人一樣，那麼這個答案將取決於買這雙鞋花了你多少錢，花的錢越多，你就會忍受越多的疼痛，這雙鞋在你的鞋櫃裡待的時間也會越久。

事實上，無論這雙鞋花了多少錢，這些都是沉沒成本，不應該影響你的決策，當你覺得穿著不舒服的時候，最好的選擇就是不穿。

再比如，你花了 200 元買了一本很多人推薦的暢銷書，可是你很快地發現，這本書既不有趣，也沒有為你帶來新的知識，你讀了一部分便想放棄閱讀。可是你又覺得 200 元是個不小的數目，不讀完太可惜了，於是繼續看下去，可是越看越覺得沒意思。

假如一本書沒有意思，你就應該果斷放棄，因為如果繼續看下去只會浪費你更多的時間。此時，你只要問一下自己，假如這本書是從圖書館借來的，你還會讀下去嗎？如果答案是否定的，你就不該再讀了。

很多身為父母的人也會犯這樣的錯。例如父母們會在孩子很小的時候就開始培養他們對圍棋的興趣，父母付出的，除了請圍棋教練培訓的開支，還有每週接送的時間成本，甚至精神上的期望成本。可是事與願違，孩子真正喜歡的是足球而不是圍棋。明智的父母應該果斷地中斷對孩子圍棋興趣的培養而轉向足球，但是在現實世界中，父母因為投入了時間、金錢和感情，這些「沉沒成本」往往令他們難以放手。

第二章　成本收益：怎麼算，最划算？

「都學了這麼多年了，花了這麼多錢，放棄豈不是太可惜了？」父母們常常會這麼想，於是這些已經花掉的錢和時間成為他們繼續下去的理由，即使客觀看來，對於孩子的興趣發展並無幫助，但父母的錢花得越多，他們堅持將這件事情繼續下去的理由也就越充分。

在婚姻中，很多人經過多年的努力嘗試改善婚姻關係，卻仍然無法改變。儘管如此，他們卻不願意放棄這段婚姻。儘管他們自己其實也知道，無論怎麼努力，這段婚姻都不會幸福，但他們想到曾為此付出這麼多，還是寧願繼續維持這段婚姻。

從某種意義上說，騙子都是「資深經濟學家」。他們深知沉沒成本的作用，並運用到了詐騙中，典型的如「中獎詐騙」，騙子通常不是一次下注，而是會對「中大獎」的受害者開出一筆不大的「手續費」，再接著是「公證費」、「郵寄費」、「所得稅」……一步一步加大籌碼，而受害者通常會想：既然前面的錢都花了，不如再信一次，於是被越騙越多。

由於之前所做的投入或者花費的力氣和時間，使得人們普遍不願意放棄本應該放棄的東西。人們總是想嘗試透過努力，幻想著使沉沒成本「浮上」水面，結果卻使得錯誤的決策一再延續。

沉沒成本有時候也會隨著時間發生變化。美國加州大學柏克萊分校的經濟學家斯蒂法諾・德拉維尼亞（Stefano DellaVigna）和烏爾麗克・馬爾門迪爾（Ulrike Malmendier）對美國的三個俱樂部之中 7,752 名健身會員的詳細資料進行研究。這些俱樂部為客戶提供三種支付選擇：10 美元的價格購買單次卡；80 美元的價格購買月卡；800 美元的價格購買年卡。另外，月卡或年卡到期如果不取消的話，還會自動延續。

結果有超過九成的客戶選擇了月卡，然而他們每月到健身房的平均

次數僅為 4.7 次，這樣算起來，每次的價格就是 17 美元左右，而單次卡的價格每次只有 10 美元。

在會員卡剛剛辦理的那段時間裡，會員們信心滿滿，在這段期間內去健身房的平均次數比較多，也比較規律，即使如此，會員卡仍然不是物有所值。平均來說，新會員一般每月去 5 次，即每次的價格為 16 美元。幾個月以後，當初的興奮消失後，每個月到健身房的次數下降到 4 次，這意味著每次價格上升到 19 美元。持有會員卡的會員在其會員生涯中，白白扔掉的鈔票平均高達 700 美元。

剛交完會員費的那個月，人們的健身次數會上升，然後逐漸下降，直到交第二次會員費。經濟學家將這種現象稱為「支付貶值」，意思是沉沒成本效應會隨著時間的推移不斷降低。

不過這種現象通常在成本支付一次性完成的情況下，如果不斷有新的成本投入，要抽身就很難。這就像一個在賭桌前輸紅眼的賭徒，他不會意識到之前無論輸多少都是沉沒成本，而是想著下一把就能翻身，輸得越多使他越不能離開賭桌。

掃地僧透過「瀕死體驗」讓蕭遠山和慕容博明白過往的投入都是沉沒成本，這種投入無論再追加多少都是投入無底洞，於是雙雙頓悟。那老僧哈哈一笑，道：「大徹大悟，善哉，善哉！」

第二章　成本收益：怎麼算，最划算？

歐陽克為何對黃藥師的絕技不感興趣
——「交易效用」讓我們錯過合算的買賣

歐陽鋒帶著姪兒歐陽克，洪七公帶著徒弟郭靖來到桃花島提親。結果黃藥師提出要出三道題目讓二人一較高下。作為落選者的安慰獎，可以任選一項桃花島的功夫，黃藥師將親自傳授。

黃藥師的武功絕學有劈空掌、落英神劍、彈指神功、蘭花拂穴手、玉簫劍法等，其中任何一門武功，都是武林中人夢寐以求的。

後來歐陽克在比試中敗北，黃藥師便讓歐陽克任選一門絕技，結果歐陽克選擇了五行奇門之術。此時的歐陽克對黃藥師的武功絕學並無興趣，之所以說要學五行奇門之術，只是推測這門本事學起來要很花時間，這樣他就可以賴在桃花島，藉口學藝與黃蓉多些親近，然後施展風流解數，試圖將黃蓉騙到手。

那麼歐陽克為何對黃藥師的武林絕學沒有興趣？是因為叔叔歐陽鋒和黃藥師並稱「東邪西毒」，武功不弱於黃老邪，因而他看不上黃藥師的武功？但是如果他學會黃藥師的絕技，起碼有助於歐陽鋒在華山論劍中取勝。

如果我們用行為經濟學領域的相關知識，可能就比較容易理解這個問題。

我們先來說說理查‧塞勒所做的一個實驗：有兩組高階管理碩士，他們都是經常喝啤酒的人，調查人員問了他們兩個問題，這兩個問題的不同之處僅在於括號中內容的差異：

歐陽克為何對黃藥師的絕技不感興趣──「交易效用」讓我們錯過合算的買賣

一個炎熱的夏日，你正躺在沙灘上，心想要是能喝一瓶心儀的冰鎮啤酒該有多好。這時，一個同伴起身要去打個電話，他說可以幫你帶一瓶啤酒回來。海灘附近只有一個賣啤酒的地方（一家高級的度假飯店／一家又小又破的雜貨店）。同伴說那裡的啤酒可能賣得很貴，問你願意花多少錢購買。他還說，如果啤酒的售價與你願意支付的錢一樣多或是更低，就會幫你買一瓶；如果高於你能承受的價格，就不買了。你很信任你的同伴，同時你也沒有與（調酒師／雜貨店老闆）討價還價的可能，你願意出多少錢呢？

調查的結果是：如果啤酒是在度假酒店而非雜貨店買的，調查對象就會願意支付更多的錢。人們願意為兩者支付的現金中位數分別是 7.25 美元和 4.10 美元。

同樣的啤酒在同樣的地方飲用，人們卻願意因為購買地點不同而支付不同的錢。人們為什麼會在意啤酒是在哪裡買的呢？

首先我們先來了解一個由理查·塞勒創造的被稱為「交易效用」(transaction utility) 的概念。所謂交易效用，就是商品的參考價格和商品的實際價格之間差額的效用，而參考價格是消費者的期望價格。「交易效用」也會被稱為「合算交易偏見」。這種「合算交易偏見」的存在使我們經常做出欠理性的購買決策。

我們之所以願意為飯店的啤酒支付較高的價格，其中一個原因就是心理預期。在人們看來，高級飯店裡的物品售價會比較高，因為成本顯然更高。在度假勝地花 7 美元買一瓶啤酒，你不是很高興，但卻在你的意料之中；要是雜貨店開出這麼高的價格，你肯定會怒氣沖天。這就是交易效用的本質。

交易效用和歐陽克有什麼關係呢？

第二章　成本收益：怎麼算，最划算？

　　在這裡，他向黃藥師學習武功絕技的期待就相當於支付啤酒的價格，但正如我們以上看到的，支付這個啤酒的價格並非一成不變的，當在正常情況下，他願意為學習這種絕技支付很高的價格，畢竟黃藥師是武林的頂尖人物，他的武功絕學可以說是在江湖上用錢都買不到的寶貝，可遇而不可求，普通人習得一招半式就可以成名江湖。

　　而在桃花島求親的時候，歐陽克卻是另外一種更高的心理預期，歐陽叔姪是期待著歐陽克做黃藥師女婿，更是為了武林至尊《九陰真經》來的，在這種預期下，黃藥師的武功絕學反倒顯得不那麼重要了，所以歐陽克對這個天上掉下來的禮物並不太在意。

　　交易效用隨時影響著我們的生活。我們再舉一個塞勒討論過的例子：

　　你打算購買一床羽絨被，商店裡有三種款式可供選擇：普通雙人被、豪華雙人被和超大號豪華雙人被，它們的售價分別是 200 美元、250 美元和 300 美元。對你而言，豪華雙人被無論尺寸、款式還是厚度都是最適合和滿意的。到了購物中心，你意外地發現這個星期羽絨被在做促銷活動，所有款式售價一律為 150 美元，這可是一筆不小的折扣。面對這樣的情況，你會選擇買哪種被子呢？

　　豪華雙人被本來是最適合你的，但是促銷活動很可能讓你改變了主意。你覺得豪華雙人被的優惠折扣似乎還不夠，既然價格一樣，何不買原價最貴的超大號豪華雙人被呢？這樣一來，就相當於得到了 150 美元的優惠，比豪華雙人被 100 美元的優惠更划算。

　　當你興沖沖地買來超大號豪華雙人被，還沒為這筆「合算交易」高興幾天，就發現超大號豪華雙人被很難整理，被子的邊緣總是下垂在床角，更不能忍受的是，每天早上醒來，超大的被子還會拖到地上，為此你不得不經常換洗被套。沒過幾個月，你就開始後悔當初的選擇了，這

就是「合算交易偏見」造成的後果。

行為經濟學家奚愷元也舉過一個例子：假設你現在正在法蘭克福機場候機，馬上就要搭飛機飛回家鄉。你很希望可以在飛機上睡上一覺，但不幸的是，你有失眠的毛病，在飛機上從來都睡不著，而且對所有的安眠藥都過敏，除非吃一種叫「好夢」的安眠藥片。吃一粒這種藥片，你就可以安安穩穩地睡5個小時。你曾經在家鄉買過這種藥片，你清楚地記得它在家鄉的價錢是每片500元（或者5元）。你在法蘭克福機場的一家商店中找到了這種「好夢」藥片，每片標價相當於250元。那麼請問，你會不會買一片「好夢」藥片在飛機上吃呢？

很顯然，如果在家鄉的價格是500元，你會很樂意購買「好夢」安眠藥品，而如果它在家鄉的價格是5元，你會強烈地感到這個交易的不公平。

事實上，作為一個理性的決策者，你應該考慮的是「好夢」藥片的價錢與5小時睡眠對你的效用的比較和權衡。如果你覺得睡了這5小時可以讓你之後的一天精力充沛，更有效率地工作，而這帶給你的效用要大於「好夢」藥片的價格，那麼，你應該毫不猶豫地買下藥片，而不去考慮它在家鄉的價格。因為無論在家鄉這種藥片是500元一片，還是5元一片，當時身在法蘭克福機場的你都無法到家鄉完成購買行為，此時，家鄉的價格是一種無關的參考價，我們不應該讓它來影響我們的購買決策。

理查・塞勒說，交易效用既可能是正的，也可能是負的，也就是說，交易既可能是划算的，也可能讓人感覺上當受騙，所以交易效用不僅可以阻止人們購買划算的產品，也會引誘人們購買昂貴的產品。

關於這一點，我們只要經過各種購物節就會有深刻的體會，每到

第二章　成本收益：怎麼算，最划算？

「購物節」，我們會買下很多日後根本連包裝都不會打開的東西，而購買的原因僅僅是因為它便宜。划算的交易會引誘我們購買沒有使用價值的商品，到最後這些「划算」反而變成了最不划算。當然，在購物節我們也會買到合算的常用產品，它的價格的確比平時便宜很多。

另外，在購物節有些賣家會操控價格，讓消費者產生划算的錯覺。每到購物節之前，總有些精明的商家悄悄地提高了價格，然後再於購物節活動當日打折，透過這種虛假的價格比較，讓消費者產生划算的感覺。

消費者也會對交易效用所帶來的興奮感上癮。著名的梅西百貨曾試圖讓消費者不再對打折商品上癮，最後都失敗了。梅西百貨的管理者希望減少優惠券的使用。他們將優惠券視為一種威脅，認為它會影響自身品牌的聲望。梅西百貨在2007年春天減少了30%的優惠券，但這一做法並沒有得到消費者的認可，梅西百貨的銷售額驟降，公司只好趕緊承諾這一年節假日期間發放的優惠券和往年一樣多。

歐陽克錯過了一次絕好的機會，事實上，得到黃藥師的絕技和他是否要把女兒嫁給自己無關，只要習得這些絕技都是合算的買賣，關於娶親這件事情其實已經結束了，然而歐陽克沒有意識到這一點，在他的心理面，想的還是黃蓉和錯過的婚姻。

當黃藥師拿出一個卷軸對他說：「這是桃花島的總圖，島上所有五行生剋、陰陽八卦的變化，全記在內，你拿去好好研習吧。」五行奇門之術其實也不錯，可是歐陽克面對這樣千載難逢的機會，卻感到「好生失望」。

過高的預期讓他最終失去了學得黃藥師武功絕學的大好機會。

范遙臥底二十年到底值不值得
── 決策時我們常常忘了「機會成本」

《倚天屠龍記》中,范遙是明教的光明右使,楊逍是明教的光明左使,光明左右使在明教中地位尊貴,同時他們也身負振興明教重任。

范遙這個人物在小說的很後面才出場。他出場時的身分和形象是汝陽王手下一個相貌醜陋的啞巴「苦頭陀」,跟隨趙敏進行破壞中原武林的陰謀,當他碰上張無忌時才透露本來身分。

范遙如此隱姓埋名、忍辱負重是有原因的,原來當年明教教主陽頂天失蹤後,他懷疑是成昆勾結朝廷所做的手腳,眼見明教內部出現分裂,他便一心要深入蒙古人的巢穴查探真相。為了避免廬山真面目被成昆識破,他竟然自毀容貌並扮成啞巴,打入了汝陽王府。

范遙本以英俊出名,自毀容貌固然代價很大,不過大丈夫對臉蛋並不看重。但是從西域混至汝陽王府之中,一待近二十年,這個代價可大了。范遙忍辱負重投身元室,成為汝陽王親信,這二十年到底值不值得呢?

書中給出的答案是,范遙臥薪嘗膽的臥底生涯發揮了非常重要的作用,不但取得了汝陽王愛女趙敏的信任,更是在關鍵時刻和張無忌聯手救人。

可是在經濟學世界中有一樣東西叫做「機會成本」(opportunity cost),如果從機會成本的角度來考慮,范遙做的種種犧牲,是否值得呢?

經濟學家認為,每一個選項的價值都不能獨立於其他選項而單獨評

第二章　成本收益：怎麼算，最划算？

估，做選擇的其中一項成本就是放棄其他機會，這被稱為機會成本。

機會成本是經濟學和會計學進行分析的一個重要區別，比如你手頭有一筆錢，你有兩種選擇，若非存銀行，就是買股票。當你最後決定用手邊的錢去購買股票時，那麼這筆錢原來存銀行可得的利息收入就是買股票的機會成本，而在會計學中是不會展現出這種成本的。

機會成本還分為顯性成本和隱性成本，顯性成本是指需要企業支出貨幣的投入資本，如購買機器和設備，以及支付給工人的薪資，而隱性成本則指不需要企業支出貨幣的投入成本，如老闆自己管理自己的企業，那麼他在其他企業擔任管理工作的薪資收益就是隱性成本。

打個比方，有一名大廚決定自己開一家餐廳，而他原來受僱時每年收入是 120 萬元，他開店裝修和購買設備花了 400 萬元，假設銀行利率是 5%，那麼投入資金的機會成本（顯性成本）就是 20 萬元，投入時間的機會成本（隱形成本）就是 120 萬元。而一般人卻常常會忽略這 140 萬元的機會成本。

有一個故事，一名叫史蒂文・羅斯坦（Steven Rothstein）的銀行家在 1987 年的時候，花了 25 萬美元購買一張美國航空公司無限次的頭等艙乘坐票。航空公司萬萬沒想到的是，史蒂文最喜歡的事就是某個週末清早醒來，坐早班飛機去底特律，租一輛車去加拿大的安大略湖逛一圈，買點特產，然後坐下午的飛機回來和家人朋友吃晚餐。

史蒂文在 20 年內飛了超過一萬次，光是英國就去了 500 次，算一下帳，雖然這張票花了 25 萬美元購買，但是他總計消費了大約 2,100 萬美元。終於，美國航空在 2008 年取消了史蒂文的永久使用權。這件事情也許不能怪航空公司事先沒有料到。《奢華生活》（*Luxury Living*）是美國航空公司班機上提供的奢侈品季刊，該刊物的編輯就在評論中寫道：我們

的報導對象是一些世界上最有名的人,在每次採訪中,這些富有魅力的名人都挑選了同一件終極奢侈品,那就是時間。錢不是問題,時間才是最寶貴的。

當航空公司出售這張無限次機票時,是出於這樣一種假設,能夠購買這張機票的人(比如銀行家),投入時間的機會成本會很高。他們一般只會出於自己的實際需求而乘坐班機,而不是出於享樂、無節制地飛行。漫無目的地飛行會讓銀行家損失更多。

美國經濟學家丹尼爾·漢默許(Daniel S. Hamermesh)教授說過這樣一件事情:他所在的大學舉辦了一場廣場聚會,當他路過此處時,學生提醒他,某個展臺提供免費的冰淇淋。教授有點心動,當來到展臺前,他發現至少有20個人在排隊,並且隊伍移動的速度非常慢,教授馬上意識到,這裡的冰淇淋表面上看起來是免費的,但是得到冰淇淋的機會成本,也就是排隊所花費的時間是漫長的,因此他決定放棄領取冰淇淋。他認為機會成本太昂貴,因此不適合去排隊。

經濟學家曾一度對一種現象非常費解,那就是社會調查顯示,有兩個孩子的母親薪資收入普遍高於只有一個孩子的母親。他們設想了很多種可能性,比如家庭背景、教育程度等,最後發現原因很簡單,母親們之所以願意出來工作,是因為工作收入高於僱用保母照顧孩子的支出。兩個孩子的家庭相對來說僱用保母的費用更高,因此只有獲得更高的收入時,母親們才會出去工作。

史丹佛大學胡佛研究所的客座研究員查爾斯·胡珀(Charles L. Hooper)也講過一個故事,他的哥哥道格拉斯·胡珀(Douglas Hooper)是舊金山灣區的一名攝影師,他承辦過數百場婚禮的攝影工作。其中有一場婚禮是1999年夏天在史丹佛俱樂部舉辦的,婚禮儀式舉辦得十分圓滿,墨

第二章　成本收益：怎麼算，最划算？

西哥街頭樂隊的精采表演令在座的賓客興高采烈，大家都沉浸在愉快的慶典氣氛中，參加這對新人慶典的賓客度過了一段美妙的時光。

道格拉斯正準備拍攝婚禮宴會的其他環節，如切蛋糕、新娘拋花束、新郎拋吊襪帶等等，忽然那對新人朝他走過來，面露難色。他們解釋說下午5點之前必須離開這裡，時間馬上就要到了。不久這場宴會就宣布結束，新郎新娘離席，大家也陸續離開了。

他們突然離去的原因很快便揭曉了。按照規定，等待他們的豪華轎車司機對遲到乘客會收取罰款，罰款標準為遲到1分鐘1美元。這對新人的確省了幾十美元的罰款開支，但他們忽略了這背後高昂的機會成本：經過了一年的準備工作，宴請了數百名賓客，花費了數千美元的費用，這對幸福的新人卻人為地把他們將銘記一生的美妙時光縮短了。

回到《倚天屠龍記》，在我們討論范遙臥底是否值得時，我們不僅要看他的成本和收益，也要看他的機會成本。

他付出代價所獲得的收益是顯而易見的，在關鍵時刻發揮了作用，然而我們結合他的身分考慮他這20年的機會成本，就會發現這樣的收益並不特別值得誇耀。在他離開明教這20年中，明教陷入了四分五裂的狀況，並且如果不是張無忌力挽狂瀾，明教已經全軍覆沒，不復存在了。

身為明教光明右使，如果他不去當臥底，他能做的還有振興明教，讓明教從一盤散沙的狀態中重新凝聚起來。查明教主失蹤真相固然很重要，但是范遙的確還有更重要的事情要做。如果明教不復存在了，那麼又是毀容、又是裝啞巴，這些付出根本沒有了價值。

我們常常會規避損失，但同時又會忽視未得收益。假如我們是擁有很多間房子的房東，一旦發現有房客不按時交納租金，我們就會生氣和著急，然而如果房子一、兩個月空閒著沒有租出去，卻不會那麼著急。

> 范遙臥底二十年到底值不值得─決策時我們常常忘了「機會成本」

　　正是由於范遙在這 20 年裡臥底的機會成本太大,儘管在我們的直覺上(相當於會計意義上),他取得了不小的收益,然而在經濟學上,他的功勞就不那麼耀眼。

第二章　成本收益：怎麼算，最划算？

華山論劍　天下第一的代價
——「贏家的詛咒」廣泛地存在

　　第二次華山論劍中，洪七公、黃藥師、郭靖都不是歐陽鋒的對手，但此時的歐陽鋒已經走火入魔，所以黃蓉便使了鬼點子，說歐陽鋒的影子才是天下第一，歐陽鋒見影子緊緊跟隨，驅之不去，鬥之不勝，嚇得心膽欲裂地逃下山去。

　　黃藥師與洪七公眼見這位一代武學大師竟落得如此下場，不禁相顧嘆息。

　　為爭天下第一的名號，為爭至高的權力，贏家卻往往落得悲慘的下場，這可不只是歐陽鋒一人。岳不群花盡心思奪得了五嶽派掌門的稱號，他的下場卻是先被任盈盈逼迫服下魔教毒藥三屍腦神丹，後被恆山派尼姑儀琳殺死；東方不敗登上日月神教權力巔峰，等待他的是殺身之禍；任我行雖然奪回了教主寶座，但很快也一命嗚呼。

　　為什麼贏家的下場往往都不好呢？

　　我們來看看行為經濟學中的「贏家的詛咒」（the winner's curse），或許能從中得到啟發。

　　經濟學家威廉·薩繆爾森（William Samuelson）和麥斯·貝澤曼（Max H. Bazerman）曾經做過一個實驗，實驗的對象是波士頓大學選修微觀經濟學課程的MBA學生。兩位經濟學家組織了若干場拍賣，拍賣的標的是一整罐硬幣，價高者得到這罐硬幣。每罐硬幣真實價值為8美元，但是受試者並不知道這一點。

實驗一共進行了48次拍賣，12個班級之中每班4次。在這些實驗中，對真實價值的預估結果是偏低的，對這些罐子的估價均值是5.13美元，遠低於真實價值8美元，這種偏差，表現出出價者對風險的規避。

然而有意思的是，贏家出價的均值卻是10.01美元，平均每位贏家虧損2.01美元。

在那些激烈的珍貴文物或者藝術品拍賣中，各方爭相舉牌競價，場面激烈，那麼最後拍下的物品一定物有所值嗎？答案常常是否定的，在激烈的競拍競賽中，最後贏家的出價往往遠高於物品的實際價值，比如藏家用了數億元從各大拍賣行拍得的珍貴藝術品，價格可能遠高於真實價值。

體育比賽中也常如此，足球聯賽新賽季即將開始前，聯賽各大球隊的老闆都想簽下當今最炙手可熱的選手，轉會競價就此展開大戰。假設各個球隊都想獲得萊納爾·梅西（Lionel Messi），而梅西對於所有競價球隊來說價值是相等的（也就是說，所有球隊都基於同樣的評估標準參與競價），各球隊老闆都向自己最信任的專家諮詢選手的價格評估意見。

一般來說，專家的判斷基本上是正確的（也就是說，平均估價等於球員的實際價值），但足球運動員的能力（如傳球、控球、射門、在球門前保持冷靜的穩定性等）並不容易評估，所以專家的評估意見與實際情況總會存在或多或少的差異。

在交易選手時，球隊老闆必須踴躍出價，然而愈拚命搶人，對選手評估過高的風險就愈大，勝出的球隊老闆出價就會明顯高於其他競價對手。球隊老闆爭奪的球員往往條件很好，但是真正產生的價值卻往往並非老闆想像的那麼大，這樣一來，贏得選手的球隊老闆自然會吃虧。這時就會出現「贏家的詛咒」現象。

第二章　成本收益：怎麼算，最划算？

在行為經濟學家理查‧塞勒的著作《贏家的詛咒》(*The Winner's Curse: Paradoxes and Anomalies of Economic Life*)一書中寫道：「贏家的詛咒」這個概念最早是卡彭(E. C. Capen)、克拉普(R. V. Clapp)、坎貝爾(W. M. Campbell)三位工程師提出的，它的概念很簡單，假設許多石油公司對特定的某塊土地很感興趣，想要購買它的開採權，假設對所有出價者來說，開採權的價值是相同的，也就是說這個拍賣屬於「公共價值」拍賣。另外，假設每個競標公司都從專家那裡得到了關於開採權價值的估價，而且這些估價都是客觀的，所以這些估價的平均值和這塊地的公共價值相等。那麼拍賣結果將會怎樣呢？

由於某塊特定油田的石油產量很難準確預估，專家的估價也就會有很大不同，有的估價太高，有的則太低。即使公司的實際出價比專家的估價要低一些，估價較高的公司肯定會比估價較低的公司出價高。事實上，贏得拍賣的公司很可能就是專家估價最高的公司。如果真是這樣，競拍的贏家就很可能會虧損。

卡彭等人透過一些資料來證明他們的觀點，在1969年阿拉斯加北灣原油的出售過程中，贏家的出價是9億美元，而次高的投標卻只有3.7億美元。在26%的案例中，得標價超出了次高價4倍甚至更多；在77%的案例中，得標價超出了次高價至少2倍。

經濟學家理查‧羅爾(Richard Roll)還運用「贏家的詛咒」這個概念解釋令人困惑的公司接管現象。為什麼一些公司願意支付高出市場價格相當多的溢價來收購另一家公司？經驗證據告訴我們，當目標公司被收購後，如果他們的股東贏得了大量利潤，那麼對收購方來說就會只有很少盈利、甚至無利可圖了。那麼，為什麼會發生收購行為呢？

羅爾提出了被他稱為「傲慢假說」的理論作為一個可行的解釋。根據這一項觀點，投標的公司，特別是那些資金充裕的公司，鑑別出潛在的目標公司對其進行估價，並且僅當估價超過市場價值的時候，才對它進行投標。而收購者們認為自己能比市場更準確地預估公司價值的信念很可能是錯誤的。

　　在美國、英國等國家，行動通訊技術執照競標能為政府帶來豐厚的利潤，至於那些在競標中勝出的企業，因無法將鉅額投資立即轉化為利益，則會在短期內背負龐大的債務。在通訊市場執照的競價中也出現了「贏家詛咒」的現象，這是因為需要經歷若干年的時間，我們才能在市場經濟中驗證該執照真正的價值。

　　「天下第一」也好，「武林盟主」也好，熱衷於爭奪這些稱號的人往往高估了這些稱號的實際價值，於是他們不惜投入一切前去爭奪，如同激烈的競拍現場一樣，他們付出的代價遠遠高於真實的公允價值，而所謂的「天下第一」、「武林盟主」或者「五嶽掌門」還常常會帶來眾人的嫉妒，引來殺身之禍，真實價值大打折扣，這些充滿野心的傢伙卻往往押上全部身家，諸如東方不敗、岳不群等人甚至不惜揮刀自宮，最後到了和歐陽鋒一樣走火入魔的境地。

第二章　成本收益：怎麼算，最划算？

第三章
偏見自負：錯誤決策與它們的產地

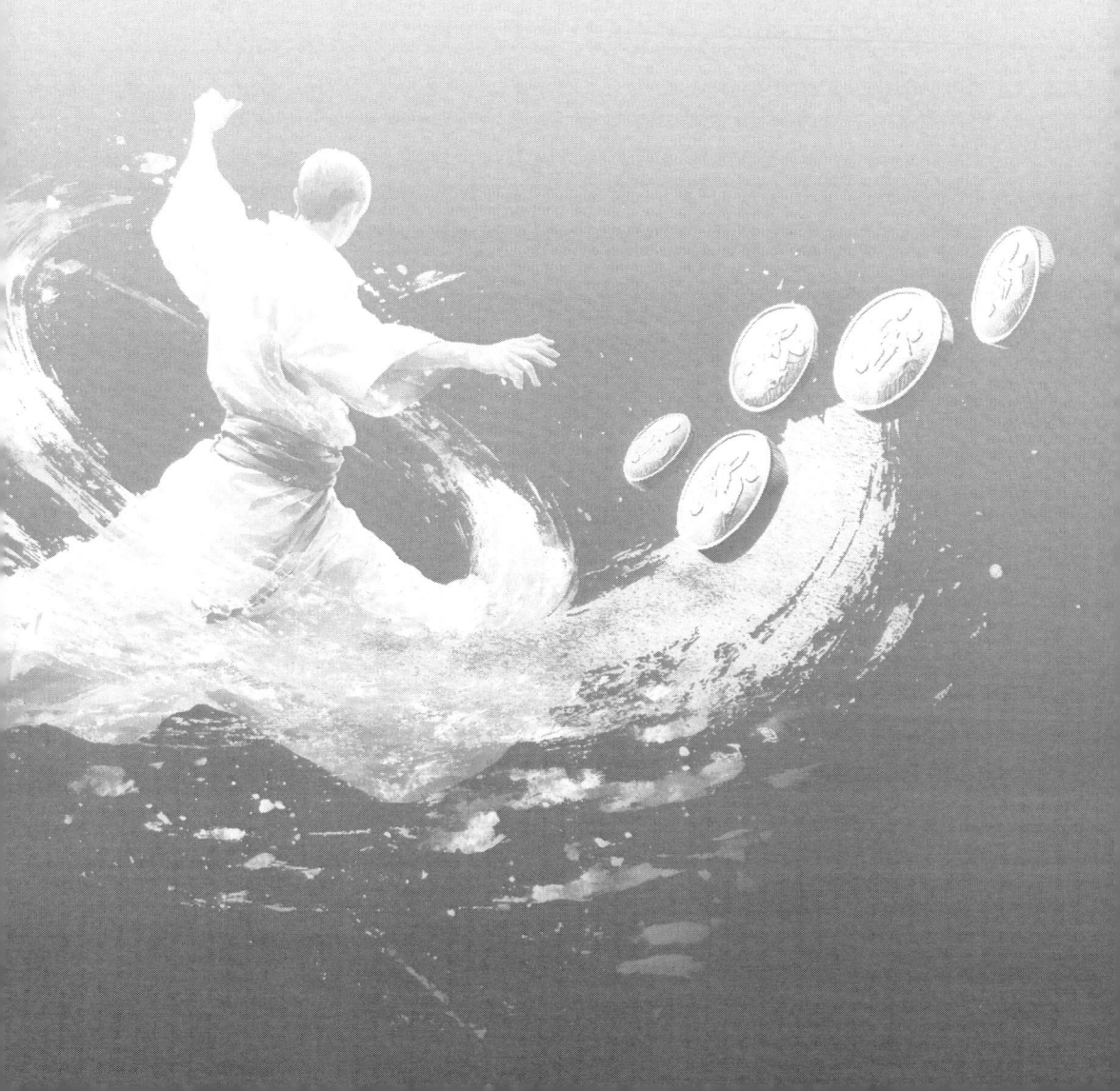

第三章　偏見自負：錯誤決策與它們的產地

柯鎮惡師徒為何認定黃藥師是凶手
——「確認偏誤」強化我們頭腦中的偏見

　　江南七怪中的五位弟兄在桃花島遇害後，柯鎮惡便認定了黃藥師是凶手。柯鎮惡對郭靖說：「你別聽黃藥師父女的假撇清，我雖沒有眼珠，但你四師父親口說，他目睹這老賊害死你二師父，逼死你七⋯⋯」頭腦簡單的郭靖不等師父說完，就向黃藥師撲去，柯鎮惡鐵杖也已疾揮而出。

　　柯鎮惡看不見也就罷了，偏偏還遇上頭腦簡單的郭靖。當郭靖踏上桃花島，見到師父們慘死的現場，不由分說，就認定黃藥師為凶手。

　　美國政治家湯瑪斯・傑弗遜（Thomas Jefferson）說：「一旦某人形成一個理論，他的想像力就會讓他從每一個對象中看到僅有利於這個理論的蛛絲馬跡。」傑弗遜所說的這個觀點被行為經濟學家們稱為「確認偏誤」，柯鎮惡師徒二人所犯的錯就是「確認偏誤」。

　　「確認偏誤」（confirmation biases）是指一旦人們形成先驗信念，他們就會有意識去尋找支持或者有利於證實自身信念的各種證據，有時甚至會人為地扭曲新證據。人們在腦中選擇性地回憶、蒐集有利細節，忽略矛盾的資訊，並加以片面詮釋。

　　《列子・說符》中的「疑鄰盜斧」就是說了一個這樣的故事：「人有亡斧者，意其鄰之子。視其行步，竊斧也；顏色，竊斧也；言語，竊斧也；動作態度，無為而不竊斧也。」我們放到現代場景通俗地表述，大致就是這樣一個故事：有一天你發現自己家修車用的千斤頂不見了，你十分懷

柯鎮惡師徒為何認定黃藥師是凶手─「確認偏誤」強化我們頭腦中的偏見

疑（或者更確切地說，你「告訴自己」）是鄰居王二偷的。當然，你也不能平白無故誣陷鄰居，於是去尋找證據。你開始絞盡腦汁回憶，你想起王二的車後輪好像剛剛換過，他以前不常鎖門的車庫也大門緊鎖，他最近好像還故意避免和自己碰面⋯⋯沒錯，所有的證據都有力地證明王二就是那個賊。直到有一天，你在自己上鎖的櫃子裡找到這架千斤頂⋯⋯

「確認偏誤」被稱為所有思考謬誤之父，它就相當於人們大腦中的一個過濾器，過濾掉與我們現有觀點自相矛盾的新資訊（反駁證據），只留下自己願意相信的資訊。

換句話說，人們總是更願意相信那些他們願意相信的事情。如果人們在潛意識裡是支持某種言論的，那他肯定希望這種觀點能夠成為事實，自然也就更願意找更多的證據來證明這一個觀點，從而選擇性地忽略那些有可能推翻自己觀點的言論。

認知心理學家在1960年代做了一個實驗，他們給一群人聽一段錄音帶，裡面的內容是關於吸菸致癌。受試者一半是吸菸者，另一半則不是。為了讓實驗更有趣，實驗者為錄音帶加上了「劈里啪啦」的靜電白噪音，但是允許受試者透過按鈕調低噪音。

實驗的結果是非吸菸者傾向於調低噪音，以便聽清楚內容，而吸菸者則拒絕調低噪音，他們寧願聽不清楚錄音帶內容。

另一個實驗是讓支持死刑的實驗者和反對死刑的實驗者閱讀同一份報告，當閱讀完這份報告後，支持死刑的實驗者和反對死刑的實驗者均認為，報告中所支持的論點和他們的觀點是一致的。

還有一個實驗在芝加哥大學研究生中進行。研究者根據某個容易引起對立觀點的議題，比如是否應該禁槍，偽造了兩篇學術報告，受試者

第三章　偏見自負：錯誤決策與它們的產地

只能隨機地看到其中一篇。這兩篇報告的研究方法乃至寫法都完全一樣，只有數據對調，這樣其結果分別對某一種觀點有利。

受試者們被要求評價其所看到的這篇報告是否在科學上足夠嚴謹。結果，如果受試者看到的報告符合他原本就支持的觀點，那麼他就會對這個報告的研究方法評價很高；如果是他反對的觀點，那麼他就會對這份報告挑毛病。

為什麼我們會刻意忽略不想接受的資訊，從而淡化認知失調呢？美國埃默里大學教授在一項實驗中發現，對於那些已經強烈支持共和黨或民主黨的學生來說，如果你給他們關於其支持黨派的負面新聞，功能性磁共振造影會顯示這些人大腦中負責邏輯推理的區域關閉了，而負責感情的區域卻開啟了。換句話說他會變得感性大於理性，從而迴避這些資訊。

即便是放在眼前的相反證據，仍然會因為「確認偏誤」被看作對自己有利的證據。在伊拉克戰爭明顯惡化的時候，時任美國總統的喬治·沃克·布希（George W. Bush）卻解釋說：「伊拉克不斷更新的暴力，正代表敵人對美軍的勝利感到恐慌。」

當我們的大腦處理和自己的認知相悖的資訊時，厭惡、逃避和視而不見就是一種保護大腦正常運作的合理機制。這個時候，我們的前額葉皮質就成了資訊過濾器，被用來阻擋令人不快的觀點，選擇性地接受自己相信的資訊。

投資者也普遍存在這種「確認偏誤」，比如在牛市中，他們堅信股市會一直漲下去，於是看到什麼樣的新聞都會認為是好消息。經濟成長勢頭強勁，意味著公司和家庭財務狀況改善，因此股價和風險資產價格會上升；經濟成長放緩，意味著利率降低，因此股價和風險資產的價格也

柯鎮惡師徒為何認定黃藥師是凶手——「確認偏誤」強化我們頭腦中的偏見

會上升；本國貨幣升值，意味著外國人喜歡本國的資產，因此股價和風險資產的價格會上升；本國貨幣貶值，意味著出口會改善，因此股價和風險資產的價格也會上升……所有的資訊都能轉化成利多。

當郭靖看到韓寶駒半身伏在棺上，腦門正中清清楚楚的有五個指孔。郭靖認為梅超風已死，天下會施展九陰白骨爪的，除了黃藥師還能有誰？這時郭靖已經先入為主地認定黃藥師是凶手，確認偏誤發揮作用，先驗性的結論讓他覺得九陰白骨爪就只有黃藥師會，其實他只要仔細想想便不難想到，人家一代宗師怎麼會用這麼不入流的招數殺人？

根據確認偏誤，在資訊模糊和不足的情況下，我們頭腦中原先保留的偏見會被強化。於是郭靖繼續犯這樣的錯，他說，除了黃藥師，誰能知道這機關？誰能把自己恩師騙入這鬼墓之中？不是他是誰？當郭靖見到南希仁寫了一小半的字，剛剛寫到一個小小的「十」字，他便固執地認為四師父要寫的是個「黃」字。

當一個人陷入了確認偏誤，所有的證據都會指向他所認為的情況，對顯而易見的不利證據卻視而不見。郭靖看到凶案現場留下的一隻鞋的鞋底刻著一個「招」字，鞋內刻著一個「比」字，他隨手便把鞋丟在地上。「比武招親」四個字其實已經告訴他一半的答案，可是他卻全然不會聯想。

我們如何避免確認性偏誤的發生呢？

英國哲學家卡爾‧波普爾（Karl Popper）曾提出測試假說的唯一途徑——尋找與它不一致的所有資訊，這一過程也被稱作「證偽」。所以在證實我們觀點的時候，可以採用逆向思考也就是證偽來驗證自己的觀點，如果無法證偽自己的觀點，那就可以大膽採取行動了。

達爾文就經常尋找證偽證據，每次他遇到一個似乎與演化論相悖的

第三章　偏見自負：錯誤決策與它們的產地

證據時，他總會記下來，試圖釐清這一個事實的合理性。

下面的故事說明了「證偽」的重要性。

一位教授讓他的學生看一組數字：「2」、「4」、「6」，要他們找出其中的基本規則。教授將規則寫在一張紙的背面。他要求受試者說出下一個數字，教授將回答「符合規則」或「不符合規則」。受試者可以想說多少個數字就說多少個，但規則只能猜一次。大多數學生說的是「8」，教授的回答是「符合規則」。為了保險起見，他們還試了「10」、「12」和「14」，教授每次都回答「符合規則」。於是學生們得出一個簡單的結論：規則就是在前一個數字的基礎上加上 2。教授搖搖頭：「寫在紙背後的規則不是這樣的。」

唯一一位頭腦靈活的學生用不同的方法破解這道題。他試了「4」，教授說：「不符合規則。」「7 呢？」「符合規則。」這位學生又用各種數字試了一陣，「-24」、「9」、「-43」……他顯然有個想法，並試圖證明它不對。直到再也找不到反例了，他才說道：「規則是：下一個數字必須大於前一個。」教授將那張紙翻過來，上面正是這樣寫的。

這位機智的學生與他的同學的區別在哪裡呢？他的同學只想證明他們的理論是對的，而他試圖證明他的理論是錯的——刻意尋找反駁證據。

最後當黃蓉不惜犧牲自己來向柯鎮惡揭露真凶時，柯鎮惡不由得又是悲憤，又是羞愧。他罵郭靖道：「我是瞎子，難道你也是瞎子？」

楊康為何執迷認賊作父
──「現狀偏差」的力量超出我們的想像

在《射鵰英雄傳》中，楊康是楊鐵心和包惜弱的兒子，也是抗金名將楊再興的後人。包惜弱嫁給金國六太子完顏洪烈後，完顏洪烈對楊康視如己出，疼愛有加。

丘處機曾經這樣罵楊康道：「無知小兒，你認賊作父，糊塗了十八年。」

忘記生父，貪圖榮華富貴，違背了江湖道義和基本倫常；選擇做金國小王爺，則是忘記了金國是大宋的死對頭，拋棄民族大義，所以楊康會被丘處機罵作「認賊作父」。

但是楊康這麼選擇也有他自己的道理。

楊康雖然是楊鐵心的親生兒子，但是楊康對這個親生父親卻沒有絲毫感情可言，在他成長的道路上，並沒有楊鐵心這個人，一直到了十八歲，他才知道世界上還有這麼一個人。也就是說，楊康和楊鐵心之間，除了血緣關係之外，沒有任何其他關係可言。

然而楊康和完顏洪烈的關係則完全不同，完顏洪烈並沒有因為楊康不是親生的而歧視他，相反地，拋開完顏洪烈的為人，在這一點上，他是超越一般人的，他對楊康完全是如同親生兒子一樣對待，履行了一個父親的職責和疼愛。這一點從小說中的一個細節可以看出。

當時在鐵槍廟，楊康畏懼黃蓉說出自己殺害歐陽克的真相，用九陰白骨爪偷襲黃蓉，結果中了軟蝟甲尖刺上留下的歐陽鋒的蛇毒。眼見楊

第三章　偏見自負：錯誤決策與它們的產地

康即將中毒而亡，完顏洪烈走到歐陽鋒面前，居然雙膝跪地乞求道：「歐陽先生，你救小兒一命，小王永感大德。」

以王爺這樣的尊貴身分，肯忍受如此屈辱，向一個江湖人士下跪，可見完顏洪烈對楊康的父子之情沒有半點虛假。

楊康不願意做出改變，繼續「認賊作父」，從行為經濟學上也可以找出動機。

前面所說的「稟賦效應」使得人們對自己擁有的東西不但非常珍惜，還會給予過高的估值，讓他們放棄自己所擁有的物品也需要付出很大的代價。這一項結論其實可以進一步延伸，人們擁有的不僅可以是具體的物品，也可以是某種已有的生活狀態。換句話說，在某種程度上人們寧願安於現狀而不願作出改變。行為經濟學上把這種狀態稱為「現狀偏差」（status quo bias）。

假設你是一家工廠的負責人，你的工廠現在的盈利狀況還不錯，但你們的生產技術比較陳舊。現在有一種新的技術，你正在考慮要不要改進。現在的技術能讓你每月賺100萬元，如果換成新技術，你預估會有50%的機會每月多賺300萬元，但也有50%的可能性失敗，讓你每月虧損100萬元。你會如何選擇呢？

從期望值來說，改變技術帶來的是正的盈利值。但是大部分人的傾向是保持現狀，不改進技術，即使在更新技術後有可能賺更多錢的情況下，大多數人仍然不願意放棄舊的技術，這就是典型的「安於現狀」的行為。

在日常生活中，這種「現狀偏差」也隨處可見，用現在的流行詞語來表述就是「舒適圈」。人們不願離開自己的舒適圈，即便有些人工作很不順心，在自己的職位上長期得不到重視，還和自己的老闆處得很不好，

楊康為何執迷認賊作父—「現狀偏差」的力量超出我們的想像

可是就是不願意跳槽，有時並非不能找到更好的工作，而只是在這個職位工作了十幾年，不願意挪動地方罷了。還有些夫妻關係很糟糕，彼此長期冷暴力，但又不願意離婚，就是因為習慣了這種夫妻生活，想想這麼多年都忍了，孩子也這麼大了，何必去找麻煩離婚呢？

波士頓大學的經濟學教授保羅・薩繆森（Paul Samuelson）和哈佛大學的政治經濟學教授理查・澤克豪澤（Richard Zeckhauser）的一個經典研究揭示了人們的這種心理。

設想你是一位很認真的投資者，你的叔叔去世後留給了你一筆現金，現在有四種投資方案供你選擇，而你只能擇其一：

（1）A 公司的股票，預測有 50％ 的機率它會在未來一年內上漲 30％；20％ 的機率一年後股票價格大致持平；還有 30％ 的機率在這一年中下跌 20％。

（2）B 公司的股票，風險性更大一些，它有 40％ 的機率在一年內股價翻倍；30％ 的可能股價持平；還有 30％ 的機率股價會下跌 40％。

（3）國庫券，固定的 9％ 利率。

（4）地方政府發行的債券，利率為 6％，並且免稅。

你會在這四種投資方案之間如何選擇呢？

每個人有自己不同的風險偏好和對風險的承受能力，因此肯定也會有不同的選擇，所以不管選擇哪個公司的股票或者是哪種債券，都可以說是理性的行為。隨機選擇出來的人中，有 32％ 的人選擇 A 公司股票，18％ 的人選擇 B 公司股票，18％ 的人選擇國庫券，還有 32％ 的人選擇地方政府債券。這個結果本身沒有什麼意思，需要我們關注的是在下面一種情況下人們選擇的變化。

第三章　偏見自負：錯誤決策與它們的產地

　　兩位教授又把問題給了另外一群也是隨機找來的人回答。但這次的問題和上次有一個微小的差異：如果叔叔的遺產中有一部分是地方政府債券，剩下的都是現金，總金額是一樣的，可供選擇的四種金融方案也是一樣的。

　　正常的情況應該是這樣的：遺產中本身有一部分地方政府債券並不會影響你的風險偏好和對風險的承受能力。如果你不認為地方政府債券是最好的投資，你完全可以把地方政府債券賣掉，轉而進行其他投資；假如你認為四種投資裡面國庫券最好，你應該還是堅持買國庫券。

　　因此，在調查人數足夠多的情況下，第二次調查的結果應該和第一次是一樣的。可是結果在第二次選擇中，有47%的人選擇投資地方政府債券，明顯高於前面一種情況下的32%。

　　這個結果確實讓人們感到驚訝，為了進一步證實這種效應，題目又被教授修改為「叔叔的遺產中有一部分Ａ公司股票」，或「Ｂ公司股票」或「國庫券」，請不同的人群來回答。每次試驗的結果都顯示，在已經擁有的投資產品上繼續追加投資的人，比一開始沒有這種投資產品、但決定投資該種金融產品的人比例更高。

　　人們為何會如此選擇呢？讓我們看看那15%原來並不打算投資地方政府債券的投資者：他們一定認為其餘的金融工具收益更高或風險更小，所以才沒有去選擇地方政府債券。現在叔叔的遺產中有一部分地方政府債券，既然覺得這不是最好的投資，那為什麼不賣掉，去投資更好的金融產品呢？這其實是一個典型的「現狀偏差」行為：把已經擁有的東西看得更重，捨不得換掉。

　　還有一個例子：在地理位置相鄰的賓夕法尼亞州和紐澤西州，汽車保險公司的汽車損失保險條款卻恰好相反。賓夕法尼亞州規定，保險費

不高,並且投保人未提出變更合約的要求,被保人也沒有因個人疏忽而引發交通事故,保險費就會維持若干年不變。

紐澤西州則規定,保險費極高,但只要投保人未提出變更合約的要求,並且被保人也沒有因個人疏忽而引發交通事故,投保人就可以享受一定的無事故折扣,保險費會愈來愈低。

賓夕法尼亞州和紐澤西州的大多數投保人並沒有對此提出異議,都選擇了接受該州保險公司出示的保險條款。只要不出現特殊情況,維持現狀就好了。也就是說,人們往往傾向於保留自己已有的東西,而不願有所改變。

理查‧塞勒在其著作《推力:決定你的健康、財富與快樂》(*Nudge: Improving Decisions About Health, Wealth, and Happiness*)中提出了如何改變「現狀偏差」的一些方法。

自 1932～1933 年的美國經濟大蕭條時代後,美國人的儲蓄率在 2005 年第一次低於零。也就是說,美國家庭的平均綜合經濟狀況的支出大於收入。對許多美國人來說,儲蓄率(尤其是退休儲蓄率)低得可憐,甚至低於零,人們對參加退休保險漠不關心。

那該如何改變這種不為將來考慮的「現狀偏差」呢?

理查‧塞勒說:我們經常面臨的一個問題是如何改變預設選項。比如,面對目前的退休計畫,預設選項是不參加,因為你必須採取行動才能加入這項計畫。當員工具備了參加保險的資格之後,他們通常會收到一張需要填寫的表格,那些希望加入保險計畫的員工,必須確定自己願意為此付出多少錢,以及如何按照計畫中提供的方案進行投資分配。不幸的是,對許多人來說,填表格是一件痛苦的事情,許多人會因此將表格扔到一邊去。

第三章　偏見自負：錯誤決策與它們的產地

　　塞勒提出的辦法是採取自動登記。讓我們來看一下具體的流程：在一名員工剛剛取得參加保險的資格時，他便會收到一張表格，這張表格宣告他將會被納入退休保險計畫，如果員工要退出退休計畫，那麼他必須主動填寫表格提出申請。這麼做的結果使得參加保險的人大幅增加。

　　我們把目光再次回到楊康身上，他在王府中長大，顯然不知道自己的身世，並且也早已習慣了王府的錦衣玉食、受人尊崇的小王子生活。他也不像郭靖，從孩提時代開始，郭靖的母親李萍就不斷向他灌輸金人是如何凶殘、如何被害得家破人亡等，這一切使得郭靖從幼年起，就對金人充滿了仇恨。

　　要楊康突然之間做出抉擇，他自然是本能地迴避。當楊康得知自己的身世後，他的反應是驚疑萬分，又感到說不出的憤怒，驚疑是因為突然之間要接受一個身世的祕密，出現一個親生父親，而憤怒則恐怕是可能要告別自己在王府優渥的生活。

一燈大師一生最悔恨的是哪件事
——「不作為偏誤」和「後悔厭惡」會讓決策失誤

「不想後悔」的信念對於人的決策影響甚大，因此有「後悔厭惡」（regret aversion）的現象。

在荷蘭，彩券玩家可以購買兩種類型的彩券，一種是標準類型的彩券，人們買彩券時選出一組數字，如果該數字被抽中就會中獎，這種形式很普通。

另一種則是郵遞區號彩券，這種彩券我們就相對陌生。這種彩券上的數字是他們居住地的郵遞區號，如果他們的郵遞區號被選中，彩券就會中獎。

荷蘭人為何設計出這種彩券，其中大有奧妙。如果彩券玩家沒有購買這一期的郵遞區號彩券，但是其編碼被選中，這就意味著他們的鄰居會贏得大獎，而自己只能在一邊羨慕地看著鄰居們買新車、辦派對。其結果就是該彩券玩家會因為沒有購買郵遞區號彩券而感到強烈後悔。而標準型彩券的大獎，卻往往是你大腦中並不存在的一串數字，即使你沒有中獎也不會為此感到後悔。

針對這兩種彩券，荷蘭心理學家對荷蘭的彩券玩家（包括潛在的玩家）進行了調查，相較於標準彩券，有更大比例的玩家將懊悔感受與郵遞區號彩券連繫在一起。此外，這種預期的懊悔感受也會影響人們購買彩券的意向。因為得知自己錯失了中獎機會而預期的後悔程度越高，他

第三章　偏見自負：錯誤決策與它們的產地

們就越有可能購買郵遞區號彩券。反之，懊悔感則與標準彩券沒什麼關係。

通常來說有兩種原因會引起人們極度後悔的感覺。

一種因為做錯了某件事，比如洪七公就因為貪吃誤事而後悔不已。有一次為了貪吃，洪七公誤了一件大事，一發狠甚至一刀砍斷了自己的手指。

還有一種是沒有做某件事，比如一燈大師因為沒有救瑛姑的孩子而後悔。

王重陽帶著老頑童到大理拜訪段智興（出家後為一燈大師）切磋武功，沒想到老頑童在宮中和劉貴妃（瑛姑）互生情愫，結果還生下了一個男孩，這讓段皇爺非常生氣。有一天劉貴妃抱著孩子，求段智興醫治，孩子肋骨已折斷，顯然是武功高強的仇家所傷。當段智興準備救治時，卻看到孩子胸口的肚兜，這件肚兜正是用當年周伯通送給她的那塊錦帕做的，這讓段皇爺醋意大發，最後拒絕救治劉貴妃的兒子，劉貴妃也在絕望中親手殺了自己的兒子。

在現實世界中，我們也會遇到這兩種形式的後悔，一種是做了不該做的事，即我們做錯了某件事；另一種是我們當初應該做而沒做的事。

那麼究竟是哪一類事情更讓我們後悔？

這並不是武俠世界才有的故事，在我們的生活和投資上也都會遇到。

假設你手頭上有一些「少林醫藥」股票，去年你本來想賣掉這些股票，改買「武當旅遊」股票，但沒有付諸行動，結果「武當旅遊」大漲，而「少林醫藥」原地不動。如果當初你改買「武當旅遊」股票，現在可以

淨賺 10 萬元。

我們再接著假設第二種情形：你手頭上有一些「少林醫藥」股票，去年你果斷地賣掉這些股票，買進了「武當旅遊」股票，結果人算不如天算，「武當旅遊」股票沒有動靜，而「少林醫藥」股票上漲了 10 萬元。

那麼這兩種情況哪一種更讓人後悔？

一般來說，第二種情形會讓人更感到後悔。那麼同樣都是錯過了淨賺 10 萬元的機會，為什麼第二種情形比第一種情形更讓人沮喪呢？

道理很簡單，前者你只是後悔自己「沒有做」應該做的事，而後者則是後悔自己「做了」不該做的事，雖然結果都一樣，但主動做錯某件事比不做某件事更讓人感到懊悔。

行為經濟學把這種現象稱為「不作為偏誤」（omission bias），即人們更容易接受由於自己的忽略或不作為導致的損失，而不願意接受自己的行為導致的同等損失。

那麼這些是不是說明做錯事比不作為更痛苦呢？

行為經濟學接著告訴我們，究竟是自己做錯了某件事更令人痛苦，還是沒做當初該做的事更令人後悔，得視經過的時間考驗而定。

人在短期內對於自己的失敗會有強烈的懊悔，可是長期來說，卻經常懊悔自己沒有做某件事。

在短時間內（幾天或幾星期），人總會深深後悔自己做了的選擇，做了不該做的事。可是經過長時間之後（幾年甚至十幾年），人們反而會比較後悔自己「錯失良機」，後悔當初怎麼沒有做自己該做或想做的事。

如果有人問你，最近幾個月內最令你感到後悔的是什麼事情，你可能回答自己已經做了、但結果卻不如預期的某件事。

第三章　偏見自負：錯誤決策與它們的產地

但如果有人問你，人生中最讓你感到後悔的是什麼事，你應該會遺憾自己當初沒有做的某件事。

比如短期內我們會後悔選擇了一個自己不喜歡的才藝班，但長遠來看我們會更後悔沒有為自己當初的愛好去努力；短期內我們會後悔剛買的房子管理不佳，環境太吵，長期看來我們會更後悔十年前沒有買房子；短期內會因為表白失敗而感到後悔，可是長期看來，我們會比較懊悔當初沒有盡力去追求自己喜歡的人。

一燈大師當時對自己的行為可能並沒有感到後悔，可是他在十多年後的每一天，腦海中都會出現痛苦的母親抱著垂死的孩子那一幕，都在為自己該做而沒有做的事情而後悔，他日日夜夜飽受著良心的自責。

而洪七公因為貪嘴誤了大事（說不定還連累了弟兄的性命），當下一定萬分後悔（甚至不惜砍了自己的手指），可是隨著時間的推移，這種悔恨會逐漸減弱。

還有一個故事。1980 年代，一位文學雜誌編輯聽說某位作家手裡有一部長篇小說，就登門求稿，當他讀完小說第一部的 30 萬字後表示「看不下去」，認為「太寫實，不符合潮流」而拒絕採用。之後，這部小說獲得了文學獎，出版 30 多年長盛不衰。小說明明到了自己手上，卻沒有發現它的價值，編輯一定感到後悔。如果當時他沒有去登門求稿、讀過這部作品，那麼這種懊悔一定會小很多。

可是很多年後，編輯被問及選擇了退稿是否後悔，編輯卻放下了，因為這只是擇稿標準的問題。他回答說：「我承認，當年是我錯了，但是我不後悔。」如果當時他聽說了這部小說，卻沒有去求稿，恐怕他這一生都會懊悔和這部經典失之交臂。

一燈大師一生最悔恨的是哪件事—「不作為偏誤」和「後悔厭惡」會讓決策失誤

我們會對自己已經做的事情敞開心扉，慢慢釋懷；但是隨著時間的推移，沒做的事造成的悔意卻會像滾雪球一樣，越滾越大。

當你有一天遇到自己喜愛的人時，無論你覺得配不配得上對方，至少表白一下，爭取一下，以免你的餘生沉浸在後悔中——我當初應該告訴她，我愛她。

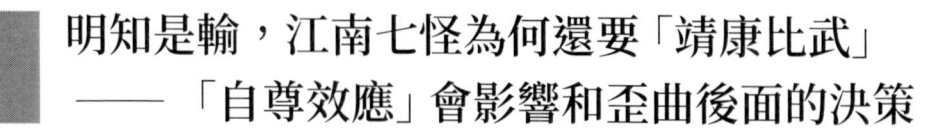

第三章　偏見自負：錯誤決策與它們的產地

明知是輸，江南七怪為何還要「靖康比武」
——「自尊效應」會影響和歪曲後面的決策

　　《射鵰英雄傳》中，丘處機和江南七怪為了一爭高下，彼此約定：楊鐵心的妻子和郭嘯天的妻子都已經懷了身孕，待她們安頓好、產下孩子，丘處機教姓楊的孩子，七怪教姓郭的孩子。十八年後再在嘉興府醉仙樓大邀江湖上的英雄好漢，讓兩個孩子比試武藝，看看是丘處機的徒弟高明，還是七怪的徒弟了得？

　　柯鎮惡當時豪氣充塞胸臆，鐵杖重重在地下一頓，叫道：「好，我們賭了。」

　　這場比試投入了江南七怪十八年中大部分的精力。他們在大漠花了六年，千辛萬苦找到郭靖後，卻發現這個孩子習武資質極差。師父們對郭靖顯然沒什麼信心，全金發曾說：「比武之事，我們認輸算了。」韓寶駒也說：「郭靖沒一點兒剛烈之性，我也瞧不成。」

　　郭靖看起來並不是習武的料，他日後能成為一代大俠並非他有多高天分，而是不斷有名師指點加上堅韌的毅力，否則作為江南七怪的徒弟，他終身只是個三流角色。然而以柯鎮惡為首的江南七怪決策團隊，卻不願意放棄這場比試。

　　郭靖很讓這些師父失望。教得十招，郭靖往往學不到一招，師父們總是搖頭嘆息，均知他要勝過丘處機所授的徒弟機會渺茫，只不過有約在先，不能半途而廢罷了。

　　顯然，比試的結局柯鎮惡等人心知肚明。但明知是輸，為何還要繼

明知是輸，江南七怪為何還要「靖康比武」──「自尊效應」會影響和歪曲後面的決策

續比試？

這裡一方面固然是俠之本色，一諾千金，另一方面也可以從行為經濟學去考量。

比武對於七怪來說，是一種江湖責任。所謂「責任」，是指現在為將來做出一些決定，而且要求自己必須嚴格執行這些決定。我們在嚴格執行一個計畫時，會先規劃好將投入多少錢，多少時間和勞動等。投入資源的多少對營運有很大的影響。投入越多，越希望能夠圓滿達到目標，這就是人們的心理。

但是之所以會有「圓滿達到目標」的想法，有時是為了提高經濟收益，有時僅僅是因為「已經投入了那麼多資源，絕對不能放棄」，所以才希望堅持下去，這種情況下，人們已經將計畫本身是虧還是盈置之度外了。

從決策來說，以柯鎮惡為首的江南七怪團隊之所以堅持自己失敗的決策，主要有這幾個原因：

首先是「選擇的自由」產生的。

因為和丘處機的這場比賽是江南七怪眾人心甘情願決定的，當決策是自發進行的才會產生責任，也就是說，如果是被別人強迫或受人指使做出的行為，自己的責任就比較小。如果不是自發地進行決策的話，就會感覺自己沒有承擔的必要。

當年柯鎮惡豪氣充塞胸臆，鐵杖重重在地下一頓，叫道：「好，我們賭了。」因此，江南七怪也會賦予這場比賽的責任更高的權重，尤其是決策拍板人柯鎮惡。

另一個原因是無法收回的「沉沒成本」（可以參見前面掃地僧勸服蕭

第三章　偏見自負：錯誤決策與它們的產地

遠山和慕容博的故事）。

　　沉沒成本是指在決策過程中以及決策本身花費掉的成本。通常人們會想，「我已經為這個計畫花了這麼多精力，不能就這麼簡單放棄了」。但是事實上，成本已經付出了，無論這個計畫後來是成功還是失敗，都與這部分成本沒有關係。明白了這一點，我們就能夠知道，如果這個計畫的成功率很低，理性的選擇就是果斷撤退。

　　江南七怪為了這場比武付出了巨大的成本，首先千辛萬苦地尋找郭靖，然後又花費大量的時間教習郭靖武功，最大的成本是他們還失去了自己的好兄弟張阿生，七怪事實上已成六怪。既然投入這麼大的成本，無論輸贏，他們都要把這場比武繼續下去。

　　再一個就是「說明責任」。

　　決策上的責任和「說明責任」成正比。所謂「說明責任」，就是解釋決策失敗或者成功的責任。

　　你的決策可能會出現什麼樣的結果，你有必要對此做出一定程度的預測。如果預測對了，而且實際結果比預測的更好，人們傾向歸功於自己的能力高。

　　如果實際的結果是失敗的，那麼決策者就負有說明責任。在現實中，人們傾向於把責任推卸給他人，即便江南七怪都是敢作敢當的江湖俠客，他們也會同樣有這種傾向，比如「之所以會失敗，不是我們兄弟能力合起來不如牛鼻子老道，而是郭靖這小子實在太笨了……」朱聰就說過這樣的話：「這孩子資質太差，不是學武的坯子。」他們也不想想，他們七人本來就不是丘處機的對手。

　　因為有了大量的客觀理由，而不是自己能力出了問題，所以即便失敗了，心裡也會好過一點。

明知是輸，江南七怪為何還要「靖康比武」—「自尊效應」會影響和歪曲後面的決策

還有一個原因就是「自尊效應」。

人們就自己之前做的決定所產生的自尊心理，會影響和歪曲後面的決策，我們把這稱為「自尊效應」。從性格角度分析，江南七怪的首俠柯鎮惡是個自尊心極強的人，他把七怪的榮譽看得比性命還重要。即便是輸，礙於面子，他也會死撐到最後一刻。

這種自尊效應在投資者中也經常可見，當出現虧損時，投資者由於不願意承認自己的失敗，在應該停損時便會猶豫不決。2008年，雷曼兄弟（Lehman Brothers）破產，全球金融海嘯發生時，很多投資者由於沒有及時停損而損失慘重。當自己的預測和市場大相逕庭時，停損就是承認自己輸了。所以很多投資者才不願意及時停損，停損會使自己的自尊心受損。

在小說的最後，郭靖成為一代大俠，而丘處機的徒兒楊康，則是個認賊作父的小人，江南七怪獲得全勝。可是人生或投資畢竟不是武俠小說，沒有這樣的奇遇讓你峰迴路轉，發現錯誤時及時停損才是最佳策略。

第三章　偏見自負：錯誤決策與它們的產地

■ 慕容復為什麼一心想復興大燕 ——
我們被「內部觀點」所迷惑，產生自我欺騙

　　王語嫣曾經對段譽說，在表哥的心中，復興大燕是天下第一等大事。西夏公主是美是醜，是潑辣悍婦，他都不放在心上，最要緊的是能助他光復大燕。

　　慕容復當然喜歡自己這個表妹，王語嫣不但貌美驚人，還精通各家武學，但比起自己的大事，就算不了什麼。

　　慕容復心頭的頭等大事始終是大燕的復國大業。

　　事實上，任何一個局外人都能看出，大燕復國根本就是痴人說夢罷了。

　　慕容復的祖上慕容氏是鮮卑族人。鮮卑慕容氏入侵中原，曾建立前燕、後燕、南燕、西燕等國。後來慕容氏為北魏所滅，子孫散居各地，但世世代代始終存著復國的念頭。後經隋、唐各朝，慕容氏日漸衰微，「重建大燕」的雄圖壯志雖仍承襲不替，但這種所謂雄圖壯志實際上只是個白日夢罷了。

　　儘管「重建大燕」是一件顯而易見「不可能完成的任務」，但慕容復固執地認為自己有能力實現。這一切究竟是怎麼發生的呢？

　　我們常常被一種稱為「內部觀點」（inside view）的觀念所迷惑。與外部觀點相比，我們看待問題更喜歡內部觀點。

　　所謂「內部觀點」，是指透過關注特定任務和使用近在眼前的資訊來考慮問題，並根據這樣一組有限而獨特的資訊做出預測。這些資訊可能

包括軼事證據和謬誤的看法。

與「內部觀點」相對應的「外部觀點」（outside view）則提出這樣一個問題：是否存在一些可能為決策提供統計學基礎的類似情況。外部觀點不會把一個問題看成是獨特的，反之，它要釐清的是，如果其他人所面臨的問題具有可比性，那麼會有什麼樣的情況發生，也就是說，你要把你收集到的所有珍貴資訊擱置一邊，用局外人的觀點去重新看待這個問題。

一直以來，慕容氏家族內部，以及慕容復的核心小團隊，即包不同、鄧百川、風波惡、公冶乾等人都在用「內部觀點」看待「重建大燕」這件事情，因此得到了樂觀卻錯誤的結論。

諾貝爾經濟學獎得主丹尼爾·康納曼曾經說過這樣一個故事，他的團隊為以色列教育部在高中開設有關判斷和決策的課程，並設計課程和編寫教材。他問他的團隊成員——其中包括希伯來大學教育學院院長希莫·福克斯，多久可以完成這項任務？大家對完稿時間的預估集中在兩年左右，最低估值為一年半，最高估值為兩年半。

康納曼又問希莫這個課程編制專家，那些類似的團隊編制課程計畫，這類團隊失敗的機率為多大？希莫說：「40%（在這之前康納曼的團隊從來沒有考慮過失敗）。」康納曼接著問：「那些完成任務的團隊用了多長時間？」希莫回答道：「沒有一個團隊是少於7年的，最多用了10年時間。」

當希莫使用內部觀點的時候，被團隊的樂觀氣氛感染，得出兩年成功的觀點，但當他使用外部觀點的時候，卻能準確地得出7到10年，60%成功率的答案。

有時候內部觀點帶來的結果是災難性的。

第三章　偏見自負：錯誤決策與它們的產地

　　1986 年 1 月 27 日，就在美國挑戰者號太空梭發射的前一夜，太空梭生產商之一莫頓・賽奧科（Morton Thiokol）公司召開了一次會議，會集了不可調和的兩派，工程師代表其中一派，他們認為火箭助推器上的「O 形密封圈」有潛在的危險。專案經理們屬於另一派，他們為這一項浩大工程的聲名岌岌可危感到擔心，因此發射不能再拖延了。

　　需要拍板的莫頓公司工程部副總經理鮑勃・倫德（Bob Lund）夾在兩派之間，坐在鮑勃身邊的總經理傑瑞・梅森（Jerry Mason）問道：「鮑勃，你怎麼看這個問題？」

　　鮑勃有些猶豫。梅森接著說：「摘下你工程師的帽子，戴上你作為管理者的帽子。」

　　這句話讓鮑勃的態度發生了微妙的變化，他採用了管理者的內部觀點：「O 形密封圈」大多數時候運行是正常的，再說哪裡都存在風險，這麼多贊助商還在看著自己⋯⋯

　　鮑勃建議發射，美國太空總署幾乎沒有任何質疑地接受了建議。第二天，太空梭發射，「O 形密封圈」果然發生故障，73 秒以後發生爆炸，7 名太空人全部喪生。

　　為什麼團隊中沒有一個人提出反對意見，難道是這些人的見識都太短淺嗎？

　　在透過「內部觀點」做決策時，我們容易受到一種稱為「資訊瀑布」（information cascades）效應的影響，「資訊瀑布」有時候我們也稱為「資訊級聯」。

　　當我們討論一個問題的時候，常常無法堅持自己的觀點，所有參與者都會對自己的觀點進行「理性調整」。

慕容復為什麼一心想復興大燕—我們被「內部觀點」所迷惑，產生自我欺騙

打個比方，如果慕容復首先發言，說復興大燕指日可待，那麼第二個準備發言的包不同就會將這一點考慮進去。而如果是包不同有機會先發言的話，他就可能會對復興大燕表示心存疑慮。但是當第一個發言的人是慕容復時，在聽了他的發言之後，包不同對這件事就更有信心了，更有可能毫無保留地支持這個計畫。然後輪到第三個鄧百川發言了，他發現前面的人都表示了贊同，於是他也更有可能表達贊同。依此類推，每個人都會以一種完全理性的方式調整自己的判斷，以便將前面發言人表達的觀點考慮進去。

這樣就構成了「資訊瀑布」，觀點如同瀑布一樣從上至下產生影響。

這同時又會產生兩個效應。第一個效應是，群體最終往往會得出一個結論，比一般成員最初傾向於提出的結論更加極端。例如在剛開始討論的時候慕容復說，十年之內有望復興大燕，而討論到最後，這個團隊甚至會得出「只要五年就能復興大燕」這樣更樂觀的觀點。

第二個效應是，群體中個體對群體結論的信心，將比沒有進行討論的情況下更強。這種雙重放大，即結果本身的強化和群體對結果的信心的增強，也就是通常所說的群體極化 (group polarization)。因此，每一次討論並不會讓慕容復這個團隊對復興大燕產生疑惑，反而會增強他們每個人的信心。

慕容復對復興大燕的判斷是使用了內部觀點，他手下的小團隊也同樣使用了內部觀點，信心不斷地在他們之間回饋和放大，於是他們幾個人就會對這一項根本沒有成功機會的事情充滿了希望。他們陷於一種樂觀假象中，認為對於這個別人無法完成的事業，自己更有能力完成。

我們總是容易受到小團隊的氣氛感染，互相傳遞樂觀的看法，高估自己的能力。這個時候就尤其需要「外部觀點」，也就是考慮當別人遇到

第三章　偏見自負：錯誤決策與它們的產地

這樣的情況，會有怎樣的結果。我們要把自己感受到的團體情緒和收集到的私人資訊擱置一邊，用局外人的觀點重新看待眼前的問題。

當希莫使用內部觀點的時候，被團隊樂觀氣氛感染，得出很快能完成教材編寫的結論；當倫德使用內部觀點時，得出太空梭發射「不至於那麼糟糕」的結論；而慕容復的小團隊，也同樣用內部觀點得出有希望復興大燕的結論。

因此，慕容復無法認清現實，一心想著復國的春秋大夢，直至最後精神錯亂。

左冷禪為什麼覺得五嶽派掌門是囊中之物
—— 人們都希望根據自己的能力來支配環境

左冷禪對五嶽劍派併派這件事胸有成竹。

他認為五嶽劍派之中，東嶽泰山、南嶽衡山、西嶽華山、北嶽恆山和中嶽嵩山，五派一致同意併派。那麼自今而後，這五嶽劍派的五個名字，便不再出現於武林了。他手一揮，接著就鞭炮齊鳴，慶祝「五嶽派」正式開山立派。

看起來一切都在他的掌控之中。

控制欲是人的基本欲望，不要說左冷禪這樣野心勃勃的人，其實我們每個人身上都有。控制需求來源於人類心理上和生物學上的欲望，這也是剝奪控制能力是如此折磨人的原因之一。

當我們還是小學生的時候，班會討論一些問題，總有那麼幾個同學處於討論的核心位置，是發言的主力。那些無法進入話題中心、安靜地坐在角落裡的小孩子，有一種無法進入討論核心的挫敗感。

掌控一切不是自我感覺良好和操縱欲望強烈的人的專利，我們所有人的潛意識裡都有這種心理因素。

曾經有一個實驗，將志工分為 A、B 兩組，要求志工集中注意力完成某一項工作。A 組的志工們不僅要在噪音中工作，而且對噪音無能為力。B 組的志工也被要求在同樣的環境中工作，但是他們可以透過一個開關將噪音關閉，不過實驗主持人要求他們盡量不要關閉噪音。

結果，B 組在沒有關閉噪音的情況下，工作的完成情況比 A 組好。

第三章　偏見自負：錯誤決策與它們的產地

從這個實驗我們可以得知，噪音不是唯一影響注意力的因素，對妨礙因素的控制，也就是能否根據自己的意志控制環境，也能影響我們的注意力。

如果對於某件事情，我們有掌控能力，我們的心裡就會產生一種自在的感覺，而且這種感覺還會釋放我們的一些潛能。

左冷禪為了成為五嶽劍派的新掌門人（他之前已經是五嶽劍派的盟主），在併派這件事上可謂煞費苦心。他對這件事的掌控力，是透過自身的能力，對全盤的布局和對時局的預測來實現的。

左冷禪很早便開始精心布局。衡山派中，二號人物劉正風全族被左冷禪派人誅殺，掌門人莫大不問江湖事，又有殺死嵩山派弟子費彬嫌疑的把柄被左冷禪抓著；泰山派左冷禪早有安排，促使派系爭鬥，最後掌門天門道人在嵩山慘死；恆山派中武功最高的定靜、定閒師太因反對併派，雙雙被左冷禪除去；而針對實力最強的華山派，左冷禪更是早早派出他的得力弟子勞德諾擔任臥底，把岳不群的底細摸清楚，甚至還盜取了「紫霞神功」。

左冷禪在籌謀合併五嶽劍派之時，於另四派中高手的武功根底，早已了然於胸，同時左冷禪對自己的武功和能力也相當自信，他相信能透過這些以及五嶽盟主的影響力來掌控大局。

人們通常希望根據自己的能力來支配周圍的環境，自己對周圍人的影響越深，對環境的支配能力越大，心中的滿足感也越大。

人們常常和左冷禪一樣，希望透過掌控而擁有影響力。然而掌控常常是一種幻覺。在證券市場，從一般股民到專業的基金經理，通常都會對自己的能力有錯誤的預期，有時會沉浸在自己擁有一種巨大影響力的幻想中；在商業領域中，企業家通常也會覺得自己有足夠的能力掌控企

業的發展。

其實投資者只要靜下心來仔細想想,就能知道透過自己的決策來支配證券市場幾乎是不可能的,各種不可預測的黑天鵝事件在市場中時有發生,一隻蝴蝶拍打翅膀在未來可能變成一場颶風。同樣在一家企業中,各種互相牽制的因素也有很多,想要憑藉一個人的影響力支配整個組織,也是很困難的,企業嚴重受到外界因素的影響,總體經濟更是無法控制,因此這些掌控力其實都是很弱、很虛幻的。

我們相信自己能控制那些無法左右的事情所帶來的結果之一,就是與之相關的許多金融學中的偽科學,比如「風險價值模型」(Value at Risk)理論。該理論認為,如果我們可以量化風險,那麼我們就可以控制風險。而「風險價值模型」理論正是現代金融理論中最大的謬誤之一。該理論告訴我們在一定機率程度下預期的最大損失,其實就是靠提供一個數字給人們安全幻覺。同樣地,次貸危機也是由這種掌控金融風險的幻覺所帶來的,在危機發生之前,金融家告訴大眾,所有風險是完全可控的,而實際上那些讓人眼花撩亂、複雜的金融產品並不能消除任何風險,反而只能放大這些風險。

我們還會透過預測來增加控制感。其實未來更是無法預測的。加州大學的菲利普‧泰特洛克(Philip E. Tetlock)教授潛心研究各種專家的預測,比如對波斯灣戰爭、日本房地產泡沫、蘇聯解體等的預測。這一項研究持續了 15 年,泰特洛克的調查中涉及的專家,無論職業、閱歷或者研究領域,所進行的各項預測準確率都大致和擲硬幣差不多。大多數專家真正擅長的其實是讓我們在各種事情上吃盡苦頭。

左冷禪在併派過程中就遇見了他沒有預測到的岳不群的嚴重挑戰,儘管他布局煞費苦心,但是江湖到處是黑天鵝事件,他在成為五嶽劍派

第三章　偏見自負：錯誤決策與它們的產地

掌門的路上，遭到了毀滅性的打擊，最後甚至被岳不群刺瞎了雙眼。

未來充滿了不確定性，很多時候，事情總是向著和我們預測相反的方向發展。無論這個未來是長還是短，我們都無法預測。就比如任我行能力再強，布局再精心，對下屬管控再嚴密，也無法預測到自己重新即位後很快便一命嗚呼。

當我們對未來的預測準確度很高時，我們會認為自己擁有卓越的預測能力，「一切如我所料」、「這歸功於我的能力」、「我炒股的技術比大多數人更好」等等。

然而當事態朝著與我們預料相反的方向發展時，我們仍然會抱著掌控力的幻覺不放。對於那些否定我們的事情，我們會給予過低的評價。比如當我們在股市虧損時，總是不願意承認自己的失敗，會說「這一點損失算不了什麼」、「股市總是有賠有賺」或者「我對大勢的研判並沒有錯誤，只不過這一檔個股的業績意外發生虧損」等。

我們不會想到是自己的掌控力有問題，而是傾向於把具體的原因轉嫁到自己以外的因素上面。比如左冷禪不會認為自己的判斷和掌控出了問題，而是因為岳不群練了「辟邪劍法」這種匪夷所思的陰毒武功，才使得自己意外失手。

江湖和金融市場一樣無法預測，人外有人，天外有天，即使沒有岳不群，令狐冲的武功也高於左冷禪，而五嶽合併抗衡武當、少林或是對付日月神教更是痴人說夢。

當我們在做股市或其他投資決策時，我們很有可能成為左冷禪這樣的人。

我們希望自己的預測正確，執著於自己獨立做出的精心研判的預測目標。即使預測出現問題，我們仍然會堅信自己的判斷，相信事態會向

> 左冷禪為什麼覺得五嶽派掌門是囊中之物—人們都希望根據自己的能力來支配環境

著自己想像的方向發展,一切仍然在自己的掌控中。

我們是如此相信自己的判斷,迷信自己的掌控力,最後不得不背負遠遠超過當初設想的巨大風險。痴迷掌控力的結局是悲劇式的,當我們發現失去控制時,命運成為驚濤駭浪中的一條小船,會讓我們感到巨大的恐懼。

第三章　偏見自負：錯誤決策與它們的產地

為什麼武功越差的人自我感覺越良好──能力低下者在自我評價時面臨的雙重困境

《笑傲江湖》中，武功低微的福威鏢局少鏢頭林平之有著良好的自我感覺。他要是外出打獵，酒店老闆會奉承他說：「少鏢頭今兒打了這麼多野味啊，當真箭法如神，當世少有。」鏢師也會拍馬屁說：「少鏢頭這一鞭，別說野雞，便是老鷹也打下來了。」

在《笑傲江湖》中最先跳出來打抱不平而動手的也是林平之，當他在小店裡看到有大男人調戲少女，林平之氣往上衝，伸手往桌上重重一拍道：「什麼東西，兩個不帶眼的狗崽子，卻到我們福州府來撒野。」事實上，他很快便會明白，自己和對手的武功遠不在同一個等級。

而與之成為對比的是，《笑傲江湖》中武功最高、神龍見首不見尾的風清揚卻從不和人動手。

同樣地，在《水滸傳》中，八十萬禁軍教頭王進為了躲避高俅迫害跑到了鄉下。有一天，王教頭看到有一個年輕人在練棍，就忍不住評價了兩句，不料年輕人大為惱怒：「你是什麼人？敢來笑話我的本事？俺經了七、八個有名的師父，我不信倒不如你？你敢和我叉一叉麼？」這個鄉下年輕人自我感覺高漲，居然想和八十萬禁軍教頭「叉一叉」。

這種無法認清自己實力的第一個原因是，人們普遍存在「過度自信」，這種現象被行為經濟學概括為「過度自信理論」（overconfidence theory）。

我們大多數人都認為自己比一般人更聰明，能力也比別人更強。有一項對 100 萬名美國高中高年級學生的調查顯示，70% 的學生認為自己在領導力方面高於平均水準，只有 2% 的學生認為自己低於平均水準。

60%的受訪者學生認為自己在和他人相處方面是同年齡人之中做得最好的前10%。25%的學生認為自己屬於做得最好的頂尖1%的人群。

這樣的認知偏見比比皆是。比如在線上約會網站上，當使用者被問到他們對自己的外貌評級時，僅有1%的人回答他們的外貌「低於平均水準」，僅有29%的男性和26%的女性認為自己的長相「和走在街上的路人差不多」，68%的男性和72%的女性覺得自己的魅力高於平均水準。

華盛頓大學的兩位心理學家卡羅林・普萊斯頓（Caroline Preston）和史坦利・哈里斯（Stanley Harris）曾經公布了一項研究結果。在這項研究中，他們要求西雅圖地區的50名汽車司機對他們在上次駕駛中表現出來的「技巧、能力和機敏性」進行評價。大約三分之二的司機認為，他們的表現至少不會低於平均水準。很多人在描述他們最近的駕駛感受時，採用了「出奇地好」或「絕對地好」這樣的說法。

假如這些回答還不讓你吃驚的話，那麼當你得知這些調查在何種情形下進行後一定會大吃一驚。普萊斯頓和哈里斯的所有研究訪談都是在醫院裡進行的，所有這些司機大多全身綁滿了繃帶，他們都是在最近一次駕駛中因車禍被抬進救護車。

根據西雅圖警察局提供的資料，在這些司機中，68%的人對車禍負有直接責任，58%的人至少有2次違規紀錄，56%的汽車徹底被損壞，還有44%的人最終將面臨刑事審判（在這50名司機中，只有5%的人向卡羅林和史坦利坦白，他們對車禍承擔部分責任）。

另外，不僅一般人如此，即便是專家也存在對自我能力錯誤評估的自我欺騙。

調查顯示，94%的受訪大學教授認為與同事相比，自己的工作成績優於平均水準。一項調查訪問了198位社會學教授，問他們期望獲得多

第三章　偏見自負：錯誤決策與它們的產地

大的影響力。幾乎一半的教授期望至少在所研究領域的一個方面居前十位，一半以上的教授期望在其職業生涯結束以後，他所寫的論文仍被人們閱讀。而這群社會學家並無法認出美國社會學協會以前的大多數會長，這些會長相對來說聲望比他們更高，而且這項研究顯示，人們並不會隨著時間的推移而降低對職業不朽的期待。

無法認清自己實力的另一個原因是：能力越差的人，反而會越自信。

美國經濟學家、哥倫比亞商學院教授麥可·莫布新（Michael J. Mauboussin）說：「對於能力最差的人而言，認為自己能做什麼，和實際上做到了什麼之間，往往有最大的差距。」心理學家賈斯汀·克魯格（Justin Kruger）和大衛·鄧寧（David Dunning）對此有深入的研究，兩人在《性格與社會心理學期刊》（*Journal of Personality and Social Psychology*）上提出了「鄧寧－克魯格效應」，這個效應用一句話簡單歸納，就是能力最差的人往往是最自信的。

兩位心理學家在1999年完成了一個叫做「四卡片選擇作業」的實驗，要求被測試者完成一些邏輯推理能力題目的測驗，並預測自己答對題目的數量及百分位排名，以評估自己的能力。結果顯示，邏輯推理能力最差的人對自己的能力排名預測過高，甚至超過了平均水準。而那些邏輯推理能力最好的人則會低估自己的能力排名。

這個實驗另一個有趣的地方在於：那些能力排名處於最末端的人，在看到了比自己表現好的答案卷後，仍然無法意識到自己的拙劣表現。更不可救藥的是，他們不但沒有改變對自己的排名評價，反而自信心更加高漲，進一步提升了已經過高的自我評價。

兩位心理學家這樣分析：低能力者在對自己的能力做出評價時，面臨了雙重困境，即他們既不能呈現高水準的績效表現，也無法正確認知

到自己的能力低下，反而還會產生對自己能力的極端自負。

生活中這樣的人比比皆是：那些開車技術最爛的人，往往責怪其他司機技術不好；一個經營不善的部門，也時常有一個能力低下卻自我感覺良好的主管；一個治國無方的統治者，也總會把自己想像成前無古人的盛世明君。

美國經濟學家瑪麗娜·艾德謝德（Marina Adshade）專注於研究人類的婚姻，她發現，在婚戀網站上，那些越是缺乏吸引力（根據使用者評分）的使用者，他們就越難聯繫到其他使用者，而且他們會更加樂於去聯繫評分水準遠遠高於自己的使用者，儘管這種會面的申請被接受的機率微乎其微。瑪麗娜·艾德謝德說，那些缺乏吸引力的人不僅執著於追尋充滿吸引力的對象，而且還會完全忽略和自己評級相當的使用者，那些最不受歡迎的使用者，他們只熱衷聯繫那種肯定不會回覆自己的使用者。

瑪麗娜生動地把這種狀況比喻成「癩蛤蟆想吃天鵝肉」。

林平之之所以有如此良好的自我感覺，是因為鏢局裡的鏢師們無不對這位少主人容讓三分，沒有人願意使出真實功夫來跟他硬碰，和他動手的不過是三腳貓功夫的地痞惡少，根本沒有遇到過強敵。

當林平之嘗遍江湖的險惡以後，才後悔往日的輕狂，他感嘆說：「林平之，你這早瞎了眼睛的渾小子，憑這一手三腳貓的功夫，居然膽敢行俠仗義，打抱不平？」

其實每個人的見識都是一個資料庫，那些能力強的人，他們的資料庫往往非常龐大，而那些能力低下者則常常坐井觀天，只有非常狹小可憐的資料庫，比如前述舞棒少年的資料庫是史家村的武夫，而王進的資料庫則是大宋的武林高手；少鏢頭林平之的資料庫是福州城裡的地痞混混，而風清揚的資料庫則是武俠世界數百年的風雲人物。

第三章　偏見自負：錯誤決策與它們的產地

第四章
認知失調：選擇與錯覺

第四章　認知失調：選擇與錯覺

張無忌心中真正愛的人是誰
——過多的選擇讓我們感到沮喪

周芷若逼張無忌攤牌：「無忌哥哥，我有句話問你，你須得真心答我，我知道這世上曾有四個女子真心愛你。倘若我們四個姑娘都在你身邊，你心中真正愛的是哪一個？」

自己到底是喜歡小昭、趙姑娘、殷姑娘，還是眼前的周姑娘，這讓張無忌心中一陣迷亂：「這個……嗯……這個……」

行為經濟學告訴我們，人們的很多行為和張無忌很相似，選擇越多，就會讓我們越難做出選擇。那麼為何如此呢？

行為經濟學家認為，在我們做選擇時，每一個選項的價值都不能獨立於其他選項而單獨評估。也就是說，你選擇了其中的一項，那麼它的成本就是放棄其他機會，這就是經濟學中最基礎的概念，我們稱之為「機會成本」（參見范遙臥底的故事）。

比如你晚上選擇了看電影《金剛狼》(X-Men Origins: Wolverine)，那麼會錯過夜晚的湖邊散步；你選擇了一份高薪卻很忙的工作，那麼也就意味著你將只有更少的時間陪伴家人。我們做的每一件事情、每一個決定，都包含機會成本。

這個道理很好理解，但是有趣的是接下來的問題。

根據標準的經濟學假設，一個決策唯一的機會成本，就是第二好的那個選項的價值。比如我們在計劃如何陪女友度過週末，所有的選項按照偏好順序排列如下：(1)去迪士尼玩一天；(2)去博物館看印象派的繪

畫巡展；(3)在家為女友做法式大餐；(4)和朋友聚會，一起聊天、聽音樂；(5)陪女友逛街買衣服。

如果你選擇「去迪士尼玩一天」，那麼「成本」就是你們去迪士尼的門票、交通、飲食等所有開銷，加上失去了看印象派畫展的機會成本。根據經濟學家的說法，你的「成本帳」到這裡就算完了，如果這是一道考試題目，老師會給你滿分。這樣你對自己做的選擇感覺也更舒服，只要考慮「第二好」選擇帶來的損失，而不需要浪費精力在其他選項會導致的損失上。

可是，在現實世界中，要做到這點實在太難了。因為每一個選項都有吸引人的地方，如果我們從不同的角度來思考，每個選項都可能在某方面是「第二好」的，甚至是最好的。印象派畫展可以陶冶我們的性情，更何況這個畫展很快就會結束；為女朋友做法式大餐將會大幅增加你的魅力，說不定在燭光和大餐之中她會下定決心嫁給你；和朋友一起聚會也非常重要，把她介紹給你的好朋友，讓他們好好羨慕你一下；逛街買衣服雖然不是你最喜歡的，但是卻是女友最喜歡的，你注意到，每次她看到購物中心裡的漂亮衣服，都會兩眼發光⋯⋯

沒錯，在現實世界中，如果你選定一個偏愛的選項，那麼每一個你曾經考慮過的方案都會讓你損失掉一些做別的事情的機會。

這就是我們要說的重點——如果機會成本會讓最佳選項的整體吸引力下降，而且機會成本與我們否決掉的眾多選項息息相關，那麼選擇越多，機會成本就越大。而我們意識到的機會成本越大，被選中的選項帶來的滿足感就越低。

行為經濟學家阿摩司・特沃斯基（Amos Tversky）和埃爾德・沙菲爾（Eldar Shafir）曾經做過這樣一個實驗，他們向實驗對象展示了一款

第四章　認知失調：選擇與錯覺

　　索尼電器。這一款電器陳列在商店櫥窗裡，正在降價出售，十分誘人。因此，實驗者對這一款電器非常有興趣，但是他們隨後又展示了另一款同樣品質優良，減價出售的電器，這些實驗者卻忽然對這些電器興趣大減，銷量隨之下降。

　　還有這樣一個實驗，證明人們面對更多的選擇時有多煩惱。

　　果醬店的店主一般會提供幾種新產品供客人試吃。研究者擺出一排價格昂貴的優質果醬，並且提供試吃的樣品。促銷人員會給每位試吃的顧客一張優惠券，如果他們購買了一瓶果醬，就可以憑券折扣一美元。

　　實驗分成兩組，一組有6款果醬，另一組有24款。任何一款果醬都是可以隨便購買的。儘管24款果醬吸引來的顧客比6款果醬更多，但在兩種情況下，人們平均嘗試的品種數量卻相差無幾。不過在購買果醬的數量上，兩組的情況就高下立見了。在提供6款果醬的那一組中，購買果醬的人數是30%，而在提供24款果醬的組別中，只有3%的人最後掏腰包買了一瓶回家。

　　另一項實驗是在實驗室中進行的，一批大學生被告知參加的是一項市場調查，請他們評價幾款巧克力的口味。他們可以選擇拿現金或者等價的巧克力作為報酬。

　　這些大學生被分成兩組，一組學生評價的巧克力有6款，另一組評價的有30款。結果發現，前者比後者更滿意自己的評價，而且前者選擇拿巧克力作為報酬的人是後者的4倍。

　　研究者對這些結果提出了幾種可能的解釋。面臨太多選擇的消費者可能會因為做決定的過程更艱難而感到沮喪，所以不少消費者寧願放棄選擇權，乾脆不買。也有一些人會買，不過勞心勞力做出決定的痛苦已經超過了買到心儀商品的好心情。而且選擇太多反而讓那個真正被選中

| 張無忌心中真正愛的人是誰—過多的選擇讓我們感到沮喪

的「最愛」魅力大減，因為事後我們老是在想那些沒被選上的是不是更好。這會讓我們的購物樂趣大打折扣。

篩選外部資訊是大腦的一項基本功能。然而我們的大腦是在「非洲大草原」式的資源匱乏環境中形成的，人類經歷了長達幾十萬年的狩獵和採集生活，我們的大腦通常用於簡單的資源篩選，例如打獵或採集果實，我們的大腦還沒適應如此多的選擇。當我們的大腦處理過多的選擇時，厭惡和逃避就是一種保護大腦正常運作的合理機制。

在漫長的人類歷史中，人們大部分時間都無須面對那些機會成本巨大的選擇。在物質匱乏、機會稀少的社會裡，人們面臨的選擇只是簡單的接近或逃避，接受或拒絕，他們問自己的問題是「究竟要還是不要」，而不是「應該選甲、乙、丙，還是……」

擁有對好壞的判斷力是生存的關鍵，但是判斷好壞遠比從好的東西裡挑出最好的簡單多了。在習慣了千百萬年的簡單選擇後，我們的生理機制並沒有為現代社會湧現出的無數複雜選擇做好準備。

需要反覆權衡的問題會讓人們更難做出決定，所以他們就會推遲或者逃避做出決定。

周芷若曾在張無忌幼年重傷之際一路照顧他，並且他們之間還有婚約；趙敏刁鑽古怪，但是為了張無忌甘願放棄王族身分，對他一往情深；殷離幼年時就對張無忌一見鍾情，在張無忌受傷的時候也全力照顧他，張無忌也曾許諾要一生對她好；小昭為了張無忌可以性命都不要，即使做個服侍他的丫頭也心甘情願……並且四個女孩中除了殷離為了練功毀了容貌，其他三個女孩都是絕色美女。

四位女孩個個對張無忌情深愛重，因此張無忌徬徨難決，便只得逃避，他對自己說：「韃子尚未逐出，河山未得光復。匈奴未滅，何以家

第四章　認知失調：選擇與錯覺

為？盡想這些兒女私情做什麼？」

這樣的選擇對張無忌而言太難了。需要反覆權衡的問題會讓人們更難作出決定，所以他們就會找各種理由推遲作出決定（比如張無忌的藉口是「匈奴未滅，何以家為」），雖然無論和誰結合對張無忌來說都非常滿足，但是要放棄誰則對他來說太過痛苦。

基於大量的實驗，研究者得出結論，如果人們面臨的選擇需要進行權衡才能決定，而且選項之間互相衝突的話，所有選項的吸引力都會明顯降低。

過多的選項讓張無忌陷入迷惘，雖然他認為自己最喜歡的人是趙敏，但其實不然，金庸先生在後記中說：「張無忌始終拖泥帶水，在他內心深處，到底愛哪一個姑娘更加多些？恐怕他自己也不知道。」

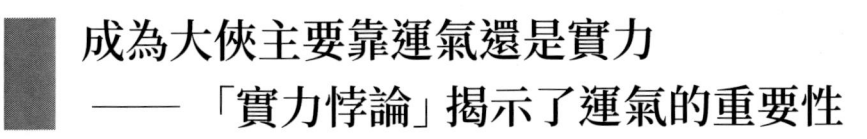

成為大俠主要靠運氣還是實力
——「實力悖論」揭示了運氣的重要性

每一個大俠背後都有一段或者幾段奇遇，沒有好的運氣，幾乎很難有所成就。比如張無忌在山洞醫治一隻白猿時意外發現了用油布包裹的《九陽真經》；令狐冲在華山山洞裡面壁思過時，意外發現了魔教長老破解五嶽劍派的精妙招式；楊過巧遇雕兄，學得獨孤求敗大俠的神功；段譽闖入無量山的「瑯嬛福地」中，從洞中玉像處習得「凌波微步」和「北冥神功」；虛竹誤打誤撞破解了蘇星河的珍瓏棋局，成為逍遙派掌門無崖子的關門弟子，得了無崖子修煉七十餘年的內力……

極小機率的運氣事件也會發生在生活中。西班牙國家彩券每年最讓人垂涎的大獎會在聖誕節前頒發，中大獎者可以得到數百萬歐元的獎金。它最離奇的一次是在1970年代，有一個男子一直搜尋最後兩位為「48」的彩券，後來，他買到了這種彩券並最終獲得了大獎，人們問他為什麼非要找最後兩位為「48」的彩券，他告訴人們：「我連續七個晚上做夢都夢到了數字7，7乘7不就是48嗎？」

把運氣誤認為實力是我們普遍易犯的錯，很多時候，我們觀察到的只是現象，並不知道現象後面的各種可能，用統計術語解釋就是我們看到的只是局部性，看不到事件整體的分布情況。事件中運氣的成分越大，我們越容易出現盲目歸納的問題，一個投資者採用一種策略連贏了一百天之後，他很有可能相信這種策略是生財之道，屢試不爽，但是市場的行情一變，原先的生財之道卻會讓他身無分文。

第四章　認知失調：選擇與錯覺

伊萊恩・加扎雷利（Elaine Garzarelli）就職於著名投資銀行雷曼兄弟，在1987年美國股市大崩盤前，所有的基金經理都按照自己設定的交易程式發出了買入訊號。而伊萊恩・加扎雷利則根據自己的獨立判斷，要求客戶賣出全部股票。

1987年10月19日，黑色星期一降臨，紐約股票市場大崩盤。道瓊指數一天之內重挫了508點，跌幅達22.6%，創下自1941年以來單日跌幅最大紀錄。投資者損失慘重，這時有人才想起加扎雷利的忠告，而那些聽信了她建議的客戶幸運地逃過一劫。

伊萊恩・加扎雷利從此聲名鵲起，成為當時美國金融界報酬最高的證券分析師。媒體稱她為「預言大師」，無論是《財富》（Fortune）還是《柯夢波丹》（Cosmopolitan）雜誌無不刊登頌揚她的文章，還把她和羅傑・巴布森（Roger Babson）相提並論（羅傑・巴布森在1929年9月準確預言美國股市即將暴跌）。然而不幸的是，走上神壇的加扎雷利從此再也沒有做過任何可靠的預測，那些因為信任她而把錢交給她的客戶則痛苦不堪，這時人們終於明白，上次的準確預言純屬運氣，於是又送她一個更響亮的外號——「華爾街傻大姐」。

我們再談談江湖上的事情，成為大俠究竟靠的是實力還是運氣？

丹尼爾・康納曼曾經提出一個描述實力和運氣的公式，他說，「成功＝一些實力＋運氣，而巨大的成功＝一些實力＋很多運氣」。因此，我們可以得出這樣一個結論，成為一個普通豪俠，實力更重要，而成為武林頂尖人物，主要還要靠運氣。

和江湖最接近的例子來自運動場。

1941年職業棒球大聯盟波士頓紅襪隊的泰德・威廉斯（Ted Williams）創下了超過四成打擊率的紀錄，之後棒球聯盟再也沒人打破這個

紀錄。那麼威廉斯是不是最偉大的打擊手，到今天也無人超越？

古生物學家史蒂芬·古爾德（Stephen Jay Gould）用「實力悖論」（paradox of skill）來解釋這個現象：之所以不再有超過四成打擊率的打擊手，是因為所有職業球員技術越來越扎實，球賽競爭越來越激烈。近60年來，棒球培訓有了很大發展，球員間球技切磋也日益頻繁，同時，棒球大聯盟在世界各地招募優秀球員，建立人才庫，這使得球員實力的差距漸漸縮小。

用統計學術語解釋就是：即便打擊手的實力一直在提高，平均打擊率的變化範圍還是在漸漸縮小。

2008年的時候，一匹名為「大布朗」的賽馬很有可能獲得夢寐以求的「三連冠」。所謂「三連冠」，是指在五週的時間內，一匹馬必須在三個不同長度的跑道上贏得肯塔基賽馬、普瑞克涅斯賽馬和貝爾蒙特賽馬三項冠軍。

在此之前，「大布朗」已經輕鬆贏得了這三項比賽的兩項冠軍。然而在最後一場貝爾蒙特賽馬中，「大布朗」並沒有創造奇蹟獲得三連冠，而是名列末位，所有人都跌破眼鏡。

史蒂文·克里斯特（Steven Crist）是著名的賽馬裁判，他提供的統計資料也許能夠說明問題。

歷史上，在贏得兩場冠軍之後，總共有29匹馬有機會挑戰三連冠，但最終只有11匹賽馬獲得這個榮譽，挑戰三連冠的成功率不到40%。不僅如此，仔細研究這些資料後還有更驚人的發現。1950年以前，在試圖挑戰三連冠的9匹賽馬中，有8匹成功。而在1950年之後，20匹賽馬中只有3匹挑戰成功，這就是說在1950年以後，挑戰三連冠成功的機率陡然降到了15%。

第四章　認知失調：選擇與錯覺

　　這其中的原因就是賽馬普遍採用更科學的方法飼養和訓練，優秀基因的賽馬得到更多繁殖，同時啟用了更大的賽馬場，使得運氣的作用變得更小。當賽馬實力越來越接近後，三連冠就變得更加困難。

　　同樣地我們會發現，在任何一個有大量資金運轉、受人關注的比賽項目中，很難出現一個運動員技壓群雄、傲視天下的局面。由於球員培訓方法的接近，大數據技術在選秀和比賽中的運用，彼此切磋日益頻繁，球隊整體都有了很大進步，「實力悖論」的作用使得優秀運動員的差距越來越小。

　　另一方面，球迷（或者說是市場）希望看到的是勢均力敵的比賽。出於提高收視率的目的，比賽規則會設定得讓比賽更有懸念，不能讓某一方輕易得勝。比如 1960 年代末，當棒球投手的實力大幅提升，而打擊手顯得力不從心時，美國職業棒球大聯盟的監督者修正了比賽規則，降低了投球區土墩的高度，縮短了好球區，這樣打擊手的表現就不會太差。而 NBA 更是透過「薪資帽」（salary cap）和選秀機制等措施，力保球隊之間力量的均衡。

　　我們在金融領域也能觀察到這種現象，在證券和基金行業，過去幾十年中，有大量的金融專家、數學教授、物理學家、電腦天才等加入這個行業，他們才華卓越、雄心勃勃，但是在這麼激烈的競爭中，即便是打敗市場平均指數，跑贏大盤都變得異常困難。

　　武林也是如此，高度競爭狀態下的武林（比如《天龍八部》所在的北宋年間的武林），會使得武林人士的武功越來越強，而實力的差距也越來越小。這個時候的運氣，也就是偶然習得上乘武功的機遇，就更加重要。而到了熱兵器開始形成殺傷力的時代，武功開始沒落（比如《鹿鼎記》所在的康熙時期），運氣的權重就會相對降低。

成為大俠主要靠運氣還是實力─「實力悖論」揭示了運氣的重要性

事實上,越是高手雲集,彼此的實力差距就越小,華山論劍的頂尖高手過招的差距就在分毫之間,幾百招也不能分勝負,而兩個互毆的鄉野村夫,往往憑蠻力三拳兩腳就能打倒另一個。

這就是江湖上的「實力悖論」──當整個江湖的實力越高時,運氣就越重要。

運氣究竟在江湖(或者人生)中究竟扮演了什麼角色呢?我們的人生是否應該迷信運氣?

當然不是,正如作家村上春樹所說:「運氣這東西,說起來無非是張入場券……並不是只要找到了它,弄到了手,接下來就萬事大吉,從此一勞永逸。」儘管運氣很重要,但江湖上所有鬥爭的最終結果還是取決於實力,比如蕭峰命運坎坷,卻仍是一代大俠,而游坦之運氣固然好,撿到了《易筋經》,也無法成為真正的大俠。

我想我們的人生也是如此。

第四章　認知失調：選擇與錯覺

■ 郭破虜為何表現默默無聞
——任何事情都有向平均值回歸的趨勢

　　楊過在郭襄 16 歲生日之前召集眾江湖俠士為其準備生日賀禮，並在她生日當天親率群豪到場為其祝壽，場面熱鬧非凡。

　　當你讀到《神鵰俠侶》的這一段情節還想到了什麼？有一件事你一定不記得了，這天也是郭襄龍鳳雙胞胎弟弟郭破虜的生日。

　　那天接下來在丐幫選幫主大會上，黃藥師和楊過自天而降殺死了霍都，黃老邪和自己的女兒、女婿見面後，首先就想到郭襄，拉著郭襄的手左看右看，問長問短，好不喜歡。可是他好像忘記了，他還有一個親外孫呢。

　　郭靖和黃蓉，都是江湖上名聲震天的大俠，為何到了兒子郭破虜，居然悄無聲息了，成為隱形人。郭家哪一門武功不是武林絕學？且不說《九陰真經》、降龍十八掌、打狗棒法，就單是外公黃藥師隨便傳授一些武功，就可名滿江湖，可是這個郭破虜為何在江湖上沒有任何名聲呢？

　　這個故事也許要從法蘭西斯・高爾頓（Francis Galton）爵士說起。

　　高爾頓是 19 世紀英國著名的學者，也是查爾斯・達爾文（Charles Darwin）的表兄。他的智商接近 200，他開創了統計分析、問卷調查、合成肖像、法醫指紋等新的研究方式，也是全球最早的一批氣象學家之一。

　　高爾頓的座右銘是：「能統計的時候就統計。」在他眼中，有價值的事情都可以用數字來計量。有一件軼事，高爾頓曾經製作一張「英國美

女分布圖」，在地圖上展現最美女性集中在哪些地方。他的統計辦法是，在口袋裡裝上毛氈和針，自己來到各個城市，在街邊角落偷偷觀察美女。看見一位他認為特別漂亮的女性扎 4 枚針、一般漂亮的扎 3 枚，以此類推，並計算出每個城市的平均值。他走遍了英國，用這樣的方式偷偷地為每個城市的女性打分數，最後得出的結論是倫敦女性最美，而蘇格蘭亞伯丁女性最醜。

高爾頓最重要的成就是發現並命名了回歸平均值的現象，即「均值回歸」（mean reversion），該成果被丹尼爾·康納曼譽為「不亞於發現萬有引力」。

西元 1886 年，高爾頓發表了《遺傳身材向中等身材的回歸》（*Regression Towards Mediocrity in Hereditary Stature*），其中涉及對連續子代的種子大小的測量以及對子代株高和母株株高的比較。在對種子的研究中，他寫下了如下的話：實驗結果看起來十分值得關注……從這些實驗可以看出，子代的高度和母株高度似乎並不相關，但似乎前者比後者更趨於平均。如果母株較高，那麼子代就會變矮；如果母株較矮，則子代就會變高。實驗顯示，子代向平均值的回歸與母株高矮的差異是成比例的。

真正值得關注的是，他發現的統計規律是像我們呼吸的空氣一樣無處不在的。回歸效應隨處可見，但是我們卻無法辨識它們的真面目。高爾頓以子代高度的回歸現象為起點，逐漸發現當兩個測量值之間的關聯不是那麼完美時，此時也會出現這種回歸。他藉助了當時最傑出的幾位統計學家的幫助，且歷時多年才得出這一項結論。

關於「均值回歸」現象，流傳最廣的就是「《運動畫刊》（*Sports Illustrated*）封面魔咒」。

在美國體育界，一直流傳著「《運動畫刊》封面魔咒」的迷信——只

第四章　認知失調：選擇與錯覺

要成為《運動畫刊》的封面人物，就會倒楣。最著名的例子是在奧克拉荷馬大學連續贏得 47 場大學橄欖球比賽勝利之後，《運動畫刊》刊登了「奧克拉荷馬為何戰無不勝」的封面故事。而後奧克拉荷馬大學在下一場比賽中就以 21 比 28 輸給了聖母大學。經過這次潰敗，人們開始注意到，出現在《運動畫刊》封面上的明星運動員或球隊明顯是受到「詛咒」的。

《運動畫刊》在美國擁有 350 萬訂戶，讀者超過 1,800 萬人，能夠成為該雜誌封面人物的都是美國當前炙手可熱的體育巨星。《運動畫刊》曾自己特別撰文分析這一個「魔咒」，體育心理學家則認為，這是因為球員後期的表現，並沒有達到人們的預期值。

其實其中的原因很簡單，只有當運動員有極其出色的表現時，才可能登上《運動畫刊》的封面人物，儘管接下來運動員的表現依舊出色，但是相比較登上封面時的表現仍然有所遜色。丹尼爾・康納曼對此解釋說：凡是能成為封面人物的運動員，在前一賽季一定表現極為出色，也許這種出色的表現相當程度上源於運氣，但運氣是善變的，接下來可能就沒這麼走運了。

2002 年，三壘手艾瑞克・辛斯基（Eric Hinske）為多倫多藍鳥隊打出了打擊率 0.279 的好成績，在 151 場比賽中，他打出 24 記本壘打，84 個打點，贏得當年美國棒球聯盟的年度新秀獎。但在隨後的兩個賽季，他的打擊率只有 0.243 和 0.248。

這種現象並不罕見。當選職業棒球協會新秀的選手，通常會在第一個賽季打出能叫已成名老手都自愧弗如的好成績。但在第二年，許多人的成績都會出現下滑。由於這種現象頻頻出現，人們甚至為它取了個名字——「二年生症候群」。

合理的解釋是，哪怕是最優秀的球員，也不可能一直保持完美狀

態。他們在某個年度的打擊率和其他進攻數據很可能比其他年度要高得多。按照定義來看，只有表現超乎平常水準的球員，才能贏得年度新秀獎。這也就是說，在這一年，他們的成績比將來的平均成績可能要高得多。而在大聯盟的第二年，剛好排在這一年的後面。那麼，第二個賽季的成績差一些，也就不足為奇了。

「二年生症候群」這個現象，其原理就是高爾頓發現的「均值回歸」。一旦碰到隨機性成功，必定會出現「均值回歸」。球員打出一場超乎平常水準的成功比賽之後，大多數時候後一場球賽的表現都會回歸正常，因此顯得比前一場要差一些。

「均值回歸」的現象分布在各行各業。

里奇蒙大學金融學教授湯姆·阿諾德（Tom Arnold）等人回顧了《商業週刊》（*BusinessWeek*）、《富比士》（*Forbes*）、《財富》（*Fortune*）20年來所刊登的封面故事，他們把關於公司的文章進行了分類，從最樂觀的到最悲觀的。他們的研究顯示，在封面故事出版前的兩年內，樂觀文章所描述的公司股票產生了超過平均水準42個百分點的正面收益，而悲觀文章中所描述的公司表現則落後平均水準將近35個百分點。

然而重點在後面，在文章發表兩年後，雜誌給出負評的公司股票以三比一的優勢，收益率勝過受到表揚的公司，這個時候，公司業績的回歸平均值作用展現出來了。

基金行業有個眾所周知的魔咒，這就是所謂的「冠軍魔咒」，即前一個年度業績名列前茅的明星基金，在次一個年度往往表現平平，甚至倒數。同樣地，當一個基金成為年度冠軍時，這往往也是它表現最巔峰的時刻，接下來的回落其實是再正常不過了。

不過基金行業屢屢出現「冠軍魔咒」還有一些自身的原因。當一個

第四章　認知失調：選擇與錯覺

基金產品成為年度冠軍後，會吸引大量的資金流入，其管理規模突然增大，而私募本身的投資研究系統一時難以跟上，所以會導致其業績大不如從前。

另一個原因是，當一個基金產品成為冠軍時，其團隊核心成員也會成為明星基金經理，於是跳槽的機率大幅增加，核心成員的紛紛離去使得產品的管理風格和穩定性產生較大變化，最終使得去年的冠軍產品成為今年的虧損大戶。

人們常常會忽略「均值回歸」這個規律。在很多公司，會對業務員的銷售業績進行排名，管理者通常會獎勵銷售業績名列前茅的業務員，而對排名敬陪末座的幾個人進行懲罰，可是幾年下來管理者通常會發現一個規律，凡是前一年得到獎勵的業務員，下一年度的業績通常會下降，反而是前一年得到懲罰的業務員，下一年度的業績通常會有所好轉。管理者通常會得出這樣的結論，獎勵是沒有用的，得到獎勵的業務員容易驕傲自滿，所以下次業績就下滑，而業績差的業務員，經過懲罰或者訓斥，業績有了進步。

其實業務員的業績也同樣遵循「均值回歸」的規律，業績特別出色可能是特別的運氣或偶然的大單，下一年度業績下降是很自然的事情。康納曼就曾說：「我理解了這個世界上的一個重要真理：由於我們傾向於在其他人表現出色時獎勵他們，在其他人表現糟糕時懲罰他們，又由於均值回歸現象，因此從統計上看，我們將由於獎勵別人而受到懲罰，由於懲罰別人而受到獎勵，這是人類社會的一個組成部分。」

道瓊工業平均指數是代表美國最優秀公司的 30 檔藍籌股票的平均價格，能夠編入道瓊工業平均指數本身就說明了這家上市公司的優秀，按照道瓊公司的說法：「這些重要公司因其產品或服務的品質被廣泛承認而

郭破虜為何表現默默無聞—任何事情都有向平均值回歸的趨勢

著稱，擁有強勁而成功的成長歷史。」

入選的 30 家公司也經常發生變化，有的是因為發生購併，有的則因後期表現不佳「落榜」被剔除。那麼如果當一家正在衰落的公司被一家蒸蒸日上的公司取代時，你認為哪一檔股票接下來的表現會更好？

真相和你的直覺可能相反，2006 年的一項研究考察了 1928 年 10 月 1 日道瓊 30 檔股票平均指數誕生以來的所有 50 次變動，發現在 32 次變動之中，被刪除股票的表現優於替代它們的股票，只有 18 次變動中被刪除股票不如替代它們的股票，這其中的道理就是「均值回歸」。

回到本節開頭討論的郭破虜的故事。郭靖之所以成為一代大俠，是因為他的奇遇，從遇到江南七怪開始，不斷得到全真教馬鈺、洪七公、周伯通等頂級高手的指點。這就像母株有著超乎尋常的高度，而子株相對於母株會很自然地有「均值回歸」的傾向。

郭破虜沒有父輩轟轟烈烈的業績，在「均值回歸」的作用下，他的表現會向平均線靠攏，即使他的表現比大多數一般人出色，但相較於郭靖、黃蓉這樣響噹噹的大俠，仍然會被他們的光芒所掩蓋。

第四章　認知失調：選擇與錯覺

韋小寶擲骰子前為何要吹一口氣
——「控制幻覺」讓我們產生迷信

賭徒們在擲骰子時，時常都會對著骰子吹一口氣，希望擲到自己想要的點數。比如在《鹿鼎記》中，韋小寶賭錢的時候總愛在骰子上吹一口氣，當他見到王屋派的少女曾柔後，便拿起骰子伸掌到曾柔面前，讓曾柔在骰子上吹了一口氣。「美女吹氣，有殺無賠。」韋小寶這樣說道。

那麼這種吹骰子的行為是怎麼來的？

如果我們用行為經濟學研究這個問題，會發現這種行為其實是由於「控制幻覺」（illusion of control）引起的。

「控制幻覺」是指在完全不可控或部分不可控的情況下，個體由於不合理地高估自己對環境或事件結果的控制力而產生的一種判斷偏差。

「控制幻覺」概念是由心理學家艾倫・蘭格（Ellen J. Langer）率先提出的。蘭格是哈佛大學心理學系教授、美國著名的心理學家。蘭格認為，「控制幻覺」就是個人對自己成功可能性的評估遠高於其客觀可能性的一種不合理的期望。她採用了一系列實驗來證明和解釋「控制幻覺」現象，並寫成〈控制幻覺〉（*The Illusion of Control*）一文，發表在《性格與社會心理學期刊》上。

在這篇論文中，蘭格指出，人們在日常生活中經常面對兩種情境。第一種是技能情境，在這種情境下個體可以透過練習和努力獲得想要的結果，是個體可以控制的；第二種是不可控或隨機的情境，在此情境下個體的行為與結果之間沒有因果關係，是個體無法控制的。

但是這兩種區分並不總是被人們意識到，個體在不可控情境中也會相信自己能控制某個事件的結果，因而產生幻覺。也就是說，人們常常將一些隨機事件看作含有某種技能成分的非隨機事件。

有一些報刊定期刊登彩券號碼分析文章，甚至把大量的股票分析技術手段運用在彩券分析上，透過各種圖表和工具推演哪些數字為下期彩券的熱門數字。彩券通常分為機選彩券（隨機派發）和自選彩券。那些真正的資深彩券玩家幾乎都是自選彩券，使用自己的幸運數字，或是透過各種演算（比如參照報紙上推薦的數字），或者來自各種啟示（昨晚夢裡好像出現一組數字），那麼他們為何會這麼做呢？

其真正原因就是資深彩券玩家會經由這些行為，認為自己可以控制彩券的結果。這個彩券數字不是隨機而來的，而是自己經過精心計算（或者是自己的幸運數字），那麼它就會比隨機數字有著更高的中獎率。

艾倫·蘭格用實驗的方法證明了這個假設。實驗對象分成兩組，一組可以對彩券精心挑選，而另一組只能隨機獲得一張彩券，這些彩券的價格都為一美元。接下來實驗者被告知，另一間辦公室有人想買這種彩券，但是因為我們的彩券已經售罄，你們願意出多高的價格出售自己手中的彩券？

正如預測的那樣，是否擁有選擇權在相當程度上影響了彩券的出售價格。在有選擇權的情況下，被試者要求出售自己彩券的平均價格為 8.67 美元，而沒有選擇權的情況下為 1.96 美元，兩者的差異非常顯著。

在美國，最早的彩券銷售都是像口香糖販賣機一樣，塞進硬幣，隨機出來一張彩券，直到 1970 年代在紐澤西州出現自選式彩券以後，彩券的銷售量才節節上升，因為這種自選號碼的方式讓購買者感覺擁有了更大的控制權。

第四章　認知失調：選擇與錯覺

　　成癮性的博彩者總是表現出更多的「控制幻覺」，因為他們傾向於將自己的行為與某一結果連繫起來，認為可以透過提高自己的博彩技能獲得更多的贏錢機會，於是博彩公司則充分利用「控制幻覺」，創造條件將技能因素融入賭博的活動中，致使博彩愛好者更傾向於將賭博視為一種技能型事件，從而提高了賭博參與度。例如，博彩公司會贊助報紙開設彩券、賽馬等分析研究版面，讓彩券玩家產生買彩券、馬票是一項技術的錯覺。

　　再比如購物中心和超市門口隨處可見的「抓娃娃機」，其實可以看作按照一定的機率設定的博彩機器，抓住娃娃的機率由電路板控制，然而由於抓桿的存在，讓娛樂者誤以為自己透過特別的抓娃娃技術（或者相信某些祕笈），可以比別人更容易抓到娃娃。

　　而最經典的案例要算老虎機，它成功展現了對「控制幻覺」理論的應用，本來圖案滾動的結果是程式設定和機械運動產生的，對賭客來說是不可控的，但是有了拉桿或者按鈕，就讓賭客在操作中感覺有技能因素的參與，將結果和自己拉拉桿的動作連繫起來，由此產生了「控制幻覺」，使得對老虎機的賭博行為產生了成癮性。這也是今天用電腦晶片控制的老虎機，仍然保留著類似拉桿的部位，並模擬機械方式轉動的原因。

　　人們在擲骰子時，希望擲出大的點數就會用力扔，而希望擲出小的點數就會輕輕地扔，事實上我們並無法控制擲出多大點數（除非你的骰子和韋小寶一樣灌了水銀），在擲骰子之前想著某個數字並吹一口氣，這些都是「控制幻覺」的表現，以此對不可控制的事件產生一種可控幻覺。

　　這種行為在體育比賽中也常常會碰到，麥可・喬丹（Michael Jordan）認為他穿的北卡羅來納大學球褲是他的幸運物，因此在帶領公牛隊建立

六冠王朝時,很多場比賽都把北卡的短褲穿在公牛短褲下;NBA 的傑森·泰瑞(Jason Terry)會在賽前一晚穿著對手的球褲睡覺;網球明星小威廉絲(Serena Williams)在她的每場比賽之前都用同一種方式繫鞋帶,而且要將她的網球彈跳五次才開始比賽;榮膺名人堂頭銜的冰球門將派屈克·魯瓦(Patrick Roy)則迷信於對著他身後的門柱說話⋯⋯

棒球運動是個滋生迷信的地方。美國棒球明星韋德·博格斯(Wade Boggs)曾連續 12 次參加全明星賽,並在 2005 年入選棒球名人堂。如果這個世界有一個迷信名人堂,那麼他也一定會入選。博格斯每天在完全相同的時間起床,並在下午兩點吃雞肉,他以 14 天為一個週期,輪替使用 13 種食譜(包括兩次檸檬雞)。當他晚上需要到芬威球場參加比賽時,他會進行精準的熱身流程,包括接 150 個滾地球,在防守熱身結束時,他會站上三壘、二壘、一壘以及壘線(當他入場比賽時,他會跳過壘線),用兩步走到教練席,用四步走到球員席。賽季結束時,博格斯的步伐在草坪上留下了永久性的腳印。

美國統計學家蓋瑞·史密斯(Gary Smith)說,棒球運動員的迷信如此出名的原因,是他們總在尋找有可能使機會的天平倒向自己一邊的某種事情,不管這種事情有多麼可笑。

喬治·格梅爾希(George Gmelch)是舊金山大學的人類學教授,他研究棒球運動中的迷信長達數十年。他表示,迷信行為確實在不確定性高的場合更加流行,譬如學生生涯中的一次大考,一次求職面試,或是第一次約會。因此,每晚都有新比賽要決出勝負的體育競技就自然而然地成為迷信行為的溫床。「運動員其實是在借迷信為自己增強信心。」格梅爾希教授說道,「如果我執行這些儀式,我會在參與競技活動時感覺自信,並能取得成功。」

第四章　認知失調：選擇與錯覺

　　來自阿姆斯特丹自由大學的心理學教授保羅‧范‧蘭格博士（Paul van Lange）則認為，這些儀式發揮了心理安慰劑的作用，「它們幫助人們面對未來不確定的後果，當這些後果對人們很重要時尤其如此。」他認為儀式對運動員有益。「我們的論點是，儀式強化了運動員原本缺乏的控制感和自信心。」這些「迷信」看似都是些奇怪而又不合邏輯的信念，但研究顯示，迷信可能與更佳的競技表現有關聯。簡而言之，這些迷信行為向運動員提供了一種重要的心理錯覺，讓他們以為自己能控制實質上受隨機機率影響的事件走向。

　　說到底，這些行為其實和擲骰子時吹一口氣、對老虎機使勁地拉拉桿的道理是一樣的。越是不確定性高的活動，人們越希望能夠透過某些方法增加控制權，這就是「控制幻覺」，所以，當你下次擲出骰子時記得吹一口氣，這樣會讓你感覺更好。

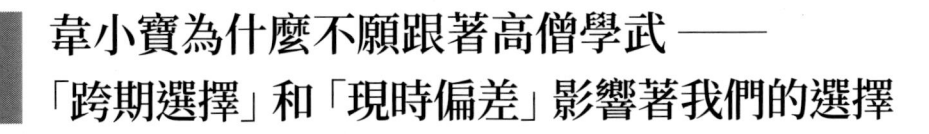

韋小寶為什麼不願跟著高僧學武 ——
「跨期選擇」和「現時偏差」影響著我們的選擇

韋小寶一見到美女阿珂，便失了魂。心想要是能娶她做老婆，即使和皇帝換位子他也不願意。於是韋小寶死皮賴臉地想討好阿珂。

可惜韋小寶和阿珂武功相差太遠，還被心上人從背後狠狠地提起來，於是他想到向武功深不可測的少林寺高僧澄觀現學兩招。

澄觀見韋小寶什麼拳法都不會，便告訴韋小寶，少林派武功是循序漸進的，入門之後先學少林長拳，熟習之後，再學羅漢拳，然後學伏虎拳、韋陀掌……

韋小寶想知道學這些武功需要花費的時間，澄觀告訴他說，韋陀掌或大慈大悲千手式，聰明勤快的，學七、八年。學波羅蜜手，要再過十年，接下來或許可以練韋陀掌。韋小寶倒抽了一口涼氣，他問澄觀，你說一指禪並不難學，練成一指禪，要幾年功夫？澄觀回答說，自己練成一指禪，花了 42 年……

韋小寶心想：老子前世不修，似乎沒從娘胎裡帶來什麼武功，要花四十二年時光來練這指法，我和那小妞兒都已是五、六十歲老頭子、老太婆啦！老子還練個屁！

韋小寶遇到的是一個被稱為「跨期選擇」(intertemporal choice) 的問題。這個理論最早是由美國經濟學家歐文·費雪 (Irving Fisher) 提出，他在 1930 年的經典著作《利息理論》(*The Theory of Interest*) 中，用無差異曲線來表示在特定的市場利率條件下，一個人會如何就他在兩個時間點

第四章　認知失調：選擇與錯覺

上的消費做出選擇。

其實經濟學家早就注意到這個問題，早在西元1871年，經濟學大師威廉·史坦利·傑文斯（William Stanley Jevons）就指出，比起未來的消費，人們對即時消費的偏好會隨著時間的流逝而減弱。我們也許更在意現在能吃到一盒冰淇淋，而不是明天。但是，如果是拿明年的這一天與其前後兩天相比，我們則幾乎不會在意這種差別。

韋小寶心裡在意的是立刻學會一門高明的武功，對42年後武功如何驚人絲毫不感興趣。那麼這件事情是否可以用數字來表達呢？

1937年，諾貝爾經濟學獎得主保羅·薩繆森（Paul Samuelson）在讀研究所的時候寫了一篇論文，在文中他希望用一種方法來測量效用。但效用是難以測量的，理性經濟人追求的就是效用最大化。在研究過程中，薩繆森建立了跨期選擇模型，即貼現效用模型，該模型已經成為標準的經濟模型。

貼現效用模型的基本理念是，對你來說，即時消費比未來的消費更具價值，如果有兩個選項，一個是這個星期吃一頓大餐，另一個是一年後吃一頓大餐，大多數人會選擇前者。用薩繆森的話來說，我們在以某一貼現率對未來的消費進行貼現。如果一年後吃大餐的效用只是現在的90%，那麼可以說我們未來的大餐的年貼現率為10%。

如果我們計算韋小寶學武的貼現率，會發現高得驚人，一年以後學會絕技的效用可能只有現在的20%，那麼他的學藝效用貼現率可能高達80%。

如果我們繼續研究這個問題，還會有一個有趣的發現，兩年之後韋小寶學會絕技的效用是多少，可能是現在的15%，也就是說，學武效用剛開始時的貼現率很高，隨後會不斷降低，如果真的要學42年，後面幾

韋小寶為什麼不願跟著高僧學武──「跨期選擇」和「現時偏差」影響著我們的選擇

年的貼現率會非常低（41年後學會絕技和42年後學會絕技對韋小寶來說實在沒有什麼差別），這種現象有個專門的名詞，叫做「雙曲貼現」（hyperbolic discounting）。

理查·塞勒曾經做過一個實驗，實驗組成員被要求回答：等同於現在的15元，一個月後、一年後和十年後的收入分別是多少？回答結果是20元、50元和100元。也就是說，被調查者認為一個月之後的20元、一年後的50元、十年後的100元和現在的15元是無差別的。

這也意味著一個月期限的年折現率是345%，一年期的是120%，十年期的是19%。即被實驗者明顯表現出時間偏好的不一致。

這個實驗表示，當其中一個備選項涉及當下此刻時，人們的耐心就會少得多。也就是說，如果今天就必須做出決定，人們就更有可能選擇「一鳥在手」，而對於將來才發生的事情，才更有可能選擇「二鳥在林」。這種傾向通常被稱為「現時偏差」（present bias）。

不單是金錢，生活中這種現象也隨處可見，例如在一些需要克制力的事情上。

我們常常告誡自己，要抗拒甜點的誘惑，要開始戒菸，或者堅持每天早起去晨跑。儘管預料到將來肯定能夠從這些良好行為中獲得不少益處，但我們卻很難從現在就開始實行。

每當新年來臨時，我們還會許下各種願望，發誓天天去健身房鍛鍊。許願當然很容易，但這其實等於向自己承諾，我要從「明天」開始努力，然後到「後天」就可以獲得好處了。同樣地，我們也拒絕從今天開始做，然後明天獲得同樣的好處。只要不需要馬上去做，我們就能找出各種理由拖延。

有這樣一個實驗，一組調查對象被要求選擇一場當晚觀看的電影，

第四章　認知失調：選擇與錯覺

另一組則要選擇後 3 天每天晚上要看的電影。這個調查顯示出一個有趣的模式，選擇今天的電影時，兩組人都選了輕鬆愉快的愛情片、喜劇片和動作片；而要選後幾天（明天或後天）晚上要看的電影時，人們會選擇比較嚴肅和深刻的經典電影。

研究者發現，人們總是把要付出努力的事情放在未來。在白天人們總會說：「今晚我要看一部有趣的電影，明天我會看一部我該看的有深度的電影。」可是到了明天時，人們還是想找樂子，只要可能的話，他們還是會找一部輕鬆搞笑的電影來看。

美國馬里蘭大學的經濟學家勞倫斯・奧蘇貝爾（Lawrence M. Ausubel）做過這樣一個實驗：他向消費者呈現信用卡公司所使用的兩種不同的促銷方式，並且分析了消費者的反應。第一種信用卡最初 6 個月的利率很低、很誘人，只有 4.9%，但 6 個月以後的終身利率為 16%；第二種卡誘惑利率稍高，為 6.9%，但 6 個月以後的終身利率要低得多，為 14%。

如果消費者是理性的，那麼他們會選擇終身利率較低的信用卡，因為終身利率將適用於大部分債務。然而實際情況並非如此，奧蘇貝爾發現，選擇第一種信用卡的消費者幾乎是選擇第二種信用卡的 3 倍。

造成這種現象是因為我們認為未來會和現在不同，而且通常會變得更好，而最終的結果就是我們今天大手大腳地花錢，把還錢的事情推遲到以後。

當我們制定財務計畫時，我們期待遇到一個嶄新的、經過完善後的自我。我們並不真正關心銀行會在 6 個月後或兩年後要求我們支付過高的利率，因為我們認為自己很快就能還清債務。然而等這段時間過去後，我們依然是債務纏身。

這就是現值估值和「雙曲貼現」,在比較不同時間點的行動時,人們會過分強調當前的享樂或痛苦。

韋小寶沒有找到速成的少林絕技,不免有些失望。

第四章　認知失調：選擇與錯覺

第五章
訊號理論：紛亂世界的說明書

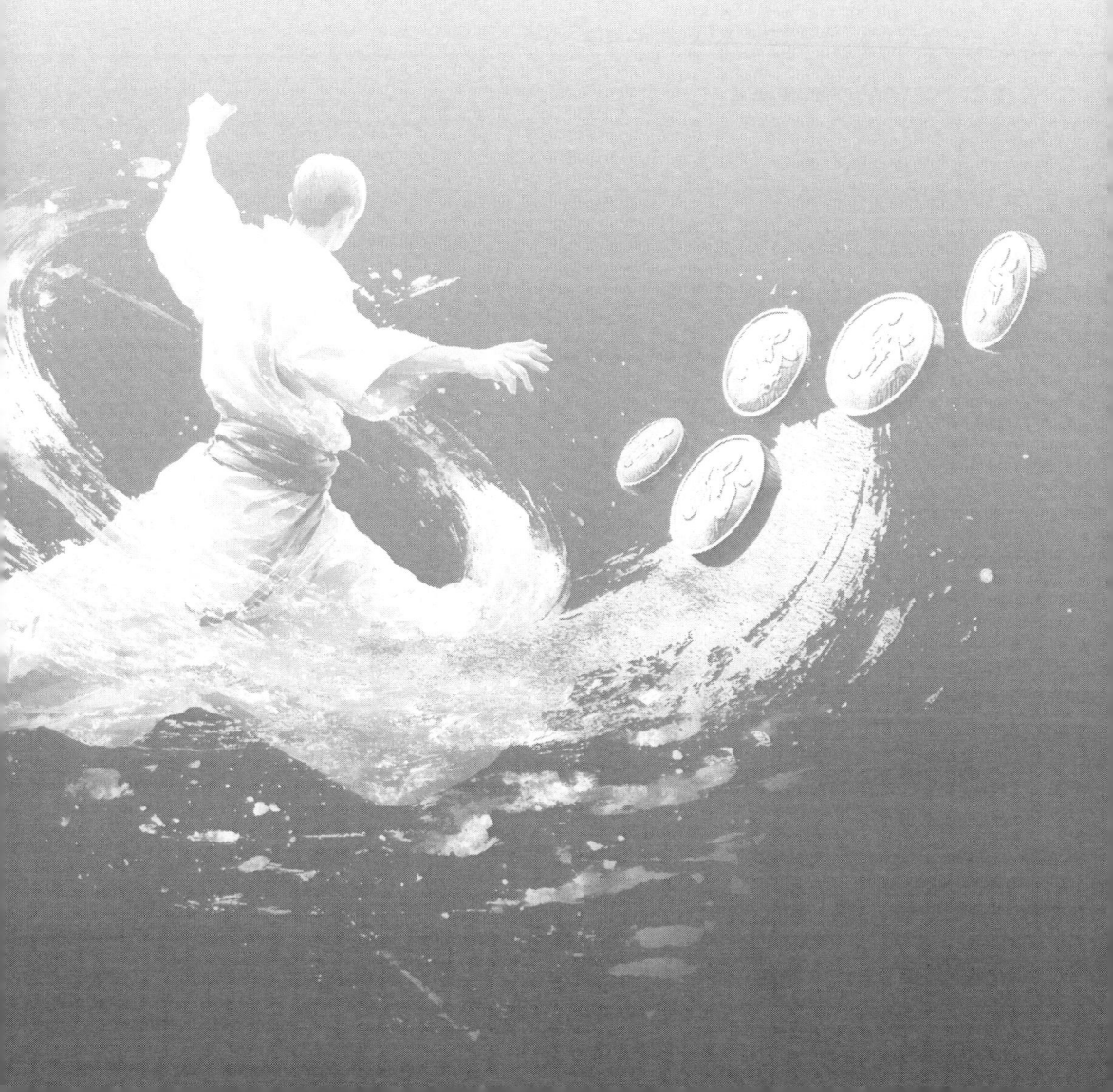

第五章　訊號理論：紛亂世界的說明書

武林高手應該在什麼時候出手
——難以偽裝的資訊才有可信度

都說「江湖上的事，抬不過一個理字」。不過要真是這樣，那麼武林盟主都應該讓秀才來當，事實上，江湖真正通行的是叢林法則，也就是誰的武功實力更強，誰更有話語權。

王家衛導演的電影《一代宗師》(The Grandmaster)中有一句臺詞就說出了這個道理：「別跟我說你功夫有多深，師父有多厲害，門派有多深奧。功夫，兩個字：一橫一豎，錯了，躺下，站著的才有資格講話。」

《倚天屠龍記》中的宋青書也說出這個道理：「若說這屠龍刀是有德者居之，我們何必再提『比武較量』四字？不如大家齊赴山東，去到曲阜大成先聖孔夫子的文廟之中，恭請孔聖人的後代收下。」

在江湖上，武力是一種侵略手段，比如金毛獅王用武力搶奪屠龍刀，同時，它也是一種防禦手段，比如令狐沖為保護儀琳而出手，它可以用來糾正一些錯誤，也可以用來作惡。

洪七公曾說：「我們學武之人不比武，難道還比吃飯拉屎？」武功的強弱是武林中生存十分重要的內容，但是這絕不是全部內容，其他的還有聲譽、地位等。林平之的父親林振南就說：「江湖上的事，名頭占了兩成，功夫占了兩成，餘下的六成，卻要靠黑白兩道的朋友們賞臉了。」這段話聽起來多麼像是職場金句。

那麼武林高手應該在什麼時候出手，這可是一門學問。

《鹿鼎記》中多隆說，金頂門的弟子頭上功夫十分厲害，功夫練到高

武林高手應該在什麼時候出手─難以偽裝的資訊才有可信度

深之時，頭頂上一根頭髮也沒有了。韋小寶馬上挖苦道，金頂門的師父們大家一定很和氣，自己人肯定不會打架。大家要是生氣了，各人將帽子摘下來數一數頭髮，誰的功夫強就一目了然了。

要是功夫深淺都是透明的資訊，數一數頭髮就行，那真的就如韋小寶所說「大家一定很和氣」了，但是大多數時候，這個資訊是不透明的，於是動武就難免了。

使用武力制伏對手，這是武俠小說的核心。可是，究竟什麼時候該出手，什麼時候不該出手，這其中還有著深刻的經濟學原理。

江湖上總有一些稀少資源會引發衝突，資源越稀少，衝突越激烈。比如，有關武林地位的五嶽派掌門身分，有關江湖地位的倚天劍和屠龍刀……當動武不可避免時，武林中人是按照什麼機制執行的呢？

首先，我們會發現，江湖人士會盡可能經由交際的方式建立他們武功水準的「等級系統」。比如，天地會總舵主陳近南，和他真正交過手的人非常少，但是他卻透過「為人不識陳近南，便稱英雄也枉然」這樣的人際口頭傳播方式來確立他的江湖等級和地位。少林寺的高僧也很少出手，他們的江湖威望也同樣是透過口口相傳樹立的。

其次，大俠也會設法展現自己的武功水準，比如向問天悄悄地在地磚上踩出腳印，宋遠橋用袍袖托住茶碗等。

同時，他們也會觀察其他人展現出來的武功能力，尤其是那些很難偽裝的資訊樣得出的結論具有一定的可信度，並且避免彼此動武，出現兩敗俱傷的沉重代價（裘千丈曾經假冒其弟弟而使黃蓉混淆了這個資訊，貿然和裘千仞對陣而身受重傷）。

在江湖社交圈中，每一個成名人物通常都有一個標籤，清楚地表明他的性格和武功能力，這樣就避免了盲目地惡性廝殺。

第五章　訊號理論：紛亂世界的說明書

但是如果當我們無法透過交際方式了解他人的實力，或者以此獲得的資訊不可信時，動武便不可避免。也就是說，當誰比誰強這類資訊不充分並且很混亂的時候，彼此動武的機率就會很高。

這類情況通常發生在初入江湖的新手身上，比如初入江湖的郭靖、令狐冲，他們必須透過不斷的比試，才能確認自己的能力或者別人的能力，這可不僅僅是年輕人荷爾蒙分泌旺盛使得他們好勝心強的原因。

事實上，那些少俠需要證明的東西很多，因為他們可以展現給別人的個人歷史少得可憐，他們的江湖履歷比上了年紀的人蒼白，另外他們也沒有足夠的江湖經驗理解其他武林人士提供的訊號。

同樣地，來自陌生圈子的武林人士，比如蒙古的國師金輪法王、吐蕃國國師鳩摩智，他們也必須不斷地出手來確認自己在中原江湖的地位。

他們不僅需要向別人證明自己的武功級別（因為江湖上還沒有他們可供展現的歷史紀錄），而且很可能他們自己也不知道自己有多強悍。所以這並不是經濟學中所說的「資訊不對等」。因為資訊不對等通常是指自己對自己有充足的了解，而別人並不知道這些資訊。

在現實中，當一個部門空降主管時，這個新上任的主管經常會急於採取一連串舉措和改革來證明自己的能力，這種狀況也常被人稱為「新官上任三把火」。而從該部門基層一步一步提拔起來的主管，則很少急於採取行動來證明自己，因為他的能力已經為周圍人知曉，他並不需要展現自己的能力。

經濟學家透過對英國監獄的觀察，也得出了相同的結論。在刑期比較短的監獄，囚犯彼此可能都陌生，這個時候越需要展現武力以確立地位，因此使用暴力也越頻繁。在刑期較長的監獄，即便關押的是更有暴

力傾向的重刑犯，但囚犯對彼此的實力心知肚明，通常囚犯能運用他們對彼此的了解來解決爭端，因此暴力事件反而比較少。

江湖的鬥爭通常是殘酷的競爭，即便那些知道自己很厲害的人，也不能保證每次出手都能獲勝，畢竟武林是個天外有天的地方，很多時候要等到真正一分高下，才能獲得可靠的資訊。否則這些資訊很可能無法獲得，或是不完整。

在江湖上你還會看到這樣一個有趣的現象，就是別人會慫恿你動手。這種有趣的現象是怎麼來的？

雙方動武施展獨門絕技所展現出來的這些資訊，不僅對捲入鬥爭的人十分有用，對旁觀者也同樣如此。這些資訊能為以後發生的衝突提供參考。因此，我們常常見到高手對決，有一大群人在旁邊圍觀起鬨的現象。

比如當張三丰要和少林高僧空智動手時，就令圍觀者很興奮。空智向張三丰提出了挑戰，他說，久聞張真人武功源出少林，今日在天下英雄之前，斗膽請張真人不吝賜教。

他這麼一說，馬上就吊起了武林人士的胃口。因為張三丰名垂七十年，當年跟他動過手的人已死得乾乾淨淨，關於他的實力，江湖上只有傳說。眾人對張三丰的武功，僅僅靠從他的弟子宋遠橋等人身上推斷。

張三丰雖然名垂七十年，但他的武功資訊是不明確的，少林三僧名義上是為神僧空見報仇，實為再次確立少林寺武林龍頭地位。而江湖人士也能從這場比試中獲益，得知張三丰的真實武力資訊，於是「無不大為振奮」。

那麼江湖成名人物，尤其是武林泰斗，他們該何時出手呢？

答案是越是高手越應該避免動手，因為如果透過武力來表達強硬的態度，其實也在傳達自身的恐懼。越是成名的老江湖，越會做理性的思

第五章　訊號理論：紛亂世界的說明書

考，所有的行為必須有一個大於零的淨收益，包括考慮到受傷或者被打敗。

舉現實世界中一個有趣的例子，李小龍是中國功夫的代名詞，我們在銀幕上看到他出神入化的功夫，但歷史上幾乎沒有留下他真實比試的紀錄（表演除外）。我們僅能從影視作品中推斷他的功夫了得，但是實戰能力究竟如何，卻只存在於傳說中（也許武功真的深不可測，也許不是）。李小龍可能也深知這一點，所以他盡可能地減少和人真實格鬥的機會，這樣做對他是有利的。

如果一個江湖成名人物率先出手，這意味著他認為自己足夠厲害，能夠有把握和新來者（資訊不明者）一較高低，更重要的是，這也可能說明自己在等級系統裡的位置沒有足夠的安全感，希望透過展現實力來改善這種狀況。

另一種是成名人物受到公開挑戰，被迫應戰。挑戰越公開，被挑戰者若不回應，則對他的名聲的負面影響就越大，這也就越刺激他做出強烈的反應。

那麼「華山論劍」又是何種狀態？熟悉根底的頂尖高手為何會互相出手？

這些頂尖高手對於對手的資訊心知肚明，當競賽（衝突）在武功實力相當的人之間發生時，參與者缺乏的主要資訊就不是對手強不強，而是誰會贏。這一點和自然界很相似，只有實力相當的動物才會為了資源爭奪打起來，因為他們無法單靠炫耀來嚇跑敵人，確定誰是贏家。

而這種衝突通常和地位、榮譽有關，並且只有處於等級系統最頂端的人才能實現這個目標，這就使得「華山論劍」這樣的高手對決成為可能。

武俠世界裡如何辨識臥底 ——
昂貴的訊號發揮了「分離均衡」的作用

2000 年，西西里的一個犯罪集團曾謀劃一票「大買賣」，他們模仿西西里銀行的線上服務系統建立一個網站，並聯繫了羅馬銀行的一個分行經理來幫忙。但是他們萬萬沒想到，這個銀行經理實際上是一名警方的臥底，該集團沒有將他辨識出來，這一失誤導致了他們 22 名同黨被捕。

那麼該如何辨識臥底？金庸小說中的故事有助於我們理解這個問題。

在《笑傲江湖》中，華山派掌門岳不群有個弟子叫勞德諾，他的真實身分是嵩山派掌門左冷禪的三弟子，也是左冷禪為了掌握華山派和岳不群的動靜，特地安插的臥底。

然而他很不幸，早早地被岳不群識破了臥底身分。岳掌門不動聲色，利用這個奸細成功地實行反間計，把偽造的《辟邪劍法》經由勞德諾送到了左冷禪手中，從而在爭奪五嶽盟主的鬥爭中出奇制勝。

那麼，岳不群是如何辨識出這個嵩山派派來的臥底的呢？

書中並沒有詳細描寫，不過我們可以推斷，一方面是由於岳不群心思縝密，對人處處提防；另一方面，勞德諾發出的忠誠的訊號還不夠昂貴，不足以讓岳不群排除對他的懷疑。

勞德諾曾經對青城派余觀主說：「弟子是帶藝投師的。弟子拜入華山派時，大師哥已在恩師門下十二年了。」

首先，「白紙一張」是一個昂貴的訊號，因此「帶藝投師」就是一個可疑的訊號。

第五章　訊號理論：紛亂世界的說明書

其次，從時間來計算，勞德諾投到華山派門下不過三、四年，三、四年的時間成本固然不低，但還不是足夠昂貴的訊號。

犯罪經濟學家迪亞哥・甘貝塔（Diego Gambetta）曾說：在獄中待得時間越長，越能成為犯罪分子和警方臥底的區分標記，沒有人樂意為了假扮壞人而在獄中浪費二十年光陰。

因此勞德諾要在岳不群這樣的老狐狸手下當臥底，最好先靜默十年八載。

相對於行為方式來說，更昂貴的訊號是時間。「說好了三年，三年之後又三年，三年之後又三年，都快十年了，老大！……再做，再做我成油尖旺老大了，到時怎麼辦，你抓我啊？」電影《無間道》中，警方在黑幫的臥底陳永仁，曾經這樣向上線重案組黃警司抱怨。然而他可能不知道，正是這昂貴的時間成本，讓他的警察身分無法被辨識，從而使得他在三合會混得如魚得水。

在《倚天屠龍記》中，朱長齡為了騙張無忌說出謝遜及屠龍刀的下落，也發出了昂貴的訊號。

朱長齡曾經信誓旦旦地對張無忌說：「張兄弟，你年紀雖小，我卻當你是好朋友……我們今後同生共死，旁的也不用多說。事不宜遲，須得動手了。」

表明心意顯然不是昂貴的訊號，讓人可信的訊號必須是行動。於是朱長齡一把火燒掉自己家的豪宅。朱家莊廣廈華宅，連綿里許，在這一把火之下化為灰燼。這下子，終於獲得了張無忌的信任，張無忌眼見雕梁畫棟都捲入了熊熊火焰之中，內心好生感激：朱伯伯畢生積蓄，無數心血，旦夕間化為灰燼，那全是為了我爹爹和義父。這等血性男子，世間少有。

武俠世界裡如何辨識臥底──昂貴的訊號發揮了「分離均衡」的作用

朱長齡將自家「連綿里許」的廣廈華宅化為灰燼（再加上之後的苦肉計），這個訊號的成本可謂高昂，讓張無忌信以為真，好在最後關頭還是識破了朱長齡的詭計。事實上，張無忌仍欠缺江湖經驗，因為以朱長齡發出的這個訊號還不夠昂貴，豪宅和屠龍刀的價值相比根本算不了什麼。

訊號是區別某類人和有意模仿者的行為，如果這個行為代價過高，模仿者就很難做到。一位聯邦調查局探員曾經說：「如果有黑社會成員的痕跡，黑社會成員便會察覺到。」2001 年諾貝爾經濟學獎得主約瑟夫·史迪格里茲（Joseph Stiglitz）等資訊經濟學大師認為，應該透過篩選假設理論（screening hypothesis），也就是經由那些昂貴的訊號，而不是空泛的恭維來發掘隱藏資訊。

那什麼是真正昂貴的訊號？

在《連城訣》中，金庸描述了真正昂貴的訊號。

狄雲被師伯門下弟子集體陷害，誣陷他姦汙婦女而關入大牢，並被削斷右手五指、穿了琵琶骨。在獄中他認識了丁典。

丁典既有絕世武功「神照功」，又有寶藏祕訣《連城訣》，武林中人對兩者覬覦的大有人在。因此，丁典判斷狄雲就是派到他身邊的臥底，目的是套出神功和祕笈的下落。無論狄雲表現出如何悲慘，他都不動聲色。對丁典來說，這些訊號都太廉價，不足以區分狄雲到底是不是仇家派來的臥底。

然而接下來發生的一件事徹底改變了丁典的看法。當狄雲聽說心愛的師妹嫁給了陷害他的萬圭，並收到印著「萬戚聯姻，百年好合」小字的喜糕時，悲痛欲絕。這一天晚上三更時分，狄雲將衣衫撕成布條，搓成了繩子，懸梁自盡。

第五章　訊號理論：紛亂世界的說明書

　　一旁的丁典並不急於出手相救，他要確信這個訊號的可靠性，最後他不得不承認，這個訊號是無比昂貴、無法造假的。丁典後來對狄雲說出了獲得自己信任的原因：「你已氣絕了小半個時辰，若不是我用獨門功夫相救，天下再沒第二個人救得。」

　　最昂貴的訊號原來是一個人的性命，當他連性命都不要了，顯然不會作為臥底企圖些什麼，因此丁典真正信任了狄雲。

　　訊號理論的主要條件是，在所有可能的訊號之中，對於具備某種特質的訊號發送者來說，至少有一個訊號是易於發出的，但是對於模仿者而言，發出這種訊號則需要很高的成本。如果只有真正具備某種特質的人，才能承擔發出特定訊號的成本，我們就將他們行動的均衡稱為「分離均衡」。

　　有一個家喻戶曉的故事，就是在講「分離均衡」（separation equilibrium）。

　　所羅門（Solomon）是一名智慧的國王，《聖經‧列王紀》（*Books of Kings*）記載著所羅門王判案的故事。有兩個婦人同住在一間房子裡，其中一位生了孩子，三天以後，另一位也生了孩子。有一天夜裡，其中一個婦人翻身時不小心把自己的孩子壓死了，於是她不露聲色，悄悄地把自己的死嬰換成了另一個嬰兒。而另一個母親到了餵奶時，才發現孩子死了。她仔細觀察，發現這個嬰兒並不是自己的，而自己的孩子卻在另一名婦人懷中。

　　兩個母親都說活著的孩子是自己的，可是房屋內也沒有第三人，誰也說不清，兩人爭執不下，便來到了所羅門王這裡。

武俠世界裡如何辨識臥底—昂貴的訊號發揮了「分離均衡」的作用

接下來的故事大家都知道，所羅門王說，拿刀子來，把孩子劈成兩半，一人一半。真正的母親大哭道：我不要自己的孩子了，讓她拿去好了。於是所羅門王斷定她才是孩子真正的母親。

所羅門王所運用的當然不是什麼神的智慧，而是經濟學的賽局理論中稱為「分離均衡」的方法，運用人性（無私的母愛）來設定一種機制，從而達到區分真假母親的目的（更重要的是，真正的母親那種痛苦的神情是無法偽裝的）。

沒有一個投毒者會試圖喝下有毒的那杯酒來證明自己的可靠，當訊號擁有完美和高昂的鑑別能力時，仿冒就不可能發生。

三年的臥底生涯和燒掉豪宅的訊號都可能仿冒，而不要性命，卻無法仿冒，於是丁典找到了真正的訊號。

第五章　訊號理論：紛亂世界的說明書

為什麼武功越高的人越自謙 ——
最有本事的人傾向於「反訊號傳遞」

　　李西華是《鹿鼎記》中的武林高手，一出場，天地會和沐王府的四大高手一起向他攻擊，李西華不僅從容化解，還自謙宣稱自己不過是「小巧功夫，不免有些旁門左道」。他故意把別人使的一招「小鬼扳城隍」說成「城隍扳小鬼」，有意貶低自己。

　　陳近南請他上座時，李西華答道：「不敢，不敢！在下得與眾位英雄並坐，已是生平最大幸事，又怎敢上座？」陳近南說「久仰」時，李西華的回答更為謙遜：「在下初出茅廬，江湖上沒半點名頭，連我自己也不久仰自己，何況別人？」

　　所以在金庸的武俠世界裡，越是頂級高手往往越表現得謙遜和低調。

　　比如《倚天屠龍記》中「崑崙三聖」何足道，他幾乎單挑了少林寺。然而何足道卻出奇地低調：「我在西域闖出了一點小小名頭，當地的朋友給我一個綽號叫做『崑崙三聖』。但我想這個『聖』字，豈是輕易稱得的？因此我改了自己的名字，叫做『何足道』。」

　　時常保持謙遜、不露鋒芒的人，似乎將自己處於社會競爭的不利地位。但是這種不事張揚的謙遜態度，也表示自己資質（武功）極高，無須以外在表現來博取認可，以及自己的社會地位（或江湖地位）已經很高，沒有必要再往上爬了。

　　謙遜的優勢來自「不利條件原理」（the handicap principle），該理論由以色列的演化生物學家阿莫茨・扎哈維（Amotz Zahavi）首先提出，他認

為動物（尤其是雄性動物）會以有意冒險的方式，使自身處於不利地位，向潛在的配偶展現自己的基因優勢，從而擊敗競爭對手。

例如椋鳥在遇到外在威脅時，會表現得異常勇敢，如有捕食者迫近椋鳥群，發現捕食者的第一隻椋鳥會發出尖厲的鳴叫，以警告鳥群中的其他椋鳥。對於主動警告其他同類的椋鳥，這樣做不僅浪費體力，還吸引了捕食者的注意，因而將自己置於更加危險的境地。

再例如孔雀的尾屏令人嘆為觀止，然而尾屏卻非常沉重，而且在孔雀的天然棲息地也不會帶來任何實際優勢。實際上，孔雀尾屏累贅之極，甚至造成了不便。這些行為看似對生存不利，但是正是這樣讓自己處於不利地位的方式，反而使得牠們獲得異性青睞，取得生存優勢。

行為經濟學家也把這種「不利條件原理」應用到人類行為中。經濟學家雅伊爾·陶曼（Yair Tauman）用「不利條件原理」來解釋高科技創業公司的創始人為何要在完成學業前輟學，甚至不顧大學學業是否已經接近結束，比如微軟創始人比爾蓋茲（Bill Gates）和臉書創始人馬克·祖克柏（Mark Zuckerberg）均從哈佛大學輟學。

根據陶曼的模型，此類人對自己的才能心知肚明，這時輟學便會構成優勢，因為這本身對其雖是「不利條件」，卻能以此向潛在的投資人發出正面的訊號：他們對自己所持理念堅信不疑，以至於放棄學位帶來的就業優勢也在所不惜。

同樣地，在江湖上，自謙還可能向對手傳遞出反向的資訊，越是說自己一把老骨頭不中用，越可能讓對手相信自己武功深不可測。同時謙遜的武林人士既避免了不必要的爭鬥，獲得更多的生存機會，還發揮不戰而勝的作用。

第五章　訊號理論：紛亂世界的說明書

果爾達·梅爾（Golda Meir）是以色列歷史上唯一的一位女總理，1970年代，她接見了一位赴以色列談判的重要美國外交官。外交官結束談話後，她的顧問聽到她向這位外交官耳語道：「你不該如此謙遜，你還不夠格。」

所以謙遜看似是一種低調行為，實則是另一種嶄露鋒芒的方式。尤其是已有聲望或實力很強的人，張揚並無益處，對他們來說，透過謙遜來展現實力反而有效得多。

普林斯頓大學的經濟學教授阿維納什·迪克西特（Avinash Dixit）說：人們普遍在意發送自己有本事或有錢的訊號，但最有本事、最有錢的人反而不發送這種訊號，這就是經濟學的「反訊號傳遞」。

《福爾摩斯探案全集》（*Canon of Sherlock Holmes*）的〈銀斑駒〉（*The Adventure of Silver Blaze*）故事中，那隻狗沒有吠叫的事實，意味著闖入者是熟人。在這個例子中，某人沒有發送訊號，但也傳遞了資訊。

印第安納大學和美國人口統計局的經濟學家瑞奇·哈伯（Rick Harbaugh）和西奧多·陶（Theodore To）曾做過一項調查，他們發現：有博士學位授予權的大學，更少在語音及電子郵件祝詞中使用頭銜。在有博士學位授予權的大學，只有不到4%的教員使用頭銜；而在無博士學位授予權的大學中，使用頭銜的人約為27%。

他們的結論是——成就越小的人越喜歡展現自己的頭銜。

如果你留意的話，「反訊號傳遞」在生活中也相當常見。年輕的富人炫耀其財富，但是年老的富翁卻鄙視這種低俗的炫耀；低層官員更喜歡透過炫耀權力來證明自己的地位，而真正有權力的人則透過高雅的姿態來展現自己的實力；熟人透過有禮貌地忽視對方的缺點以表示善意，而密友則透過嘲弄般地強調這些缺點以示親密；聲望一般的人強烈駁斥人

們對自己品行的指責，而德高望重的人卻覺得對指責進行駁斥有損自己的人格……

我們會在自己的社群帳號分享自己的生活，但這些分享所表達的常常不是「真正的自己」，而是「希望別人認為的自己」。於是有人分享自己住過的豪華飯店，有人展示高檔的餐廳，有人炫耀新買的名牌包包，還有人張貼自己在全世界各地旅遊的照片。然而那些真正有實力、最頂尖的人，卻很少公開這樣的資訊，你通常看不到這些炫耀。

日本的商務名片通常簡單到極點，即使是職位很高的人，也沒有任何嚇人的頭銜（我們身邊有些人的名片頭銜則誇張得多）。這些名片並非表示這個人不從事商業活動，相反地，這正好說明他在他的領域中是如此成功和重要，以至於不需要介紹自己。

低調是身分的象徵。村上春樹曾經受聘為美國普林斯頓大學的客座教授，他說他住的教職員住宅地段停的車全是生鏽的二手豐田皇冠（Toyota Crown），沒了保險桿的本田喜美（Honda Civic）等貨色。誰要是往裡面停進通體閃光的BMW，就會不夠得體。美國經濟學家泰勒·科文（Tyler Cowen）曾經聽自己以前的校長說，不信任某個教師的專業程度，原因就是「因為他穿得太好了」，讓人懷疑他對政治領域更有興趣，而不是學術造詣。

《紅樓夢》中，賈政、王夫人內室「靠東壁面西設著半舊的青緞靠背引枕」、「王夫人卻坐在西邊下首，亦是半舊的青緞靠背坐褥」、「挨炕一溜三張椅子上，也搭著半舊的彈墨椅袱」。

針對「半舊的」這三個字，脂硯齋曾批註：「三字有神。此處則一色舊的，可知前正室亦非家常之用度也。可笑近之小說中，不論何處，則曰商彞周鼎、繡幕珠簾、孔雀屏、芙蓉褥等樣字眼。」這三個「半舊」也

第五章　訊號理論：紛亂世界的說明書

是反訊號傳遞，透露出真正鐘鼎人家和暴發戶的區別。

第八回中，「寶玉掀簾一步進去，先就看見寶釵坐在炕上做針線，頭上挽著黑漆油光的髻兒，蜜合色的棉襖，玫瑰紫二色金銀線的坎肩兒，蔥黃綾子棉裙：一色兒半新不舊的，看去不見奢華，唯覺雅淡。」

在賈府中，薛家有錢是人所共知的，因此聰明的寶釵不會經由服飾打扮來發送自己出身鉅富的訊號，她更在意發出其他的訊號。薛姨媽說：「寶丫頭古怪著呢，她從來不愛這些花兒粉兒的。」薛寶釵透過她簡樸的服飾來傳遞著她有內涵、有修養的資訊。

要有效地使用反訊號發送，需要一點技巧。最重要的是，反訊號發送者必須已經具有一定的知名度或者神祕性。最好的程式設計師在求職面試中不會穿西裝、繫領帶，他們通常已經有了一定的名聲，而如果一個完全不知名的新人在求職面試時不著正裝，老闆則會認為他不懂規矩或不是誠心來應徵。

我們在反訊號發送時，還要避免看起來是有意地要影響別人，被別人看出是在發送反訊號不但是愚蠢的，還揭示了這個人並不是真正完全地具有這種特質。也就是說，在江湖上，你明明武功平庸，卻發送真正高手才會發送的反訊號，將是愚蠢的行為。

名家高手為什麼要自重身分 ——
放過對手也是一個「強硬」的訊號

在武林中，高手有高手的處世原則，尤其是那些武學宗師。例如在對敵時一擊不中，即便看著對方從自己眼皮底下逃走，也不宜再追。

《神鵰俠侶》中，黃藥師想殺李莫愁，沒想到李莫愁用拂塵打熄燭火，從破壁中鑽了出去。黃藥師未能致其喪命，終於讓她逃脫了，但因為顧及身分，不能出屋追擊。

《笑傲江湖》中，岳不群以袖功揮出長劍，滿擬將田伯光一劍穿心而過，不料不戒和尚替他擋下這一招。雖然岳不群認為自己這一拂之中未用上紫霞神功，但以岳不群這樣的名家高手身分，一擊不中，就不可以再試了。

武林中的這種規則是怎麼來的呢？

高手自重身分，當然是金庸先生創造了這些規則，然而這些規則卻反映了現實世界的某些真實特徵。

我們以上面這段岳不群和田伯光、不戒和尚的打鬥為例分析：岳不群「以袖功揮出長劍，滿擬將田伯光一劍穿心而過」，卻被不戒和尚化解，可見不戒和尚武功不弱。

岳不群也可以接著用上乘的紫霞神功攻擊不戒和尚，但是結果有兩種，一種是擊倒對手，還有一種是仍然沒有擊倒對方，於是岳不群施展出更厲害的華山劍法……其結果很可能陷入纏鬥。

第五章　訊號理論：紛亂世界的說明書

　　所以，當一擊不中就絕不再出手，還可以保留宗師身分，一旦陷入纏鬥，那可能丟的臉就更大了。

　　在賽局理論中，被這種一小步一小步拖入泥沼的情形稱為「切香腸戰術」（salami tactics），美國著名經濟學家湯瑪斯‧克倫比‧謝林（Thomas Crombie Schelling）說：「我們可以肯定，切香腸戰術是小孩子發明的⋯⋯如果你叫孩子別到水裡去玩，他就會坐在岸上，光腳伸進水裡，這樣他還不算『在水裡』。如果你默許了，他就會站起來，他泡在水裡的部分和剛才一樣；你若是考慮再三，他就會開始踩水，但不會走到水深的地方；如果你過了片刻還在思考著究竟有何不同，他就會走到稍微深一點的地方，還爭辯說他只是來回走動，這沒什麼不同。很快地，我們就叫他別游出自己的視線，一邊奇怪自己剛才的叮囑怎麼變成這樣了。」

　　江湖上臥虎藏龍，所以當高手一擊不中時，就要及時自重身分，不可再追擊。一擊再擊，很有可能接著二擊不中再三擊、四擊⋯⋯這時的身分和臉面都會丟盡了。

　　名家高手自重身分，另一個重要原因就是創造聲譽。

　　如果你是江湖成名人物，那你就該按照江湖規則，自重身分，一旦你反悔，你就可能喪失可信度方面的聲譽。比如《神鵰俠侶》中，金輪法王心想：既是王爺來此，可不便殺了郭襄。法王害怕被忽必烈看見他下手殺一名孤身少女，如果看到，勢必會認為他徒有虛名，對他的真實能力產生懷疑。

　　在一生只遇到一次的情況下（單次賽局），聲譽可能不那麼要緊，所以也沒有多大的承諾價值。但是江湖是個熟人圈，所有的行為會很快被傳播，一般情況下，你會在同一時間和很多不同的對手展開多個賽局，或者在不同的時間裡和同一個對手展開多次賽局。你未來的對手會記住

名家高手為什麼要自重身分—放過對手也是一個「強硬」的訊號

你的行動,也可能從其他人的口中對你過去的行為有所耳聞,因此你有建立聲譽的動機,這有助於使你未來的策略行動顯得更為可信。

放過對手其實就是一個「強硬」的訊號,我一下沒有打死你,就不再追擊,說明我既不怕你苦練功夫來找我報仇,也不懼你邀集好手捲土重來。因此,這種訊號是真實可信的。

這種行為並非不明智,因為聲譽對於江湖人士十分重要,聲譽越是強大,別人對挑戰你江湖地位的欲望就越低,你的生存機率就越大。

同時聲譽還是一種公共財。

在《倚天屠龍記》中,滅絕師太在殷離的右手食指上斬了一劍,手法奇快,她的出手就是想斬去殷離的手指。沒想到殷離出手之前先在手指上套了精鋼套子,滅絕師太這一劍竟然沒能斬去她手指,滅絕師太氣憤地說,這次便宜了妳,下次不要撞在自己手裡。她對小輩既然一擊不中,就自重身分,不肯再度出手。

滅絕師太雖然沒有如願斷了殷離的手指,非常不情願,但她這樣做卻創造出了聲譽,並且這種聲譽不但屬於她個人,更是峨眉派的公共財。每一個峨眉派弟子都可以使用這種聲譽,這一項資產是所有峨眉弟子共有的,它其實就是一種資本,這種資本甚至可以「租借」給從未參與累積過程的新人。

滅絕師太所創造的這種聲譽是一種共同財富,任何一個峨眉弟子都可以受益。甚至當滅絕師太過世了,這種聲譽仍然可以作為一種遺產留在峨眉派。當某人報上「峨眉弟子某某在此」的名號時,實際上她就是在使用這種聲譽。

因此,創造聲譽遠比砍斷一個後輩的手指來得有價值多了。

第五章　訊號理論：紛亂世界的說明書

　　高手自重身分，說到底是這樣做能夠讓自己和所屬團體受益。但以上這些只是原則，當收益成本發生變化時，武林高手也是經濟人，他們也會考慮打破這些慣例。

　　比如江湖人士自己不能用、也不會贊同別人使用下三濫手段，這樣做一方面表明自己的武林身分，不屑用這種流氓無賴的手段，另一方面也是一種自我保護。如果江湖通行下三濫手段，到處挖陷阱、撒石灰，那最後會使每個武林人士受損。

　　當韋小寶用撒石灰的手段救了茅十八，茅十八就非常生氣，他覺得自己的聲譽受到了損失，於是罵道：「小雜種，這法子哪裡學來的？」茅十八接著說出了他心中的顧慮，你用石灰撒人眼睛，這等下三濫的行徑，江湖上最瞧不起。自己寧可被人殺了，也不願讓別人用這等卑鄙無恥的下流手段來救了性命。

　　茅十八把自己在江湖上的聲譽看得比性命還重要。

　　但是當韋小寶同樣用石灰打跑了馮錫範、救了陳近南時，作為江湖頂尖人物的陳近南並沒有怪罪韋小寶，他說：「剛才若不是小寶機智，大夥兒都已死於非命了。」可見武林規矩是死的，人卻是活的，只不過茅十八太死心眼，陳近南的腦子可比茅十八靈活多了。

　　規矩是死的，人是活的，這一點，何惕守總結得非常精準，她說：「什麼下作上作？殺人就是殺人，用刀子是殺人，用拳頭是殺人，下毒用藥，還不一樣是殺人？像那吳之榮，他去向朝廷告密，殺了幾千幾百人，他不用毒藥，難道就該瞧得起他了？」

　　高手過招必須以一對一，這是規則。在《神鵰俠侶》中，金輪法王就對黃蓉說，黃幫主，妳也一齊上嗎？在這裡金輪法王耍了小心機，他雖見黃蓉臉有病容，終究心裡還是忌憚她武功了得，這句「黃幫主」其實

> 名家高手為什麼要自重身分──放過對手也是一個「強硬」的訊號

是點醒黃蓉是一幫之主,如與旁人聯手合力鬥他一人,未免有失幫主的身分。

以一對一的原則也不是一成不變的。在和法王最後的對決中,一燈大師、黃藥師、周伯通當世三大高手居然一起上了。

三人將法王圍在中間。法王瞧瞧一燈大師,瞧瞧周伯通,又瞧瞧黃藥師,長嘆一聲,將五輪拋在地上,非常不服氣地說道:「單打獨鬥,老僧誰也不懼。」周伯通這時回答道:「不錯。今日我們又不是華山絕頂論劍,爭那武功天下第一的名號,誰來跟你單打獨鬥。」

東邪、南帝,以及日後的「天下五絕之首」一起動手,這還有江湖規矩嗎?

所謂一代宗師、武林身分,說到底還是見機行事罷了。

第五章　訊號理論：紛亂世界的說明書

在江湖上拋頭露臉為什麼需要綽號——作為無形資產的綽號有助於形成團體意識

　　茅十八指著韋小寶向別人這樣介紹道：「這位小朋友姓韋，名小寶，江湖上人稱……小白龍。水上功夫，最是了得，在水上游上三日三夜，生食魚蝦，面不改色。」

　　他要替這個新結交的小朋友爭面子，不能讓他在外人面前顯得洩氣，有心要吹噓幾句，可是韋小寶全無武功，別人也是行家，吹牛自然不能過分，所以就說韋小寶綽號「小白龍」，水上功夫十分厲害。

　　如果你要在江湖上行走，沒有一個響亮的綽號，那簡直和裸奔一樣。比如你是梁子翁，江湖上有幾個知道？但你要是說「參仙老怪」，人家可能還對你客氣一點；你要說你是胡青牛，人家可能一臉疑惑，但你要說出你是「見死不救」，誰都要讓你三分。因此，就算是韋小寶這樣一個小孩，在江湖上行走也需要一個綽號。

　　《天龍八部》中，聚賢莊發英雄帖圍捕蕭峰，請帖上署名是「薛慕華、游驥、游駒」三個名字，其後附了一行小字：「游驥、游駒附白：薛慕華先生人稱『薛神醫』。」

　　這行小字非常有意思，若不是說明薛慕華的綽號「薛神醫」，收到帖子的多半還不知薛慕華是何方高人，來到聚賢莊的只怕連三成也沒有了。這也足見綽號的重要性。

　　那麼江湖人物的那些綽號是怎麼來的？它又有些什麼功用呢？

　　一般來說，名字是父母和長輩取的，一個人的名字和他的性格之間

也沒有必然關係；然而綽號則不同，綽號是別人給的，它彰顯了你的某種特徵，並且可以不顧及所有人的感受，無論你喜歡與否，都會毫不客氣地加在你頭上，比如我們常見的「王麻子」、「矮冬瓜」等。我猜梅超風和陳玄風都不喜歡「鐵屍」和「銅屍」這兩個晦氣的綽號，他們當然更願意被稱為「神爪雙俠」之類的。

綽號也是一種公共財，無論本人願意不願意，都只能接受，他無法阻止別人在背後叫他的綽號，這就像流言一樣難以控制。比如《鹿鼎記》中，吳立身不喜歡別人叫他「搖頭獅子」，他若是逢人便搖頭說「別叫我搖頭獅子」，這多半沒有什麼用，還可能適得其反，它不但提醒人們這個綽號的存在，還表明當事人為此有多煩惱。想想我們在讀小學的時候，如果有人送你一個外號，你表現出非常抗拒和氣憤，那麼十有八九這個綽號會長久地加在你的身上。

因此無論多麼負面的綽號，不如坦然接受，這樣反而增加江湖知名度，比如「惡貫滿盈」段延慶，「無惡不作」葉二娘等，四大惡人就是透過自己凶殘歹毒的惡名來提升自己的江湖嚇阻力，而梅超風和陳玄風也可以運用「鐵屍」和「銅屍」這兩個負面綽號提高自己的江湖地位。

在古代江湖，沒有視覺化的傳播工具，資訊依靠口耳相傳，因此準確辨識他人身分就極其重要，比如名叫張阿生的有成百上千個，但是彰顯了個人特徵的「笑彌陀」張阿生就比較容易辨識。錯誤的身分辨識會造成不必要的衝突，甚至是不必要的喪命。這時候，綽號就能避免太多的重名造成的身分辨識錯誤。

當一個人知道自己有綽號的時候，他可以經常使用以提升這個綽號的知名度，比如丁春秋就充分利用「星宿老仙」這個綽號在江湖揚名。行走江湖，綽號是最重要的無形資產，誰會記得史孟捷，而綽號則不同，

153

第五章　訊號理論：紛亂世界的說明書

它的朗朗上口能夠讓你迅速擁有很多粉絲，所以史孟捷有個比自己名字更響噹噹的綽號「八手仙猿」。如果你是江湖黑幫，只使用綽號還能幫助你隱藏真實身分，躲過官府的緝捕。

同時，綽號還能傳遞出一個人的技能、特質和地位。比如「斷魂刀」、「鐵掌水上漂」、「神拳無敵」、「一字電劍」、「毒手藥王」，人們一聽就知道他的特長。像「千里獨行俠」、「俏李逵」一聽就知道他的性格和外形特點，最絕的當屬「君子劍」岳不群，江湖為人是個謙謙君子，只是不知道是真君子還是偽君子。至於東邪西毒、南帝北丐則一聽就知道其江湖地位。

那為什麼綽號常常會是負面的，行走江湖為什麼就不能都叫「鎮關東」、「崑崙三聖」、「鬧市俠隱」？為何非得叫「南霸天」、「毒手無鹽」、「千手人屠」、「鬼見愁」這麼難聽呢？事實上，貶低性的綽號遠遠多於讚揚性的綽號，其原因就是相比之下負面的綽號更有意思，這就像負面的傳言遠遠多於正面的傳言一樣。無論身處何地，人們總是喜歡透過嘲弄、挖苦、貶低他人來獲得樂趣。

現實生活中，綽號往往流行於男性之間，尤其是處於團隊活動中的男性，並且風險越大，越容易有綽號。比如在礦工、運動員和士兵之間頻繁使用，士兵或者礦工共同面臨的風險推動了這些綽號的使用。

電影《鋼鐵英雄》(*Hacksaw Ridge*)中，主角德斯蒙德·多斯(Desmond Doss)來到新兵營，發現這裡幾乎人人有綽號，痴迷健身的叫「好萊塢」，長得像印第安人的叫「酋長」，長相凶惡的叫「惡鬼」，不入長官眼的叫「二等兵白痴」。很快地，長官也因為多斯高高瘦瘦，奉送給他一個綽號「二等兵玉米桿子」。這些綽號增加了士兵之間的友誼，也間接促使士兵在戰場上為其他人做出犧牲行為，多斯也因為他捨生營救了75名

同袍的行為被廣為流傳。

　　武林人士也同樣面對著殘酷的江湖爭鬥，透過綽號的嚇阻力可以避免無休止的爭鬥，保留實力。同時它也有助於形成團體意識，比如江南七怪這個團體綽號就能讓這七個江湖人士緊緊團結，維護「七怪」的集體榮譽，這也是他們需要綽號的原因。

第五章　訊號理論：紛亂世界的說明書

楊過為什麼要送給郭襄三件禮物 ——禮物的代價取決於私人資訊

《神鵰俠侶》中，郭襄過十六歲生日，當她聽說神鵰大俠親自為她預備了三件生日禮物時，不禁心花怒放。不過對於郭襄來說，此時對她最好的禮物就是見到楊過本人，還有什麼比立刻見到神鵰大俠更讓人高興的事情呢？

楊過究竟送什麼樣的禮物能讓郭襄開心呢？

送禮物這件事由來已久，人類原始社會就有互贈禮物的習俗。人類學家布朗尼斯勞·馬凌諾斯基（Bronisław Malinowski）於1910年對巴布亞紐幾內亞的特羅布里恩群島上的原住民進行研究，他親眼看到農民抬著大堆的甘薯和芋頭送到漁村去，然後漁民作為回報，又抬著大批的魚送到農莊。

美國著名經濟學家格里高利·曼昆（Greg Mankiw）說：贈送禮物是一種奇妙的習慣。人們通常比他人更知道自己的偏好，因此，我們可以預期每個人對現金的偏好大於實物。如果你的老闆要用商品代替你的薪資，你很可能拒絕這種支付手段。但是，當愛你的某個人做同樣的事時，你的反應會完全不同。

在歐·亨利（O. Henry）的小說《麥琪的禮物》（*The Gift of the Magi*）中，德拉把長髮賣了，買了送給吉姆的錶鏈。她把這個聖誕禮物緊緊握在手心裡，接下來發生的事情大家都知道，吉姆回到家萬分驚訝，當他從恍惚中明白過來時，緊緊抱住德拉，接著他從大衣裡掏出一個小包，原來他把自己最珍貴的錶賣了，買了為妻子長髮使用的整套梳子。

楊過為什麼要送給郭襄三件禮物──禮物的代價取決於私人資訊

毫無疑問，這是我們見過最動容、最珍貴的禮物，那麼，從經濟學的角度來說，兩人互相送給對方毫無用處的禮物，是不是一種低效率的行為？經濟學家是怎麼看待這樣的事情的？

送禮物其實就是個發送訊號的過程，所謂發送訊號是指擁有資訊的一方僅僅為了獲得信任，而披露自己私人資訊所採取的行動。

《紅樓夢》中寶玉被賈政打爛了屁股，趴在床上。他讓晴雯送給黛玉兩塊舊手帕，晴雯道：「這又奇了，她要這半新不舊的兩條絹子？她又要惱了，說你打趣她。」寶玉笑道：「你放心，她自然知道。」在這裡，寶玉透過兩塊手帕發出自己的訊號。

寶玉曾經發送了錯誤訊號，雖然他沒有送給林妹妹整箱的銀子，但是他誤以為，足夠貴重的東西可以發出自己想表達的訊號，於是他把北靜王贈送的「聖上所賜苓香念珠」送給了黛玉。

諾貝爾經濟學獎得主麥可‧史彭斯（Michael Spence）認為，掌握資訊的一方可以用缺乏資訊的一方所信任的方法傳遞訊息。在這裡，寶玉是掌握資訊的一方，他知道自己對黛玉的感情，黛玉對此卻有些不敢確認。但是寶玉用了錯誤的方法，價值昂貴的禮物並不足以傳遞自己要表達的私人資訊，贈送念珠這就像富家子弟贈送愛馬仕包包、法拉利跑車，不足以讓真正的好女孩獲得信任，於是，黛玉毫不留情地把念珠丟在地上說：「什麼臭男人用過的，我不要。」

一個人擁有愛人想知道的私人資訊，即「你真的愛我嗎？」，為她選擇一件好禮物就是一種「愛的訊號」。晴雯拿著舊手絹去了瀟湘館。這一回，寶玉發對了訊號。黛玉體會出手帕的意思，不覺神痴心醉。

如果你是個暴發戶，你送給女友的生日禮物是一大筆現金，你得意非凡，而對一個好女孩來說，這一定是一件糟糕的禮物，因為禮物傳遞

第五章　訊號理論：紛亂世界的說明書

的訊息只是「你有錢」，而不是「你愛她」。

但是當我們在讀大學時，生日收到父母的現金和匯款時，卻並不會難過，這是因為父母的愛不容置疑，因此，我們並不會把現金禮物理解成缺乏感情的訊號。

經濟學家曾讓一群大學生對他們從不同人那裡收到的禮物進行價值評估。對於女朋友或男朋友送的禮物，購買價格每一美元他們認為值一美元；父母所送的禮物購買價格一美元包含的價值，他們認為略低於一美元；來自於祖父母的禮物一美元所包含的價值最低。不過經濟學家認為這很正常，因為男（女）朋友更了解你的效用偏好，而祖父母並不了解什麼禮物能讓你開心。當然更重要的是，戀人的禮物在你眼裡顯得更珍貴。

因此，挑選一件禮物比直接給對方現金更能成為一個適當的訊號。它的代價取決於私人資訊（你有多在乎她）。

如果你是真的在乎對方，選擇一件好禮物並不難，因為你時常在想著她、了解她。如果你並不在乎對方，找到適當的禮物就較為困難，送現金代表你甚至懶得去試一試。

讓我們再來看看楊過所送的三件禮物。

第一件禮物是兩千隻蒙古兵將的耳朵。

第二件禮物是流星火炮放到天上，變成滿天花雨，組起來是「恭祝郭二姑娘多福多壽」十個大字。接著是北方遠遠傳來悶雷般的聲音，原來是楊過燒了蒙古二十萬大軍的糧草。所以第二件禮物不但能討得小女孩歡心，而且還毀了蒙古軍積存數年的火藥和大軍糧草，對襄陽乃至大宋意義重大。

楊過為什麼要送給郭襄三件禮物—禮物的代價取決於私人資訊

第三件禮物也是別出心裁。楊過洞悉了霍都的奸謀，不但將丐幫鎮幫之寶打狗棒奪回，還揭穿了霍都的真面目，排除了丐幫的重大隱患。送給郭襄的這件禮物，也不算小。

楊過的三件禮物，件件獨一無二，件件都表明他花了大力氣，花了大心思。這些禮物不但對郭襄非常有意義，而且對丐幫、對武林、對襄陽百姓，甚至對整個大宋都意義重大。因此，郭襄永生不會忘記自己十六歲時收到的生日禮物。

楊過也發送出了比黃金萬兩更昂貴的訊號，每一件禮物都在表達，他對郭襄生日的看重，這個小妹妹在他心中的地位有多高。

楊過送給郭襄如此獨特的三件禮物，這樣的訊號怎能讓一個小女孩不傾心呢？也正因為如此，郭襄一生深戀著楊過，當楊過和小龍女隱退江湖後，她還四處尋訪，最後開創了峨眉派，並且終身未嫁。因為郭襄深知，在這個世界上，再也無法遇到能送出如此昂貴並且合她心意的禮物的人，再也沒有人能代替楊過。

第五章　訊號理論：紛亂世界的說明書

韋小寶為什麼在乎「花差花差」——發送貪腐的訊號是官場賽局的一部分

在封建王朝，官員常常貪腐成性。儘管歷朝歷代都有嚴密的舉報制度，懲罰貪腐也有嚴苛的律法（例如《大明律》規定，官員貪贓枉法者，一貫錢以下，杖刑五十，每五貫錢加一等罪，八十貫處以絞刑。監守自盜者，不分首從，一貫以下，杖八十，四十貫處斬刑）。但貪汙腐敗卻仍然屢禁不止。如果我們把這種現象放到賽局理論的框架下去看，會得到一些有趣的答案。

施琅攻克鄭氏政權後，韋小寶問：「有一件大事，你預備好了沒有？」施琅道：「不知是什麼大事？」韋小寶笑道：「花差花差！」

韋小寶口中的「花差」其實是指打點行賄。他問施琅對朝中諸位大臣，每一個送了多少禮？並告誡說：「你打平臺灣，人人都道你金山銀山，一個兒獨吞，發了大財。朝裡做官的，哪一個不眼紅……你自己要做清官，可不能人人跟著你做清官啊。你越清廉，人家越容易說你壞話，說你在臺灣收買人心，意圖不軌。」

施琅先是面紅耳赤，繼而恍然大悟。韋小寶對施琅說的也的確是實話，「花差花差」對施琅這種令皇帝頗有戒備之心的大臣大有好處。

南北朝時期，梁武帝的六弟蕭宏權傾朝野。蕭宏家裡有多間常年閉鎖不開的庫房。梁武帝得到密報，說那些祕密倉庫裡面堆滿了兵器，蕭宏在等待機會起兵篡位。

有一天夜裡，一群不速之客造訪蕭宏家，為首的就是梁武帝。兩兄弟飲酒到了半醉之後，梁武帝忽然臉色一沉，說自己想看看他的庫房裡

韋小寶為什麼在乎「花差花差」——發送貪腐的訊號是官場賽局的一部分

有什麼東西，然後不等蕭宏答應，就命侍衛砸開後院的三十多間倉庫。

倉庫裡沒有兵器，卻堆滿了金銀珠寶。每十萬錢裝一個箱子，每百萬錢再貼一道黃紙，每千萬錢再貼一道紫緞⋯⋯錢多得簡直就是國庫。面對目瞪口呆的皇帝，蕭宏心一涼，心想貪腐事發，這下子徹底完蛋了。

不料梁武帝緊鎖的眉頭忽然緩和下來，淡淡地說了句：「還是六弟會打點生活啊。」然後，兩兄弟繼續喝酒，盡歡而散。

在梁武帝的故事中，從賽局理論的訊號發送機制來說，蕭宏透過自己的貪腐成功地發送了忠誠的訊號，說明自己只對錢感興趣，對權力沒有興趣。他的貪腐保護了自己。

專制社會中，官員的全部命運掌握在上司的手中，上司可以決定他的升遷乃至生死。如果你要在官場上混，讓上司相信你不會篡位或沒有政治野心是十分重要的，你如果完全忠心於他，就必須發送「可信賴」的訊號，那麼如何說明你是忠誠的呢？

如果你清正廉潔，這樣你就有好的聲譽，一旦你上位成功，那麼好聲望就會讓你有強而有力的群眾基礎。還記得《史記》為什麼有「鴻門宴」這一齣嗎？范增說劉邦「沛公居山東時，貪於財貨，好美姬。今入關，財物無所取，婦女無所幸，此其志不在小」。劉邦突然不貪財、不好色，那不就是野心勃勃嗎？

反之，當你的名聲很糟糕時，即使你想上位，也因為沒有很好的群眾基礎，很難得到大眾的支持，這樣你有野心的動機也會比較小。在這一點上蕭何就是個聰明人，他一生簡樸，為百姓所愛戴，卻在劉邦死的那一年突然低價強買百姓田地，與民爭利，這樣做的原因不是為了錢，而是為了自毀聲譽，好讓皇帝「安心」。

如果施琅清正廉潔，康熙皇帝會覺得他志向不小，懷疑他會不會透

第五章　訊號理論：紛亂世界的說明書

過這種好名聲籠絡民眾，其實另有所圖。如果他為官貪腐，那麼說明他做官的目的其實就是為了錢，沒有雄圖大志，其次，他也有貪腐受賄的把柄握在康熙手中，如果有任何企圖，隨時可以把他除掉。

當韋小寶護送公主來到雲南時，韋小寶對吳三桂道：「我想你要造反，也不過是想做皇帝。可是皇上宮殿沒你華麗，衣服沒你漂亮……」一時之間，大廳上一片寂靜，吳三桂和他那些官員聽著他不倫不類的一番說詞，內心都怦怦亂跳。

韋小寶接著道：「還是花差花差，亂花一氣的開心。你做到王爺，有錢不使，又做什麼王爺？你倘若嫌金銀太多，擔心一時花不完，我跟你幫忙使使，有何不可。」他這話一說，吳三桂頓時大喜，心頭一塊大石便落了地，心想你肯收錢，那還不容易？文武百官聽他在筵席上公然開口要錢，人人笑逐顏開，均想這小孩子畢竟容易對付。

韋小寶發出受賄的訊號，讓吳三桂大舒了一口氣，這裡，受賄就是睜一隻眼、閉一隻眼，彼此沆瀣一氣的訊號。

在封建社會中，貪腐在某種意義上，就是向上司交了投名狀（尤其當上司本人也是貪官的時候），說明你沒有政治野心，因為你成功的機會很小，同時你把關係生死的把柄放在他的手中。這種訊號無疑是可信賴的。

江湖上有時會也會透過自汙來求生存。比如《笑傲江湖》中的劉正風。他主動投靠朝廷，得到小小的參將之職，還當眾磕頭道：「微臣劉正風謝恩，我皇萬歲萬歲萬萬歲。」

當時在劉府之中的賓客都是武林中各具名望、自視甚高的人物，對官府向來不瞧在眼中，見劉正風趨炎附勢，被皇帝封一個「參將」那樣芝麻綠豆的小小武官，便感激涕零，作出各種肉麻的神態，更公然行賄，

韋小寶為什麼在乎「花差花差」──發送貪腐的訊號是官場賽局的一部分

心中都瞧不起他，有些人忍不住便露出鄙夷之色。

劉正風正是透過這種自汙、自毀聲譽，向五嶽盟主左冷禪傳遞出他對江湖的權力已經不感興趣，而真心金盆洗手、退出江湖。即便他日後反悔，想重入江湖、獲得權力，也因為這種自毀聲譽使得自己沒有號召力。

當歸二俠欲刺殺康熙時，韋小寶趕緊去報信，並把身上刀槍不入的金絲背心脫下來給皇帝穿上。康熙卻早已知道背心來歷，他說，這件金絲背心是在前明宮裡得到的，當時鰲拜立功很多，又衝鋒陷陣，身上受的傷不少，因此賜了給他。那時候派你去抄鰲拜的家，清單上可沒有這件背心。

可見康熙早就知道韋小寶在抄鰲拜家時貪汙了不少。

當韋小寶承認自己在臺灣貪了一百萬兩銀子，又向鄭克塽勒索了一百萬兩，康熙只是吃了一驚，說道：「有這麼多？」韋小寶輕輕打了自己一巴掌，罵道：「小桂子該死！」這個時候康熙的態度很值得玩味，他並沒有因為身邊有這個貪官而勃然大怒，相反地，「康熙卻笑了起來，說道：『你要錢的本事可高明得很，我一點兒也不知道。』」

對於韋小寶貪汙受賄的行為，康熙絕不會「我一點兒也不知道」，康熙眼線甚多，心思縝密，因此韋小寶受了多少賄賂，康熙大致上是掌握的，但也正是這些貪汙受賄，使得康熙認為韋小寶胸無大志，可以牢牢掌控。從某種意義上，這種「花差花差」的愛好也救了韋小寶。

穩定的王朝就是在封建官僚和黎民百姓之間合理地分配財富，既要保證黎民不被齊頸深的水淹沒，又要保證封建官僚有維持王朝統治的主動性。因此，在封建時代，打擊貪腐從來不會是統治者的重點，維持統治才是。

第五章　訊號理論：紛亂世界的說明書

第六章
情感迷思：愛恨情仇的代價

第六章　情感迷思：愛恨情仇的代價

段正淳為什麼會見一個愛一個 ——
最有利的婚姻策略是只投資一個伴侶

　　金庸的每一部小說都涉及男女情感，他筆下的情感世界參差多樣，絕無雷同。康敏和段正淳之間的感情，就是一種很特別的存在。

　　丐幫馬副幫主的夫人康敏風情萬種地對段正淳說：「誰稀罕你來向我獻殷勤了？我只是記掛你身子安好嗎？我這一顆心，又有哪一時哪一刻不在你的身邊？」

　　這情話聽起來讓人酥麻，可是接下來的事情卻有點不妙，段正淳很快就要為他的風流付出代價。他中了康敏的烈性毒藥「十香迷魂散」，內力全失，而康敏居然想置他於死地。自己得不到的，別人也別想得到。她取出一柄明晃晃的匕首，割破了段正淳胸前衣衫，將刀尖對準他心口⋯⋯

　　此刻，不知道段正淳有沒有為他往日的作為感到懊悔。

　　經濟學中沒有這麼香豔又驚悚的描寫，但是它同樣可以用來解釋兩性中的道德，比如婚姻中的忠貞和出軌。

　　美國加州大學洛杉磯分校心理學教授麥可的預設為：出軌也存在深刻的演化原因，對男人來說，出軌提供他們機會，可以把自己的基因分配給另外的性伴侶。

　　段正淳的情人可以開出長長的一張清單：秦紅棉、甘寶寶、阮星竹、王夫人李青蘿和馬夫人康敏。段正淳的夫人鎮南王妃刀白鳳正是受不了他拈花惹草、不斷出軌，於是出家做了帶髮修行的道姑。而段正淳的子

段正淳為什麼會見一個愛一個──最有利的婚姻策略是只投資一個伴侶

女名單同樣也是長長的：木婉清、鍾靈、阿朱、阿紫、王語嫣。

對女性來說，出軌可能會帶給她們交換更優秀基因、更佳資源、更高社會地位的機會。比如康敏想讓段正淳將她明媒正娶，而不是做情婦，這樣她就有機會獲得極高的社會地位（王妃）。但這種想法也很容易落空，所以當康敏明白段正淳根本沒有這個想法時，有說不出的失落。她嘆息說，你不過是又來哄我空歡喜一場。

但是出軌行為是要付出代價的，也就是經濟學所說的成本。對男人而言，要是對方那個戴了綠帽子的丈夫跑來尋仇，那可是性命攸關的大事（比如甘寶寶的丈夫鍾萬仇，恨不能把段正淳大卸八塊，段正淳要不是仗著自己武功好、護衛多，早被砍成肉泥）。

妻子逮住丈夫在外不忠，雖說不會殺了他，但是也可以施加嚴厲的情緒和社交懲戒，比如讓他喪失子女探視權、損耗財務資源、社交孤立等。妻子甚至可能和別的男人通姦作為報復，增加他以有限的資源撫養別人後代的風險。當段正淳屢屢出軌，妻子刀白鳳一氣之下和街頭的乞丐（段延慶）發生了關係，生下了段譽。段正淳最疼愛的兒子最後居然還不是自己親生的。

在《天龍八部》裡，段正淳還有額外的成本（危險），就是那些情人武功高強，都會要了他的命。比如秦紅棉要用箭射他，阮星竹要用刀砍他，王夫人甚至要將他做成花肥。

有資料顯示，在現實生活中，大部分婚內謀殺案的起因，都是出於性嫉妒，被拉去作花肥的風險並非只存在於小說中。

段正淳為何冒著這些風險頻頻出軌，這仍然有經濟學的解釋。婚戀和經濟一樣，都是要把有限的資源進行有效的分配，不然，這些資源就會派做他用。精子又小又多，無窮無盡，而卵子又大又少，極為有

第六章　情感迷思：愛恨情仇的代價

限。因此，女性比男性更需要關注分配效率問題。結果，男性互相競爭接近女性，而女性則選擇性地挑選男性。達爾文把這種現象稱為「雌雄淘汰」，也稱為「性選擇」（sexual selection），這是一種極為強大的演化力量。

和男性相比，女性在選擇伴侶的時候，更需要確定伴侶能忠於自己和子女。因為如果沒有伴侶在情感上忠誠於她和她的子女，孩子的父親就不可能分擔撫養子女的重任。她獨自撫養子女的話，他們獲得的保護和食物供給很可能不如有父親撫養的情況。一般而言，女性在生育上付出的精力要多於男性，因為女人至多每9個月才能懷孕一次，而懷孕9個月的期間，為了安胎和分娩，她需要付出大量精力。

自然界中，只有人類嬰兒出生後，需要一年以上才能學會走路，而小羚羊在出生後不到兩天就能站起來走路，初生的小馬駒更是不到半天就能邁出第一步。正是因為人類養育後代是漫長而複雜的過程，需要雙親共同撫養，從經濟學的角度來說，女性會更看重伴侶的可信承諾，因為這種承諾正是父母付出巨大努力共同撫育後代的前提，如果遇到一個生下孩子就拍拍屁股走人的父親，母子的生存都可能遇到問題。

雖然男女具有區別，但是這並不代表段正淳這樣的出軌是可以原諒的（儘管他對每個情人看起來並不是虛情假意）。

我們具有一種演化而來的是非感，這就是道德感覺和道德情緒。當我們心理感覺在作「惡」時，我們會體驗到諸如愧疚和羞恥的負面情緒。「忠貞」這個概念並不是從天上掉下來的，也不是哪個道德家拍拍腦袋想到的，它同樣是人類演化的產物。

對男性而言，最有利的婚姻策略是在一個伴侶身上投資，確保後代的品質，而不是冒險濫交。同時，忠誠的婚姻避免了冒險、競爭甚至是

暴力行為，增加了生存機率，並且對孩子的成長也更有利。

在美國，家長為親生子女支付大學學費的情況要比繼子女多 5.5 倍；和繼父母一起生活的孩子受到體罰的可能性比和親生父母生活的孩子多出 40 倍；親生子女和繼子女都在一起生活的家庭，繼子女受虐待的機會比生活在同一屋簷下的親生子女高出 9 倍……因此，夫妻雙方對婚姻的忠誠才是對子女最好的呵護。

從「美德經濟學」的角度來說，我們要考慮的是自己的選擇帶來的經濟後果，因此在婚姻經濟制度下，最好的選擇是保持對伴侶的忠貞，而不是成為段正淳這樣的人。

第六章　情感迷思：愛恨情仇的代價

游坦之對阿紫到底是一種怎樣的感情──情感機制會配合認知機制來調節受辱感

　　游坦之是《天龍八部》中非常特殊和極端的一個人物，其特殊之處在於他深深愛上不停虐待和折磨他的阿紫，極端之處是他為了阿紫肯做任何事情，甚至是挖了自己的眼睛。

　　游坦之對阿紫保持著一種奇特的感情，書中描寫到，當游坦之第一次見到阿紫時，他就牢牢盯住了阿紫的雙腳。「她一雙雪白晶瑩的小腳，當真是如玉之潤，如緞之柔，一顆心登時猛烈地跳了起來。」

　　不過阿紫心裡想的卻是想個什麼新鮮辦法來折磨他才好玩。於是她一下子拉著繩索，把游坦之當作了「人鳶」，一下子又將游坦之套上了鐵頭讓獅子咬。死裡逃生的游坦之居然還被要求餵毒蟲之王冰蠶。

　　游坦之無論付出多少，哪怕是性命，卻得不到阿紫一絲同情和憐憫。當阿紫見游坦之渾身冰冷僵硬，便以為他死了，這並沒有引起阿紫的同情，反而覺得好笑，於是命人將游坦之拖出去葬了。

　　與之截然相反的是，不管阿紫怎麼虐待他，游坦之對阿紫卻一往情深。

　　這種奇怪的感情究竟是怎麼產生的？

　　心理學上把這種行為和心理稱為「斯德哥爾摩症候群」（Stockholm syndrome）。

　　1973 年 8 月，瑞典首都斯德哥爾摩發生一起兩名匪徒搶劫銀行並綁架人質的事件。4 名被劫持 6 天的銀行職員竟對綁匪產生同情心，獲救

後抗拒警察,在法庭上拒絕指控綁匪,還湊錢幫其打官司。從犯克拉克‧奧洛夫松(Clark Olofsson)逃脫了法律制裁,跟當時的人質之一克里斯汀‧恩馬克(Kristin Enmark)成為好朋友,兩家人經常來往……

此後,瑞典犯罪學家、精神病學家尼爾斯‧貝耶洛特(Nils Bejerot)提出「斯德哥爾摩症候群」一說,描述這種矛盾的心理現象:儘管綁匪對人質並不好,嚴重侵犯其人身自由權,完全控制食物、水、住宿等生活所需,打罵有加甚至威脅撕票,但人質卻同情綁匪,其內心意願似乎跟自身利益截然相反。

演化心理學認為,「斯德哥爾摩症候群」是人類歷史早期出現的行為現象。在早期的狩獵採集社會中,各個部落相互之間要爭奪有限的食物資源,這往往會引發部落衝突。在此情況下,男性經常劫持敵對部落的女性成員,在物競天擇的原則下,能成功融入新部落的女性更占優勢,她們能倖存下來,甚至為劫持者繁衍後代。無法在情感上認同劫持者的女性往往未能倖免,即便自己免於一死,也大多沒有生育後代。

行為經濟學家認為,「斯德哥爾摩症候群」只是另一種常見心理狀態的極端表現。這種心理狀態更加普遍,所有人都或多或少地受其所累。以色列行為經濟學家艾雅爾‧溫特(Eyal Winter)描述了這種更為常見的心理狀態:在與權勢人物的相處中,我們往往會對其產生正面情感,即便可能被這些權勢高於自己的人加害,受到對方的不公對待,人們也往往會頑固不化地保持這種正面情感。

當改變境遇的機會越渺茫,我們就越有可能對權勢人物表達正面情感,而將自己受到的不公對待歸咎於自己。這方面例子不勝枚舉:婦女遭到家暴,卻拒絕離開有施虐傾向的丈夫,甚至認為是自己沒有伺候好丈夫;老闆劣跡斑斑,卻莫名得到員工的諒解;獨裁者大權獨攬,專橫

第六章　情感迷思：愛恨情仇的代價

跋扈，臣民卻奉若神靈。

游坦之被阿紫的美貌吸引而愛上她，這只是一個表面現象，更深的原因就是溫特教授所說的這種心理狀態。游坦之只是一個俘虜，生死握在別人的手中。而阿紫是南院大王的妹妹，身分懸殊，她可以隨意決定游坦之的生死。游坦之無法改變自己被虐待的地位，於是轉而變成享受這種虐待。越是遭受無法承受的虐待，心理越是容易強化愛上施虐人的情感。

這種錯亂的情感和認知是怎麼形成的？

艾雅爾·溫特解釋道：在很多情況下，權力分配對我們極為不利，情感機制就會與認知機制互相配合，調節受辱感與憤怒感，這是理性的情感行為適當發揮作用，增加我們的生存機率。然而在極端情況下，這種行為模式也會放大我們的感激之情，我們會因此過於看重此類恩惠，毫無來由地相信權勢人物擁有仁慈正派的特質。

游坦之同樣放大了阿紫的「恩惠」。阿紫曾經對游坦之說，自己為他戴上這個鐵罩，其實是救了他的性命。蕭峰大王要將他砍成肉醬，自己是為了救他，因此才做了這個鐵罩把他藏了起來。

這個破綻百出的解釋卻讓游坦之「恍然大悟」：「啊，原來姑娘鑄了這個鐵面給我戴，是為我好，救了我的性命。我好生感激。」所以即便當阿紫鞭打游坦之時，游坦之卻說：「小人心想姑娘待我這般恩德如山，小人心裡感激，什麼話也說不出來，只想將來不知如何報答姑娘才是。」

游坦之最後竟然挖出自己的眼睛給了阿紫⋯⋯

在職場上，雖然不至於被人挖了眼睛、戴上鐵頭罩，但某些時刻我們也會成為某種程度的游坦之。

很多員工長期受僱的後果便是得了「斯德哥爾摩症候群」：即使老

闆對員工不好,包括濫施語言暴力、要求長時間加班、無視其身心健康等,但一些員工無視現實遭遇,依舊對老闆懷有極高的忠誠度,在情感上對公司產生依賴。他們會自欺欺人地說,較低的待遇對公司整體來說是必要的。當有外人為他們打抱不平時,他們反而義憤填膺地為老闆辯護。

2014年美國一項調查顯示,72%的員工曾經目睹同事受欺負,27%的員工自己曾經遭受欺負,其中主要是被老闆欺負,但是七成的受訪者不把這當一回事,甚至還認為這是合理、值得提倡的,他們顯然患了某種程度的「斯德哥爾摩症候群」。

這樣的公司往往還會用所謂的「公司文化」,來縱容甚至鼓勵員工排擠和欺負其他所謂「不努力」、「不配合」的員工,他們給予員工很低的薪資、甚至是拖欠不發,卻號稱「和企業共患難」,不斷畫各種大餅,給員工永遠兌現不了的承諾。這種「公司文化」還被視為重要的管理手段,旨在培養忠誠度,而並不在乎員工是否幸福。

在一些「血汗工廠」,各種規矩往往到了苛刻的地步 —— 不准睡覺、不准聊天、不准笑、不准走動;每個月加班時間超過100小時,上廁所不但要申請,還有次數限制,只有拿到通行證以後,有人來頂替你的工作,你才能離開去上廁所⋯⋯

「血汗工廠」偶爾也會給員工一些優待、津貼,或者口頭表揚,但是這些微不足道的待遇,常常使得員工對老闆充滿感激和信任,把老闆看得太重要,而忘記了每天的殘酷壓迫。艾雅爾·溫特曾舉了一個最平常的例子:在公司開會的時候,老闆講的笑話會讓大家開懷大笑,而同樣的笑話在普通同事口中講出來,就沒有那麼好笑了。

在這種情感機制的調節下,老闆和員工會「其樂融融」,但融洽的關

第六章　情感迷思：愛恨情仇的代價

係只是幻象，當員工提出升遷、加薪或其他合理的要求時，就要重新面臨殘酷的現實。

　　因此，我們所講的不單是游坦之和阿紫的故事。大人物作了惡，卻用一點小恩小惠讓人感激和記掛。這種情感在特定的時間內或許是理性的，有助於我們在最困難的環境下存活下來，但長期來看，這其實助長了惡的滋生。尤其當我們保持一定的距離觀察時，才發現這種情感荒謬無比。

不允許楊過和小龍女師徒結合有道理嗎
——評估情感的傷害要從長遠的角度來看

英雄大會上，郭靖當著群豪的面想把女兒郭芙許配給楊過，不料小龍女說：「我自己要做過兒的妻子，他不會娶你女兒的。」

這時的郭靖不敢相信自己的耳朵，但是他看到小龍女拉著楊過的手，神情親密，又不由得不信。他懷著巨大的疑惑問：「他……他是你的徒……徒兒，卻難道不是嗎？」同時他告誡楊過：「過兒，你可要立定腳跟，好好做人，別鬧得身敗名裂。」

楊過對此卻大惑不解：「我做了什麼事礙著你們了？我又害了誰啦？姑姑教過我武功，可是我偏要她做我妻子。你們斬我一千刀、一萬刀，我還是要她做妻子。」

那麼楊過娶小龍女又礙著誰了？他到底該不該娶小龍女？這可是個經濟學問題。

楊過和小龍女情深似海，兩人愛對方都勝過自己的性命。如果不讓他們結合，那麼對兩人的傷害無疑是巨大的。

但同時，事情並不是像楊過說的「我做了什麼事礙著你們了……」。

即便是楊、龍二人回到古墓清修，但只要事實存在，師徒結合這件事就會對群雄產生「負外部性」。也就是說，這的確會讓別人受到情感上的損失。

所謂「外部性」是指一個人的行為對旁觀者福利的無補償的影響。當一個人從事一種影響旁觀者福利的活動，而對這種影響既不付報酬又得

175

第六章　情感迷思：愛恨情仇的代價

不到補償時，就產生了外部性。如果對旁觀者的影響是不利的，我們就稱它為「負外部性」，比如把戴奧辛排入環境中就是負外部性。

宋人最重禮法，師徒間尊卑倫常，看得與君臣、父子一般重要，萬萬逆亂不得。「這番話當真是語驚四座，駭人聽聞。郭靖一生最是敬重師父，只聽得氣向上衝⋯⋯」更有譏諷挖苦的，比如武修文就笑道：「我知道為什麼。他二人師不師、徒不徒，狗男女作一房睡。」也就是說，在那個時代，楊、龍二人的行為會為別人的情感帶來負面的影響。

現在我們用諾貝爾經濟學獎得主羅納德・寇斯（Ronald Coase）的理論去考慮這個問題。

我們知道，寇斯永遠都不是任何思想意識的盲從者，他如果在那個英雄大會上，絕對不會像趙志敬這樣做出道德判斷：「楊過，你欺師滅祖，已是不齒於人，今日再做這等禽獸之事，怎有面目立於天地之間？」也不會認同像楊過所說：「我和姑姑清清白白，天日可表。我敬她愛她，難道這就錯了？」他的理論系統完全根植於嚴格意義上的現實要素。

寇斯認為，很多問題之所以成為死結，是因為有的人把自己定位為「受害者」，把其他人定位為「肇事者」，但是其實很多事情都是相互性事件。寇斯會把解決外部性的責任交給成本相對較低的一方。

比如常見的廣場舞噪音汙染問題，按照寇斯的理論就是大家在空間位置上的相鄰以及各自活動的特殊性，才出現了這個大家必須解決的相互性問題。按照寇斯的理論，噪音問題其實是可以討價還價的，一般而言，停止跳舞的成本會比較低（只需換個地方或者戴上耳機），而附近的居民卻不容易搬遷他們的住所，因此參與廣場舞的人應該成為主動停止跳舞或者降低音量的一方。

不允許楊過和小龍女師徒結合有道理嗎—評估情感的傷害要從長遠的角度來看

假設有一個「江湖道德仲裁委員會」，用虛擬的方法來量化雙方的損失：楊、龍二人不能結婚受到的損失是 20 萬兩白銀；而每個武林人士聽到這個震驚的消息情感損失總計為 15 萬兩白銀。那麼，經濟學家很自然，要站在楊過和小龍女這邊。

但這個問題有趣的關鍵在於，如果楊過和小龍女不能結合的損失小於天下群雄的情感損失總和，那麼制止二人婚姻是否就是合理的呢？

答案是同樣不應該制止。

那麼是寇斯的理論錯了嗎？

當然不是。美國經濟學家羅伯特・弗蘭克（Robert H. Frank）說，我們用這種理論分析問題忽略了一個重要的事實：隨著時間的推移，人們會以完全不同的方式對待「現實中的傷害」和「想像中的傷害」。

楊過和小龍女不能結合是「現實中的傷害」，雙方會隨著時間的推移越來越痛苦，而群豪們「想像中的傷害」則隨著生活環境的變化而越來越淡。

因此，評價兩者的損失，不僅需要評估各方在此時此地自稱感到的損失，還需要評價他們規避這些損失，或是隨著時間推移適應這些損失的能力。

比如 20 世紀中葉，美國南方各州種族隔離的情形甚至比 19 世紀末期更為惡化。1958 年，黑人克雷農・金恩（Clennon King）申請進入密西西比大學就讀，竟被強迫關進精神病院就醫。當時法官認為，這個黑人一定是瘋了，才覺得自己能進得了密西西比大學。

對於當時的美國南方人（包括許多北方人）來說，想到黑人男性居然可能和白人女性有性行為甚至結婚，就會覺得這實在是萬萬難以接受的

第六章　情感迷思：愛恨情仇的代價

事。跨種族的性行為是所有禁忌之首，一旦做出這種行為甚至只是涉嫌想要有這種行為，不用經過什麼審判，就會立刻遭到私刑處置。當時出現的白人至上主義的祕密社團「三K黨」，就曾犯下多起相關殺人事件。

1967年以前，美國有很多州明令禁止不同種族通婚，異族通婚就像龍、楊師徒通婚一樣，是極其罕見的。在那個時代，絕大多數白人看到不同種族的男女手牽手，就感到受到侮辱而怒不可遏。不難推斷，就當時而言，擁有整體最優結果的選擇就是禁止不同種族男女並肩攜手，更不要說不同種族通婚了。

然而很顯然，這個最優選擇是站不住腳的。到了1967年，美國最高法院投票以9比0的壓倒性優勢裁定這些法律違憲，從此以後，人們就開始接受不同膚色人種之間互相通婚。也就是說，人們對這種現象的態度發生了重大轉變。

因此，評價雙方的損失要從更長遠的時間來考慮。

長遠來說，是不是真豪傑看的並不是守不守所謂的禮教，而是所作所為稱不稱得上頂天立地。十六年後，楊過和小龍女在襄陽城大戰蒙古兵，擊斃大汗蒙哥而名震江湖，即便像郭靖這樣最守禮教的豪俠也深深贊同他們的結合。

更何況天下英雄也並非人人這麼迂腐。楊過道：「師徒不許結為夫妻，卻是誰定下的規矩？我偏要她既做我師父，又做我妻子。」黃藥師鼓掌笑道：「好啊！你這麼想，可又比我高出一籌。」

光明頂一戰為何讓明教空前團結
——互相連結的心理狀態會激發集體情感

「夫人必自侮,然後人侮之;家必自毀,而後人毀之;國必自伐,而後人伐之」,孟子的這段話說的似乎就是明教的故事。

《倚天屠龍記》中,明教群龍無首,四分五裂。明教之所以分裂,有很多原因,最主要的原因是沒有有力的核心人物,正如韋一笑所說:「聖火令失落已近百年,難道聖火令不出,明教便一日沒有教主?六大門派所以膽敢圍攻光明頂,沒將本教瞧在眼裡,還不是因為知道本教乏人統屬、內部四分五裂之故。」

然而當六大門派圍攻光明頂的時候,卻意外地使得本已分裂的明教牢牢地團結在一起。用明教教徒說不得的話來描述就是:「今教大難當頭,我們倘若袖手不顧,死後見不得明尊和陽教主。」

為什麼外敵當前,明教內部能夠互棄前嫌,一致對外呢?

當遇到地震、海嘯、颶風等自然災害的時候,人們會自然而然團結在一起,眾志成城,不計較個人利益,互相之間變得慷慨,甚至犧牲自己的生命去救一個完全陌生的人。這種集體情感不僅限於人類,甚至在很多動物身上也能看到。例如當地松鼠(主要分布在非洲乾旱地帶)看到捕食者逼近時,他們會為了救自己的同伴而冒著生命危險,上下揮舞尾巴並發出大聲的警告,即便這樣做自己會成為捕食者的獵物。

以色列行為經濟學家艾雅爾·溫特說,人類協調情感並將其轉化為強大力量的能力顯然有著久遠的演化淵源,凡是未能融入集體的人,無

第六章　情感迷思：愛恨情仇的代價

論是自願還是遭到驅逐，其生存機率都遠遠低於忠於集體的人。

缺乏團結意識或不願意幫助他人的個體會被排擠出群體之外，從而付出沉重的個人代價，在早期的人類狩獵採集社會中，這一項代價就相當於必死無疑。成功的狩獵行動需要一群狩獵者密切配合，在狩獵採集社會，狩獵過程中拒絕合作或者拒絕和他人分享的人會很快就因為飢餓死去，繁衍後代的機會渺茫，因此此類特徵會逐漸絕跡。在道德上不重視互助的個體會先於群體滅絕。

1995 年，三名美國經濟學研究者為研究人們對他人寄予的信任度與信譽度做出的回饋，提出一種適用於實驗室研究的簡單賽局，即「信任賽局」（trust game）。

信任賽局參與者被分成 A、B 兩組。所有人被告知他們的帳戶上均有象徵性的 10 美元。隨後，研究者向 A 組參與者發出提示，詢問他們是否願意將 10 美元的一部分或全部轉帳給隨機挑選出的 B 組的一位匿名成員。規則為無論 A 組成員轉帳多少，這筆錢到 B 組成員帳戶後都會變為原價值的三倍。

研究者會詢問每位 B 組成員是否願意將價值變為原先三倍的獎金回贈一部分給對應的 A 組成員。實驗研究的問題是：A 組成員是否信任 B 組成員會做出回報，因為這是在匿名條件下進行的，因此，沒有人會知道某位 B 組成員是否留下了錢。

研究者後來把這個信任賽局實驗稍微改變一下，受試者依照顏色（藍、綠兩色）分為兩組，儘管顏色分組與賽局本身毫無關係，但實驗發現，人們對同顏色組成員的慷慨程度要高於不同顏色組的成員。因此，創造並維護團體凝聚力的機制從根本上說，就是誘發集體情感的情感機制。

光明頂一戰為何讓明教空前團結—互相連結的心理狀態會激發集體情感

僅僅處於同一顏色的組就使人們產生了集體情感，更不要說是明教這樣同生共死過的弟兄了。

當六大門派圍攻明教聖地光明頂，並欲一舉剷除明教時，明教的教眾集體情感迸發了出來。楊逍說，今日外敵相犯，自己無暇和各位作此口舌之爭，各位若是對明教存亡甘願袖手旁觀，便請下光明頂去。彭和尚回答道，六大派圍攻明教，凡是本教弟子，人人護教有責，又不是你一個人之事。

這種集體情感將同一身分人的心理狀態連結起來，互相連結的心理狀態可以變為擊敗敵對群體的欲望。正因為如此，即便個人的獲勝所得微不足道，且似乎不足以成為合作的理由，但互相連結的心理狀態也會促成大量團隊合作的形成。

歸屬於群體的演化優勢顯而易見，作為群體的一員，個人面臨危險因素和敵人威脅時，安全更有保障，享有的生存資源也更多。

信任賽局的顏色分組實驗所展現出來的合作程度讓人驚嘆，同組之間的合作程度遠高於不分組的合作程度。即便合作者帶來的個人所得並沒有增加，參與者也想擊敗另一組。合作正是源自於這種欲望。

有一個故事是關於行為經濟學創始人康納曼和特沃斯基的。

1973年，康納曼和他的合作搭檔阿摩司・特沃斯基正在美國做研究，這一年的10月6日，康納曼聽到一個令人震驚的消息，埃及和敘利亞組成的聯軍，憑藉著來自其他國家的援助，向以色列發起進攻。以色列對此毫無察覺，頓時被打得措手不及⋯⋯

聽到以色列軍隊全線潰敗的消息，康納曼和特沃斯基火速趕到機場，搭乘最早的一班飛機前往以色列。這時每一架飛往以色列班機上搭載的是身在海外的飛行員和作戰單位指揮官，或是普通的以色列人，但

第六章　情感迷思：愛恨情仇的代價

他們同樣都是趕回去為國效力的。

當時的埃及官方宣稱，要擊落所有降落在以色列的商用飛機。然而每一個有作戰能力的以色列人，卻都毫不猶豫地投身戰鬥。

來到以色列，康納曼和特沃斯基這兩位前一天還在課堂上講課的教授，此刻換上了軍裝，背著槍、駕著吉普車，駛向了戰場，那裡到處是敵人的坦克，最危險的是遍布四野的地雷⋯⋯不管是平民還是知名教授，在國家需要的時候都能夠扛起槍、成為戰士，這個故事讓我們理解以色列這個國家強大的凝聚力。

當明教眾人面對六大門派圍攻時，教眾放下紛爭，同仇敵愾的集體情緒便自然產生。每個明教教徒都願意和教友患難與共，甚至願意冒生命危險救同伴性命，願意和明教共存亡。比如當殷梨亭殺了數名明教教眾時，他自覺勝之不武，對明教的人說，只要你們拋下兵刃投降，就可饒你們不死。誰知明教的兄弟反而哈哈笑道，你把我明教教眾也瞧得忒小了。

與此同時，他們又對共同敵人恨之入骨。這種集體情感既影響著團體成員之間的情感，也影響著他們對外部成員的感受。這讓群體內部上下一心，為群體而戰，抵擋和消滅共同的敵人。如果一個團體中存在這種強烈的集體情感，那麼它的生存機率就會高過其他群體的生存機率。

西元 1415 年，亨利五世（Henry V）帶領孤軍深入法國腹地，最後他的軍隊被法軍逼迫到一個沒有防衛的要塞。在戰役開始之前，據說國王做了這樣的演說：「誰沒有心思打這一仗，就讓他離隊好了。我們發給他通行證，還讓他帶上銀元作盤纏，既然他不願和我們一起以身報國，我們也不願和他死在一起。」

亨利五世接著說道：「上了年紀的人記性差，但是哪怕什麼都忘了，他也會如數家珍回憶自己闖下的業績⋯⋯我們這一班生死與共的兄弟，

光明頂一戰為何讓明教空前團結—互相連結的心理狀態會激發集體情感

凡是今天和我一道血灑戰場的人,都將是我的兄弟。不管他地位如何卑下低微……此刻熟睡的紳士,有朝一日會埋怨自己時運不濟,沒能來到這裡……」(見威廉·莎士比亞《亨利五世》)(William Shakespeare, *Henry V*)

在這裡,亨利五世所用的策略就是激發士兵的集體情感,用這種情感激勵士兵和將領奮不顧身地殊死一搏,而後亨利五世大敗法國,很顯然,這種策略發揮了作用。

明教教主陽頂天失蹤後,明教陷入群龍無首的局面。明教高層為了爭奪明教的控制權相互爭鬥,白眉鷹王殷天正無法忍受這種混亂的狀況,又不想攪進這一攤渾水之中,憤而出教,自立教門「天鷹教」。

然而一旦明教有難,殷天正又奮不顧身帶領部下馳援光明頂。事實上,當人們即便已經退出了自己所認同的群體,但對以前的群體所懷有的情感往往仍然會留存在心頭。這是因為群體及構成群體的個人所形成的集體理性情感如果是無條件且經久不變的,將大幅增強其團體生存優勢。

集體情感在群體層面是理性的,以群體為單位,其各個成員若能擁有集體情感,整個團體會取得更好的生存條件。當楊逍被圓真(成昆)偷襲制伏後,後悔不已,他終於也悟出了這個道理:明教經營總壇光明頂已數百年,憑藉危崖天險,實有金城湯池之固,豈知禍起於內,猝不及防,竟至一敗塗地。這時他才真正明白《論語》中孔子的幾句話:「邦分崩離析,而不能守也;而謀動干戈於邦內。吾恐季孫之憂,不在顓臾,而在蕭牆之內也。」

第六章　情感迷思：愛恨情仇的代價

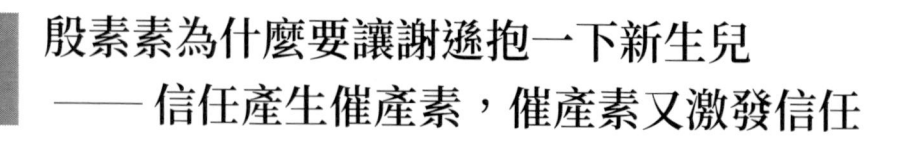

殷素素為什麼要讓謝遜抱一下新生兒
——信任產生催產素，催產素又激發信任

　　在《倚天屠龍記》中，謝遜、張翠山和殷素素三人漂流到了冰火島。謝遜因為練了七傷拳，時常心智錯亂，甚為恐怖，殷素素被迫用銀針灸瞎了謝遜的雙眼，使他變成了瞎子。

　　當殷素素在洞中生產時，謝遜再次狂性大發，張翠山和殷素素眼看就要死在謝遜手上，只聽見新生嬰兒不停地大聲哭嚷，突然之間，謝遜的良知被激發，頭腦清醒過來。殷素素看見謝遜的神情，冒險問道：「你要抱抱這個孩子嗎？」

　　為什麼殷素素堅持讓謝遜抱一下自己剛出生的嬰兒，而這一抱之間又發生了什麼？

　　保羅·扎克（Paul J. Zak）是美國克雷蒙特大學經濟心理學和管理學教授，也是該大學神經經濟學研究中心的創始人。他說：人有善惡兩面……是什麼特定的因素決定了我們在什麼時候表現出人性的哪一面呢？何時我們應當信任別人，而何時我們仍然需要小心謹慎呢？何時我們應該無私奉獻，而何時我們又該駐足觀望呢？答案就在於催產素。

　　催產素是一種小分子，或者叫「肽」，它既是在大腦內部傳遞訊息的神經傳導物質，又是在血液中攜帶訊息的激素。1906 年，亨利·哈利特·戴爾（Henry Hallett Dale）爵士首先確認它存在於腦垂體中，因其控制著產婦陣痛的頻率和產後的哺乳量，所以被稱為「催產素」。其實不僅是女性，男性體內同樣會釋放催產素。

殷素素為什麼要讓謝遜抱一下新生兒—信任產生催產素，催產素又激發信任

研究發現，當某人接收到來自他人信任的訊號，催產素就會激增，人們就會表現出人性善的一面，慷慨、樂於合作和關愛他人。

當殷素素把自己剛出生的嬰兒交到謝遜手裡，是冒著極大風險的，因為謝遜幾分鐘前還想殺了她和她丈夫，並且他的狂性隨時可能會發作。但是這麼做也傳遞了一個強而有力的訊號，就是殷素素對謝遜的信任，她把比夫婦二人性命更寶貴的東西交給了謝遜。

因為對方的高度信任，謝遜的大腦會大量分泌催產素，這個時候他表現出的是親切而富有人性的那一面。

謝遜伸出雙手，將孩子抱在臂中，不由得喜極而泣，雙臂發顫，說道：「妳……妳快抱回去，我這模樣別嚇壞了他。」其實初生的嬰兒哪懂得什麼，但他這般說，顯然是愛極了這個孩子。殷素素微笑道：「只要你喜歡，便多抱一會，將來孩子大了，你帶著他到處玩兒吧。」剛剛還狂性大發的金毛獅王，這時已經變成文質彬彬的儒雅君子。

保羅‧扎克同樣透過「信任賽局」實驗來研究催產素。假設張三（贈送者）和你（回饋者）一起參加這個實驗，每人獲得10塊錢，這時張三從他的10元中拿出3元給你，那麼這3元依照實驗規則就會增值3倍，也就是9元。這時你有19元，而張三只有7元，那麼你該如何回報張三？你可以拍拍屁股拿著19元走人，因為實驗是匿名的，對方並不知道你是誰，但你也可以拿出一部分回報給這個你不知道的合作者。

保羅‧扎克所做的就是檢測這個過程中實驗者的催產素數值。實驗的結果是，一個人的催產素與他們對信任訊號產生回應、並回饋金錢的意願直接相關，而且是顯著相關。

如果被贈送者A方信任，回饋者B方的催產素就會激增。當這個實驗重複多次時，贈送金錢數額的多少和饋贈者的反應程度之間是直接相

第六章　情感迷思：愛恨情仇的代價

關的，而且是正相關。A方送出的錢越多，B方的催產素越高；B方的催產素越高，則回饋給A方的錢也越多。

人們還在動物身上做了若干催產素的實驗，當動物被注入催產素時，牠們的行為會發生奇妙的變化。比如鼴鼠、田鼠和土撥鼠這些領域感很強的動物，牠們會變得容忍自己的領域有其他同類的存在，有的鼠媽媽甚至開始哺育並非自己所生的後代。

在殷素素把新生兒交到謝遜手中時，她和丈夫還做了另一件明智的事情：

殷素素和丈夫張翠山商量後，決定讓孩子認謝遜為義父。張翠山道：「謝前輩，你收這孩兒作為義子，我們叫他改宗姓謝。」謝遜臉上閃過一絲喜悅之色，說道：「你肯讓他姓謝？我那個死去的孩子，名叫謝無忌。」張翠山道：「如果你喜歡，那麼，我們這孩兒便叫做謝無忌。」

這個時候的新生兒，並不是一個和謝遜無關的嬰兒，而是他的義子，更有著自己親生兒子的名字。

而保羅・扎克則發現，催產素容易受到人際關係遠近的影響。他在一場婚禮上檢測了新人父母、親戚和來賓的催產素變化（別人結婚他在抽血，因此保羅自嘲為「婚禮上的吸血鬼」），新娘的母親上升了24%，新郎的父親上升了19%……前來觀禮的親戚朋友，隨著血緣和關係的遠近依次下降。

當認了嬰兒為義子後，謝遜和孩子之間的關係大幅拉近了，於是他體內產生的催產素也大幅增加，更加愛護這個嬰兒。

這裡還有一個細節：「謝遜伸出雙手，將孩子抱在臂中，不由得喜極而泣，雙臂發顫。」這也和保羅・扎克的實驗結果不謀而合。他發現，觸碰和擁抱也能增加人們的催產素。

殷素素為什麼要讓謝遜抱一下新生兒—信任產生催產素，催產素又激發信任

保羅‧扎克的研究團隊每次讓 8 至 12 名實驗對象參與實驗，抽取他們的血液，為他們按摩 15 分鐘，然後讓他們玩信任賽局，之後再次抽取他們的血液。在控制組裡，除了讓這些人安靜地休息 15 分鐘，而不是接受按摩之外，其他所有流程都跟按摩組一樣。

實驗的結果是，按摩組的催產素數值上升了 9 個百分點，按摩組的 A 方基於信任贈送了額外的錢，而按摩組的 B 方得到了 A 方信任後，更加慷慨地回報 A 方，他們回饋 A 方金錢的意願上升了 243%。

事實證明，充滿溫情的身體接觸，再加上彼此間存在的某種社會連繫，將同時成為一種增進慷慨、有益於社會的方式。

催產素會讓我們大多數人都表現出善良的一面。催產素引發了促使道德行為發生的同理心（empathy），激發人們的信任感，繼而促進更多催產素的釋放，並產生更多的同理心。這就是被我們稱為良性循環的行為回饋迴路。

當謝遜把柔弱的新生兒抱在手中，他的心理發生了巨大的變化，從此，他把殷素素一家當作自己的親人，對這個孩子更是格外疼愛。

第六章　情感迷思：愛恨情仇的代價

第七章
行為賽局：鉤心鬥角的最佳選擇

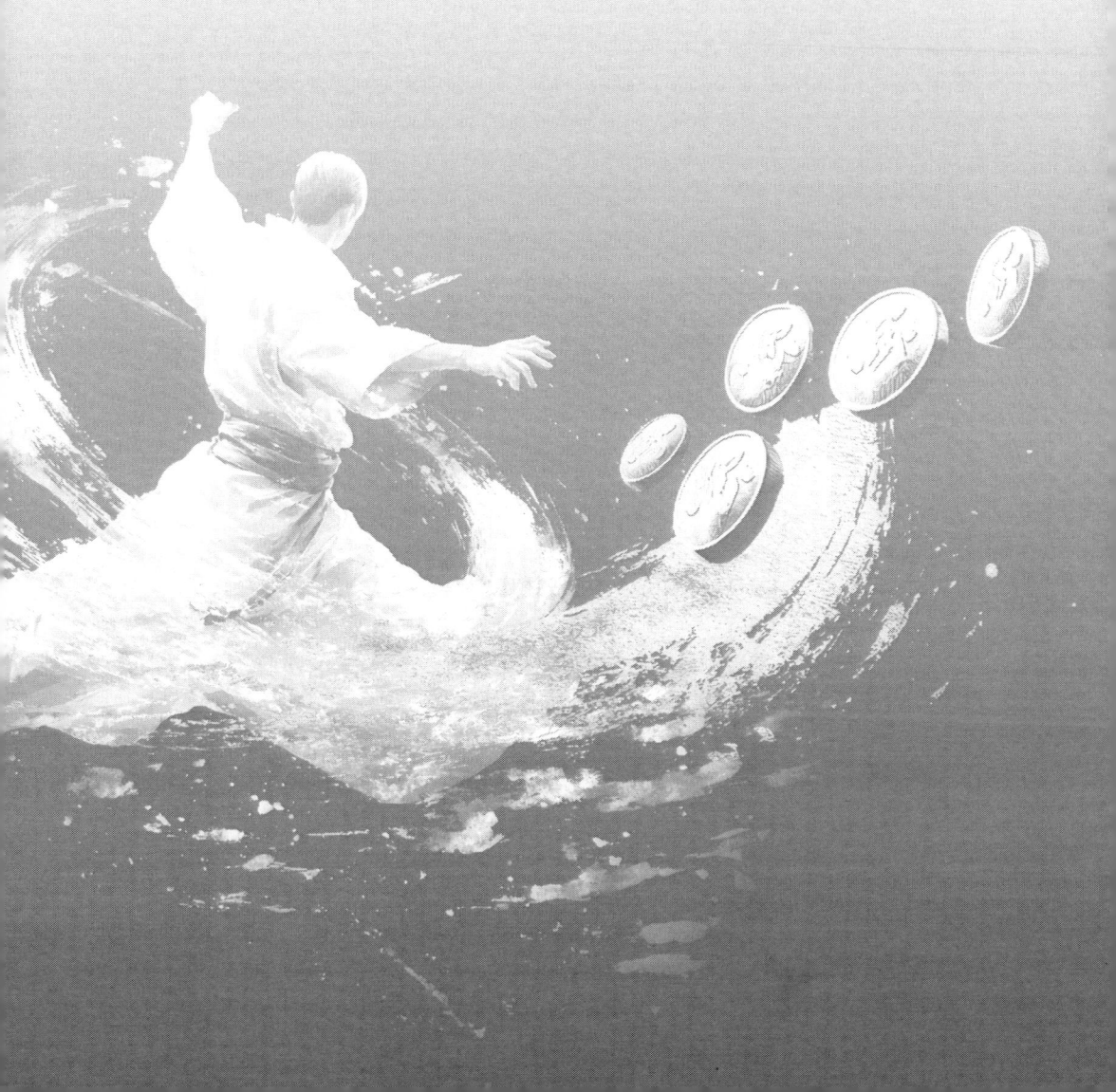

第七章　行為賽局：鉤心鬥角的最佳選擇

空見神僧為何打不還手
——賽局中真正的贏家不再懲罰他人

《倚天屠龍記》中，空見是少林派「空」字輩弟子，位居四大神僧「見聞智性」之首，武功深不可測。明教四大護教法王之一的金毛獅王謝遜為了找到其師父成昆報滅門之仇，而大開殺戒，空見得知此事後，極力勸阻謝遜不要再亂開殺戒，過去之事大家一筆勾銷算了。謝遜卻提出，除非空見能用身體抵擋自己十三拳。

以空見大師的功力，對付謝遜綽綽有餘，但是他卻不願意動手，甚至願意以身飼鷹，犧牲自己以化解武林恩怨。

少林高僧以德報怨、化敵為友的例子有很多，在《笑傲江湖》中，少林方證大師將所謂「華山內功心法」傳給令狐冲，後來令狐冲才知道，方證大師為了救他，傳給他的居然是少林寺的神功「易筋經」。另外方證大師在少林寺那場三比三的打鬥中更是放走了任我行、任盈盈、向問天和令狐冲四人。這一方面是方證大師言而有信，另一方面也是他慈悲為懷，不對魔教的人趕盡殺絕，相信冤冤相報何時了。

少林高僧這種心胸開闊、以德報怨的行為，從賽局理論的角度來看是否有意義呢？

1980年代初，密西根大學政治學家羅伯特·阿克塞爾羅（Robert Axelrod）邀請了世界各地的賽局理論學者以電腦程式形式提交他們的囚徒困境賽局策略。這些程式兩兩成對，反覆進行150次囚徒困境賽局。參賽者按照最後總得分排定名次。

空見神僧為何打不還手——賽局中真正的贏家不再懲罰他人

最後的冠軍得主是多倫多大學的數學教授阿納托‧拉普伯特（Anatol Rapoport）。他的取勝策略就是「以牙還牙」。阿克塞爾羅對此感到很驚奇。他又舉辦了一次比賽，這次有更多的學者參賽。拉普伯特再次提出以牙還牙策略，並再次贏得了比賽。

所謂「以牙還牙」就是人家怎麼對你，你也怎麼對他。說得更準確一點，這個策略在開局時選擇合作，以後則模仿對手在上一期的行動。

阿克塞爾羅認為，以牙還牙法則展現了任何一個有效策略應該符合的四個原則：清楚、善意、報復性和寬容性。再也沒有什麼字眼比「以牙還牙」更加清楚、簡單；這一項法則不會引發欺騙，所以是善意的；它也具有報復性——也就是說，它永遠不會讓欺騙者逍遙法外；它還是寬容的，因為它不會長期懷恨在心，而願意恢復合作。

以牙還牙策略有一個非常引人注目的特徵，它在整個比賽中取得了突出的成績，雖然它實際上並沒有（也不能）在一場正面較量中擊敗任何一個對手。其最好的結果是跟對手打成平手。

以牙還牙策略之所以能贏得這次錦標賽，是因為它通常會竭盡全力促成合作，同時避免互相背叛。其他參賽者或是太輕信別人，一點也不會防範背叛，或是太咄咄逼人，一心要把對方踢出局。

江湖上一般流行的行為法則就是以牙還牙，裘千尺為了報囚禁之仇，最後和公孫止同歸於盡；林平之為報殺父殺母之仇，虐殺余滄海。

因此，以牙還牙最後還會演變成沒完沒了的冤冤相報。《雪山飛狐》中，苗若蘭就說過這個道理：「我爹說道，百餘年來，胡、苗、范、田四家子孫冤冤相報，沒一代能得善終。任他武藝如何高強，一生不是忙著去殺人報仇，就是防人前來報仇。一年之中，難得有幾個月安樂飯吃，

第七章　行為賽局：鉤心鬥角的最佳選擇

就算活到了七、八十歲高齡，還是給仇家一刀殺死。練了武功非但不能防身，反足以致禍⋯⋯」

還有一種法則我們稱為「利他懲罰」（altruistic punishment），利他懲罰是自身利益沒有受損的旁觀者（第三者）付出代價使另一個人損失利益，以達到懲罰的目的，人們用它來懲罰那些採取背叛策略的個體。用小說中常見的表述就是「江湖敗類，人人得以誅之」、「路見不平，拔刀相助」，例如丘處機追殺段天德、群雄誅殺吳三桂等。這一類雖然與我無關，甚至需要付出巨大代價，但仍要「懲惡揚善」的行為也被稱為「利他懲罰」。

那麼少林高僧為何不採取以牙還牙、以眼還眼的策略，比如謝遜出手打空見大師十三拳，那麼空見大師也應該還謝遜十三掌；或者採取「利他懲罰」、替天行道，誅殺為了報一己之仇而到處濫殺無辜的謝遜呢？

空見大師等少林高僧的行為和美國哈佛大學馬丁‧A‧諾瓦克（Martin Andreas Nowak）等人的研究不謀而合，他們發現懲罰雖然能夠促進合作，卻不能提高群體的平均獲益，而且賽局獲益最多的人從不採取懲罰策略。

2008 年 3 月，諾瓦克和安娜‧德里坡（Anna Dreber）等四位研究者在美國《自然》（Nature）雜誌上以「贏家不罰」（Winners don't Punish）為題發表論文，透過改進的「囚徒困境」測驗證實，合作中利他懲罰不是一種十分有效的行為，它浪費了社會資源，而且團隊中真正的贏家幾乎不去懲罰別人。

諾瓦克等人的研究共進行了 1,230 對重複的賽局互動，每一次實驗的局數從 1 到 9 不等。在以往的實驗中，當詢問人們是否願意付出一定的資金代價來懲罰那些違反遊戲規則的實驗者，使其獲利減少時，人們

往往願意對那些自私自利的人進行懲罰。而且,這些實驗還發現,這種懲罰策略提高了大家的合作貢獻度。

然而諾瓦克等人的實驗卻發現,這些只是表面現象,經過仔細計算後發現,在大多數情況下,懲罰並不能提高平均獲益,在有些實驗中,懲罰反而降低了平均獲益。研究結果顯示,雖然懲罰能促進合作,但是懲罰的成本幾乎抵消了合作程度提高帶來的效益,無論是懲罰者還是受罰者均受到影響。人們參與衝突時通常知道衝突要付出代價,而利他懲罰會刺激衝突而非緩和它,因此選擇利他懲罰不能增加群體的平均獲益。

那麼為什麼我們通常認為利他懲罰提高了合作程度呢?可能原因是這樣的:強迫個體屈服以及建立權威統治,懲罰使群體可以對個體行為進行有效的控制,強者可以懲罰弱者。所以從表面上看,人們很容易認為利他懲罰提高了合作程度。

「贏家不罰」的研究結果不僅非常有趣,而且符合現實生活,例如聖雄甘地(Mahatma Gandhi)作為不使用懲罰(非暴力)的典型代表,最後贏得了巨大的勝利。諾瓦克的實驗證明了在直接互惠的框架下,贏家不懲罰他人,而輸家因為選擇了懲罰且走向毀滅。

在江湖上,採取以牙還牙或者利他懲罰看似增加了江湖人士的合作程度,但是這種以牙還牙和利他懲罰也可能帶來冤冤相報,一代人接著一代人的對抗,即便是合作也可能是出於畏懼懲罰和報復。而真正的好的策略就像那些少林高僧,他們儘管沒有懲惡揚善的大俠來得風光,或者本身還可能遭受巨大的利益損失,但卻在真正意義上終結了無止境的報復和對抗。

空見大師用血肉之軀擋了謝遜一拳,登時內臟震裂,摔倒在地。謝

193

第七章　行為賽局：鉤心鬥角的最佳選擇

遜眼見空見不能再活，突然天良發現，伏在他身上大哭起來，叫道：「空見大師，我謝遜忘恩負義，豬狗不如。」空見臨死前對謝遜說：「但願你今後殺人之際，有時想起老衲。」謝遜回答道：「大師，你放心，我不會再胡亂殺人了。」

在這場江湖賽局中，雖然空見大師遭受了巨大的損失，付出了性命，但是也喚起了謝遜的良知，不再為報仇而濫殺無辜，空見大師犧牲了自己卻大幅增加了江湖的整體利益。

教主為什麼愛用毒藥控制下屬
── 威脅和許諾是改變賽局的策略行動

在金庸的武俠世界，教主為了讓屬下服服帖帖聽命於自己，不敢有所違逆，除了恩威並施以外，強而有力的威脅是不可或缺的。這種威脅，除了教主的權力和武功以外，還有控制下屬的恐怖毒藥。

《笑傲江湖》中，日月神教使用的是「三屍腦神丹」。服了「三屍腦神丹」後，每年端午節必須服食解藥，否則屍蟲會鑽入腦中，嚼食腦髓，讓人狂性大發，生不如死。

《鹿鼎記》中，神龍教使用的是「豹胎易筋丸」。服了「豹胎易筋丸」，讓人死去活來，甚至會把矮子身高拉長，直至全身皮膚鮮血淋漓，恐怖至極。

教主們透過毒藥控制著下屬，這裡教主使用的手段就是威脅。

威脅在我們日常生活中也常會碰到。當孩子不聽話吃飯時，父母會威脅道：你再不聽話吃飯，以後就再也不買玩具給你了。

不過孩子通常知道父母是樂於買玩具給自己的，這種威脅不具備什麼作用。

因此，作為一個威脅，必須具備可信度。

美國電影《奇愛博士》（*Dr. Strangelove*）中，蘇聯製造出一套能夠摧毀地球所有生命的裝置，只要蘇聯遭受核彈攻擊或有人試圖拆卸它，這一套末日系統裝置就會自動引爆，因此這個自爆機制是一個完美的威脅。正如奇愛博士自己所承諾的那樣：「威脅的藝術在於在敵人的腦海裡

第七章　行為賽局：鉤心鬥角的最佳選擇

建立對於攻擊的恐懼。」因此，由於自動啟動且不可逆的決策機制排除了人為因素，末日機器變得十分具有嚇阻力，這種威脅易於理解且十分令人信服。

無論是三屍腦神丹、豹胎易筋丸還是靈鷲宮的生死符，它的威脅必須是可信的。也就是這些毒藥和暗器的恐怖效果，是讓人置信的。比如《天龍八部》中司空玄心想：「我身上被種下了『生死符』，發作之時苦楚難熬，不如就此死了，一乾二淨。」也就是說，這個不是空洞的威脅，而是屬下有切身體會的痛苦和恐懼。

當教主們使用這些毒藥控制教眾時，十分重要的一點是他所作出的威脅和承諾是清楚的，他必須讓屬下清楚地知道，什麼樣的行為會受到什麼樣的懲罰或者獎勵。否則，對方就會誤解什麼不能做，什麼應該做，而對他的行動後果判斷失誤。

比如神龍教洪教主對豹胎易經丸的解藥這個問題上就說得很清楚，只要忠心替教主辦事，一年給一次解藥。當陸高軒從神龍島飛馬趕來，帶了洪教主的口諭，告訴韋小寶教主得到兩部經書甚是喜悅，嘉獎白龍使辦事忠心，特賜「豹胎易筋丸」的解藥。

普林斯頓大學經濟學教授阿維納什·迪克西特（Avinash Dixit）說，一個威脅或者一個許諾要達到預想的效果，就必須讓對方相信它。沒有確定性和清楚性便無法保證對方相信它。

但是確定性並不意味著完全沒有風險，比如胖頭陀就曾對韋小寶說：「五年之前，教主派我和師哥去辦一件事。這件事十分棘手，等到辦成，已過期三天，立即上船回島，在船裡藥性已經發作，苦楚難當。」這就像當一個公司為其經理們提供股票期權獎勵時，所許諾的獎勵價值是不確定的。它受到許多因素影響，比如股市的波動和整體經濟的變化，

教主為什麼愛用毒藥控制下屬—威脅和許諾是改變賽局的策略行動

但這些因素卻不受公司和經理的控制。

教主們為什麼不採取警告和保證？比如神龍教教主可以警告和保證說：你要是背叛神龍教，本教教主和教眾神通廣大，一定會讓你不得好死；反之，如果你忠心耿耿，教主保證一定會回報你的忠心。

顯然我們會發現，警告和保證相對無力，比如身處皇宮大內的假太后毛東珠，洪教主若沒有豹胎易筋丸根本沒辦法控制她；而韋小寶這樣的「老油條」，滿嘴口是心非，教主也是很難掌控他。

威脅和承諾才是真正的策略行動，而警告與保證比較像是告知的作用。警告和保證不會改變你為了影響對方而制定的回應規則，實際上，你只不過是告知他們，針對他們的行動，你打算採取怎樣的措施作為回應。

與此截然相反，威脅和承諾的唯一目的是，一旦時機來臨，就會改變你的回應規則，使其不再成為最佳選擇，這麼做不是為了告知，而是為了操縱。

《天龍八部》中，天山縹緲峰的靈鷲宮也同樣透過生死符控制下屬。包不同曾問烏老大，那生死符到底是什麼鬼東西？烏老大嘆氣說道，此東西說來話長，總而言之，老賊婆掌管生死符在手，隨時可致我們死命。

這就是操縱。一旦你膽敢背叛天山童姥，那麼她就會改變回應規則，將你置於死地。

當代的索馬利亞海盜也是採取了教主們的策略，他們首先搶劫你的船隻、綁架你的船員，給你一個可信的威脅，然後採取許諾的策略，如果你乖乖給錢，他們就釋放船員和歸還船隻。要不然，就把人質丟到海裡餵鯊魚。當你拒絕支付贖金時，海盜就會立刻撕票。如果反過來，他

第七章　行為賽局：鉤心鬥角的最佳選擇

們要是不採取綁架而僅僅是警告說：你們不給錢的話，我們就會綁架你的船員、扣押你的船隻。這樣的警告比起威脅就相對無力。

童姥曾說道：「你想生死符的『生死』兩字，是什麼意思？這會兒懂得了吧？」虛竹心中說道：「懂了，懂了！那是『求生不得、求死不能』之意。」這些明確和可信的威脅才讓教主們使用毒藥控制下屬更得心應手。

刺殺康熙時天地會和沐王府為何產生對立
——「獵鹿賽局」本質上是「談判賽局」

　　天地會和沐王府的大目標是一致的，就是反清復明，不過他們之間也有不少分歧，為了這些分歧，甚至還動過手、傷過和氣。當歸辛樹、歸二娘夫婦要去刺殺康熙皇帝時，天地會和沐王府又起了紛爭。

　　歸二娘說道：「吳三桂投降韃子，斷送了大明天下，實是罪大惡極，但他畢竟是我們漢人。依我們歸二爺之見，我們要進皇宮去刺殺韃子皇帝，好讓韃子群龍無首。」

　　沐王府跟吳三桂仇深似海，一定要先見到吳三桂覆滅。因此沐王府的柳大洪認為，吳三桂倘若起兵得勝，他自己便做皇帝，再要動他，便不容易了。所以先讓韃子跟吳三桂自相殘殺，拚個你死我活，由此就可以漁翁得利，眼前不宜去行刺韃子皇帝。

　　天地會不是這麼想的，比如陳近南，他認為倘若此刻殺了康熙，吳三桂聲勢固然大振，但是鄭王爺也可渡海西征，進兵閩浙，直攻江蘇。如此東西夾擊，韃子非垮不可。那時吳三桂倘若自己想做皇帝，以鄭王爺的兵力，再加上沐王府、天地會和各路英雄，也可制得住他。

　　在賽局理論中有一種賽局被稱為「獵鹿賽局」（stag hunt game）。

　　「獵鹿賽局」源自法國啟蒙思想家尚－雅克・盧梭（Jean-Jacques Rousseau）的著作《論人類不平等的起源和基礎》（*Discourse on Inequality*）中的一個故事。在獵鹿賽局中，如果人人合力捕獵一種野獸，比如雄鹿，他們比較容易成功，所有人都能吃飽。但是一旦某些獵人在獵鹿過程中

第七章　行為賽局：鈎心鬥角的最佳選擇

突然遇到了其他獵物，比如野牛或野兔，問題就產生了。

如果太多獵人去追逐野牛，就沒有足夠的獵人去捕獵雄鹿，在這種情況下，每個人最好的選擇就是去追逐野牛；僅有在你有信心確定大多數人都會獵鹿的時候，你最好的策略才是獵鹿。這時候你沒有理由不去獵鹿，除非你缺乏信心，不確定別人會這麼做。

在獵鹿賽局中，兩個參與者的利益是完全一致的，他們更願意達成其中一個獵物均衡解，唯一的問題的是，他們怎麼樣才能使他們關於聚焦點的信念一致。

這種賽局可不僅存在於原始社會中的獵人，在日常生活中我們也會遇到。

比如你和妻子想在星期天晚上一起去看一部電影，但是你們兩人的偏好不同，兩種備選也截然不同，你喜歡看刺激的《玩命關頭》(Fast & Furious)，而你的太太則喜歡看偏文藝的《樂來越愛你》(La La Land)，雖然你們的品味相差很大，但是有一點你們都承認，你們更願意與對方一起去看一部電影，而不是各自單獨看喜歡的電影。

天地會和沐王府碰到的是同樣的問題，他們的利益是一致的，都是要反清復明，但是這個共同利益下是先對付吳三桂還是康熙產生了分歧。這就和狩獵的獵人一樣，大家絕對有合作的需求，如果不合作便都得餓死，但是對於獵物，究竟是先獵殺雄鹿還是野牛卻產生了分歧。

那麼如何解決這個問題呢？

最好的辦法是在做出決策前進行良好的溝通。

比如夫妻二人看電影，完全可以互相協商，當妻子懇求說，《樂來越愛你》馬上要下檔了，如果不看下週就看不到了，丈夫很可能就會表示同意。

刺殺康熙時天地會和沐王府為何產生對立—「獵鹿賽局」本質上是「談判賽局」

不過刺殺康熙這件事,江湖豪傑個個火氣大、脾氣拗,商量實在有點困難。

接下來也是最重要的一點,你傳遞的堅決訊息必須是可信的。

比如妻子說,如果你不陪我看《樂來越愛你》,我就會和你離婚,這就是不可信的訊息,丈夫知道妻子不會這麼做。但是如果她從皮包裡拿出兩張《樂來越愛你》的電影票,說下班的時候剛好看到有優惠活動,因此已經把票買好了,這就是可信的堅決訊息。

同樣地,沐王府的人冒著生命危險,假扮吳三桂屬下入宮行刺,以便嫁禍給吳三桂,這種行動就是可信的堅決訊息,即使捨命也要先把吳三桂除去。

經濟學家同時還指出,如果賽局可以重複進行,他們就更有可能認同妥協。例如夫妻可以輪流選擇各自愛看的電影。

在單次賽局中,他們也可以根據統計平均的道理,經由拋硬幣達成妥協,正面朝上時選擇一個均衡,背面朝上時選擇另一個均衡。

在殺康熙這件事情上,韋小寶和經濟學家的理解是一致的,他提出擲骰子來決定是否入宮刺殺康熙。可惜他在擲骰子的過程中作弊,立刻被歸辛樹看穿。

在獵鹿賽局中,兩個參與者雖然偏好不同,但是,他們又都偏好於共同抵制不一致。

如果獵人們目標不一致,錯過了聯合狩獵的機會,那麼就會得不到足夠的食物,全家挨餓;如果夫妻目標不一致,那麼會嚴重影響夫妻感情;如果天地會和沐王府目標不一致,他們最終都會被清王朝分而滅之。

因此,獵鹿賽局,在本質上就是一個談判賽局。

第七章　行為賽局：鉤心鬥角的最佳選擇

　　天地會和沐王府對於反清復明之後誰當皇帝曾經起了爭執，為了這個爭執甚至還出了人命，但這仍然是一個獵鹿賽局。這時雙方的溝通就十分重要。

　　天地會的祁彪清認為朱三太子正位為君，而沐王府的柳大洪則認為真命天子明明是朱五太子。陳近南這回充分發揮了軍師的談判技能，他說道：「我們眼前大事，乃是聯繫江湖豪傑，共反滿清，至於將來到底是朱三太子還是朱五太子做皇帝，說來還早得很，不用先傷了自己人的和氣……天下英雄，只要是誰殺了吳三桂，大家就都奉他號令。」

　　這一回，天地會和沐王府的對立經由談判完美地解決了。

降龍十八掌和 SUV 有什麼共同點 ——「負外部性」會造成武林的「軍備競賽」

「降龍十八掌」是丐幫的鎮幫神功，蕭峰、洪七公、郭靖都是以精通此掌而聞名江湖。蕭峰以它威震武林，少林寺一役技冠群雄；洪七公以它奪得「北丐」之稱；郭靖以它力抗蒙古大軍，死守襄陽數十年之久。少林寺的掃地僧曾經把「降龍十八掌」稱為天下第一神功，可見這門武功的厲害。

那麼「降龍十八掌」對整個武林生態會產生怎樣的影響呢？

這就是經濟學家們所說的「外部性」（externality）。

美國經濟學家曼昆在《經濟學原理》（Principles of Economics）一書中說：「外部性」是指一個人的行為對旁觀者的福利無補償的影響（在前面楊過和小龍女結合的故事中曾經提到）。如果對旁觀者的影響是不利的，就稱為負外部性（negative externality），如果這種影響是有利的，就稱為正外部性（positive externality）。

加拉巴哥群島是達爾文雀的故鄉，這些火山島上的鳥類生存十分艱難，其中的大達夫尼島上，仙人掌是這些鳥雀主要的食物來源。在這個島上，一種名為仙人掌雀的鳥已經演化出理想的喙，這些喙像食品罐頭的開罐器，很適合在仙人掌開花時採集花粉和花蜜。

在大達夫尼島，由於食物有限，很多雀鳥不是等到上午九點仙人掌自然開花的時候去採集花粉和花蜜，而是嘗試一種新的方法，即掰開仙人掌花，搶占先機。

第七章　行為賽局：鉤心鬥角的最佳選擇

這一招像是武林絕學，先人一步，看似很厲害，但是唯一的問題在於，在掰開花的過程中，雀鳥往往會弄斷花柱。花柱折斷後，花就會絕育，過不了多久，仙人掌花便會枯萎（造成了負外部性）。由於雀鳥具有區域性（不會飛到更遠的地方去尋找食物），所以那些自以為很厲害能掰開花的仙人掌雀最後會成為失敗者，即便是那些演化出理想的喙的雀鳥，最終也會被淘汰。

「降龍十八掌」至剛至猛，對於掌握這門絕技的人來說當然是好事，但是對整個武林來說，卻加劇了武功的「軍備競賽」，使得各個門派的競爭更為激烈。覬覦這門神功的人，則會不惜手段去得到它，為了達到武林的制衡，武學高人還會自創出殺傷力更強的武功，掌握「降龍十八掌」的人，最後可能和那些能搶占先機的仙人掌雀一樣，成為這門絕技的受害者。

因此，儘管掌握「降龍十八掌」的人並不一定有惡意，但是它會增加整個江湖競爭的殘酷性，尤其加劇那些武功低微的小門派的淘汰，因此，「降龍十八掌」具有「負外部性」。

現在我們來談談 SUV 汽車。

如果我們想買一輛新車，假如不在乎油錢，高速轉向的大型四輪驅動車，也就是我們所說的運動型多功能休旅車（SUV），看來是不錯的選擇。它不但外觀漂亮，更重要的是它還安全。

根據統計資料，假設某人發生了交通事故，如果他開的是 SUV，那麼他的死亡率或重傷送醫率是 2.7%；如果他開的是普通轎車，那麼這一項機率將上升到 3.6%。看來 SUV 的防撞效能更好，乘客更為安全。

就像使用「降龍十八掌」一樣，掌握這項絕技能更妥善地保護自己，然而與之交鋒的對手情況可就完全不一樣，很可能被一掌斃命，受點傷

降龍十八掌和 SUV 有什麼共同點——「負外部性」會造成武林的「軍備競賽」

算是運氣好的。

SUV 更妥善地保護了乘客，但對於 SUV 外面的人來說，情況卻沒這麼樂觀。被 SUV 撞擊的行人，有 5.1% 的機率被送往太平間，而對於被普通轎車撞擊的行人來說，這一項機率只有 3%。所以，如果發生了交通事故，SUV 可以把車內司機的死亡率降低 0.9%，但同時把行人送進太平間的機率提高了 2.1%。

也就是說，在交通事故中，SUV 每救一個人，就可能額外造成兩個人的死亡。

因此，SUV 和降龍掌一樣具有負外部性。它會使得路上的行人處於更危險的情況，排放更多的尾氣、加劇霧霾，使得哮喘的孩子病情惡化，更多的二氧化碳排放會加劇融化兩極的冰蓋……然而車主卻不需要為此付出代價。

在聚賢莊一役中，蕭峰重創群雄，然而事情並不會到此結束，倖存的武林人士或其後代（比如游坦之），會練習殺傷力更大的武功以期報仇。同樣地，當你的普通轎車處於不安全的情況下，你也會考慮換大的汽車，而這一個舉動會促使別人換更大的汽車。加州大學聖地牙哥分校的經濟學家蜜雪兒‧懷特（Michelle J. White）研究了這一項課題，她把美國車輛尺寸越來越大的現象稱為「美國馬路上的軍備競賽」。

不管是「降龍十八掌」還是超大的 SUV 車，都為其他人帶來了傷害。當某些私人成本和社會成本之間的差異很嚴重時，個人有動機做出犧牲別人的利益而使得自己的情況更好的舉動。當市場本身無法解決這個問題時，就需要政府管制有外部影響的行為。比如在公共場合禁菸就是控制負外部性的辦法，同時大多數經濟學家提出用稅收來限制某些行為，而不是禁止它。

第七章　行為賽局：鉤心鬥角的最佳選擇

戴姆勒－克萊斯勒公司打算生產烏尼莫克（Unimog）車款（汽車中的降龍十八掌），這種車重達6噸，相當於兩輛雪佛蘭，這是一種炫酷的交通工具，那麼應該限制它的使用嗎？

1950年代，美國常春藤名校聯盟遇到一個難題，每個學校都想訓練出一支戰無不勝的橄欖球隊，但很快就發現，就算玩命地訓練，勝者也只有一個。無論各校怎麼勤奮，耗資多少，賽季結束時，各隊的排名都和以前差不多，並且如果過分注重體育，還會降低其學術水準。

畢竟是常春藤名校聯盟，腦子都轉得飛快，很快地這些學校達成了協議，大幅減少球員春季訓練時間，雖然球員在球場上出現了更多的失誤，但是比賽的刺激性卻一點都沒有減少，而運動員也有了更多的時間專心學習。

美國經濟學家羅伯特·弗蘭克的思路也相似，他說：「駕駛笨重的、汙染環境的汽車會為別人造成損失，這是不爭的事實，有鑑於此，唯一可行的辦法是在決定購買何種車時，讓我們考慮這種損害的激勵機制。」也就是說，我們可以透過燃料稅、牌照稅、重車稅使得像烏尼莫克這種汽車看起來不那麼有吸引力。

而降龍十八掌，雖然無法向它徵收使用稅，但是也可以嚴格控制，使它僅僅在新舊幫主之間傳授，而不能隨意傳授給中意的人（比如洪七公傳給郭靖），以防擴散，造成武林生態競爭的加劇。

為什麼有人會著迷揮刀自宮的辟邪劍法
——「超級明星效應」使得「贏家通吃」

岳不群把窗子「呀」的一聲打開，將那件寫有辟邪劍法的袈裟扔下懸崖。林平之躲在窗下，眼看那袈裟從身旁飄過，伸手一抓，差了數尺，沒能抓到。他用腳一鉤，竟將那袈裟鉤到了。

但這實在是林平之的不幸：和東方不敗、岳不群一樣，得到劍譜的林平之選擇了「欲練神功，揮刀自宮」的道路，造成了自己和妻子岳靈珊的悲劇人生。

邪門武功雖然對自身傷害很大，但常常讓人欲罷不能。

比如吸星大法，越修習越會覺得滋味無窮。只要練過一次，就會覺得全身舒泰，飄飄欲仙，彷彿身入雲端一般（聽起來簡直和毒品一樣）。

現實世界中並沒有辟邪劍法這樣東西，然而有一樣東西卻和它非常接近，也是靠著對自己身體的自殘來獲得成功，這就是體育比賽中的興奮劑。

參加體育比賽的關鍵是取得勝利，全世界的電視觀眾和媒體最關注的是競賽的結果，也就是相對排名，而不是絕對的技術水準，人們通常只把焦點放在那些取得最終勝利的運動員和球隊身上。

經濟學家舍溫・羅森（Sherwin Rosen）在分析「超級明星效應」時所舉的事例就是競爭激烈的體育競賽。他說，那些體育超級明星，只要他們比競爭對手好一點點時（比如短跑或者游泳運動員常常只比對手快零點零幾秒鐘），他們就會獲得巨大的獎勵，而那些稍遜一點的運動員就

第七章　行為賽局：鉤心鬥角的最佳選擇

只能得到較少的收入和差一點的名聲。比如老虎伍茲（Tiger Woods）、羅傑‧費德勒（Roger Federer）、萊納爾‧梅西（Lionel Messi），他們獲得很高的收入和很好的聲譽，但他們大多數的競爭對手，卻只能獲得少量的利益。這就是我們常說的「贏家通吃」（winner-take-all）。

舍溫‧羅森揭露了體育比賽明星效應的經濟規律：你只要比對手高明一點點，你將得到大部分的利益，而失敗的一方，只能在你剩下的殘羹冷炙中吃個半飽。

尤塞恩‧博爾特（Usain Bolt）的一百公尺速度可能比第二名快了零點一秒，可是所有的贊助商願意爭相花巨資砸在他的身上，而銀牌和銅牌選手卻無人問津。同樣地，人們寧願花 500 元購買郎朗的鋼琴 CD，也不願意花 100 元購買某個不知名的鋼琴家彈奏同樣曲目的作品，雖然兩人的差別是一般人的耳朵無法分辨的。

《新約‧馬太福音》（Gospel of Matthew）中，有一則寓言說道：「凡有的，還要加給他，讓他有餘；凡沒有的，連他擁有的也要奪去。」這也被稱為「馬太效應」（Matthew Effect），超級明星的世界中就呈現出這種「馬太效應」。

英國著名經濟學家阿爾弗雷德‧馬歇爾（Alfred Marshall）指出：憑藉新技術和更廣泛適用的技能，工業革命使超級明星閃耀出比以往更耀眼的光芒，因為才能過人者能索要越來越高的報酬，而且相對的，他們壓低了許多手工業者和職業人士的薪資。

工業革命帶來的收音機、電視、電影技術，使得明星們能獲得更多的人氣，而網際網路時代的到來以及科技的變革，讓「贏家通吃」變得越來越普遍，如今明星的人氣是呈等比級數（1、2、4、8），而不是呈線性（1、2、3、4）成長，人們將之稱為「冪次定律」。社交網路對冪次定律

為什麼有人會著迷揮刀自宮的辟邪劍法—「超級明星效應」使得「贏家通吃」

的形成發揮著重要作用，人氣經由社交網路迅速傳遞，最後幾乎所有人的注意力都被少數幾個明星人物吸引過去，金字塔頂端的明星收入越來越高。

爭奪五嶽盟主和體育比賽的道理是一樣的，它並不需要你是百年不世出的武林天才，而只在於你比其他競爭者的武功稍高一籌，你的劍比對手快一點點，就能登上盟主的寶座。

這就不難理解體育運動為什麼會出現興奮劑了。興奮劑同樣能夠幫助運動員贏得這一小步，但類固醇這類的興奮劑，長期使用會對人體健康產生負面影響，而那些使用者，為了贏得競賽和短期利益卻不惜損傷身體。這導致了很多運動員在退役以後出現了身體機能的障礙甚至殘疾。

和渴望獲勝的運動員一樣，東方不敗、岳不群、林平之都無法抵抗各自眼前利益的誘惑。東方不敗受惑於日月神教教主的寶座（其實是任我行有意的安排），岳不群則懷著五嶽盟主的野心，而林平之則急切地為父母報仇。

辟邪劍法流傳武林，這就會出現一種賽局局面：選擇揮刀自宮，自殘身體，取得武林競賽的勝利以實現野心；或是成為輸家，聽人擺布。

在爭奪五嶽盟主的比武中，左冷禪劍法精奇，勁力威猛，但還是被岳不群刺瞎了雙眼。

和使用「辟邪劍法」一樣，興奮劑不僅會傷害自己的身體，也同樣會對比賽對手造成傷害。因為另一方的運動員會面臨這樣一個難題：選擇不服用類固醇等興奮劑而輸掉比賽，讓自己為此投入的大量時間和精力泡湯；或者也以自己的長期健康為代價，透過服用興奮劑讓比賽恢復原有格局。

第七章　行為賽局：鉤心鬥角的最佳選擇

一旦有人使用興奮劑以獲得好成績，並且不被懲罰時，所有的人都會跟風，哪怕是原本有希望不使用興奮劑也能獲得獎牌的頂尖運動員，因為一旦別人使用，自己為了保住獎牌就不得不使用。

那麼如何避免這種自殘身體的惡性競爭呢？經濟學家湯瑪斯‧克倫比‧謝林所舉的例子或許有啟示作用。他說：冰球選手不戴安全帽比賽，能增加球隊獲勝的機率，這是因為他能比對手看得更清楚，聽得更真切。可是不戴安全帽的不利方面是，該選手受傷的機率也提高了。

如果這個球員認為提高獲勝機率比個人安全更重要，就會放棄安全帽。然而要是其他參賽選手也這麼做，競爭就恢復了平衡狀態：所有人受傷的機率都提高了，而且沒人受益。於是大家共同決定冰球比賽戴安全帽的規則就大有吸引力。

同樣地，當由個人來獨立決定是否練習辟邪劍法時，很多人出於各式各樣的目的，會決定練習這種卑鄙的武功，但當所有武林人士共同制定江湖規則時，大家則會一致同意禁止這種邪門的武功存在。

使用辟邪劍法和興奮劑從賽局理論上來說也是一種「囚徒困境」，囚徒困境（prisoner's dilemma）是指兩個被捕的同案囚徒之間沉默或坦白的一種特殊賽局。兩個共謀犯罪的人被關入監獄，互相不能溝通，如果兩人都不揭發對方，那麼就會證據不充分，每人都坐牢一年；若一人揭發，而另一人沉默，則揭發者因為立功而立即獲釋，沉默者因不合作而入獄十年；若互相揭發，則因證據確鑿，二者都判刑八年。由於囚徒無法信任對方，因此傾向於互相揭發，而不是同守沉默。它反映了個人最佳選擇往往並非是團體的最佳選擇。

每個江湖人士和運動員都有動機做出對自己最有利的選擇，然而個人的最優選擇往往帶來最壞結果，最後運動場上興奮劑氾濫，武林人士

紛紛練習辟邪劍法（相當於囚徒困境中的兩個人分別交代對方的罪行），因此只有在集體最優的選擇（囚徒困境中雙方都保持沉默），也就是集體禁止使用辟邪劍法和興奮劑才是理性的。

因此辟邪劍法最終也為武林所不齒，再也沒有在江湖出現，而興奮劑也同樣成為了體育競賽中人人喊打的公敵。

第七章　行為賽局：鉤心鬥角的最佳選擇

行走江湖為什麼要講義氣 ——
採取重義氣策略可以避免高強度的對抗

人在江湖，最重要的是「義氣」兩個字。茅十八講義氣，陳近南講義氣，天地會的英雄講義氣，韋小寶也講義氣。

康熙曾經龍顏大怒，伸手在桌上重重一拍，對韋小寶厲聲道，你是一意抗命，不肯去捉拿天地會反賊了？

韋小寶心想：江湖上好漢，義氣為重。於是他對康熙說道：「皇上，他們要來害你，我拚命阻擋，奴才對你是講義氣的。皇上要去拿他們，奴才夾在中間，難以做人，只好向你求情，那也是講義氣。」

行走江湖，為什麼義氣這麼重要呢？

在江湖上，所有人都會遇到一個大問題：如何知道是否可以信任他人，又如何使別人相信自己。信任通常來自多次交易或合作，所以我們會發現越是百年老店越講誠信，因為它有很高的無形資產和固定資產，不講誠信就得不償失。所以少林、武當這些知名門派通常更遵守江湖道義，廟宇、道觀相當於固定資產，所以諺語說「跑了和尚跑不了廟」，同時這些門派數百年的聲譽使得它們有著很高的無形資產。

然而對於多數江湖人士來說則不同，他們很多時候不是意外喪命，就是得罪了仇家而遠走天涯。所以他們常常會迫不得已背棄協議。很多江湖人士居無定所、行蹤隱祕，他們大多數人比普通百姓更有動機背棄協議。這些人和一般人相比，更愛冒險，更追求刺激，相對一般人來說，他們也不太愛遵守道德規範，也不怕懲罰的威脅。

行走江湖為什麼要講義氣—採取重義氣策略可以避免高強度的對抗

因此，江湖上的人並不像我們想像的那樣，天生就喜歡講義氣。

江湖人士固然可以靠單打獨鬥生存，但通常情況下，他們也需要彼此合作。這就會使得他們陷入兩難的境地，他們既需要彼此合作，但同時也深知他人在自身利益受到威脅時會背信棄義。

當一個人靠不住時，他會傾向於認為別人也是靠不住的。所以江湖上的人更傾向不信任別人。比如牛津大學教授迪亞哥・甘貝塔在對義大利和美國的黑手黨研究中，發現黑手黨集團號稱最看重「忠誠」二字，但只要對自己有利，他們都會背叛以前的朋友，成為汙點證人。

那為什麼我們通常得到的資訊是，江湖上的人特別重義氣呢？

江湖上各個門派需要彼此合作，但又彼此提防，因此很難達成合作，於是釋放出「重義氣」的有效訊號。他們會放大一些事實，比如散播為朋友兩肋插刀的故事，並且把「重義氣」放到別人能夠一眼就注意到的門規中，經由一連串表演性質的方法（通常為很多儀式，比如拜關二爺、歃血為盟等），放大「重義氣」的重要性。這樣做的好處不但能約束地位較低的幫派人員，讓他們不敢背叛老大（掌門），更重要的是透過這種重視義氣的「美譽度」，向合作者釋放自己不會輕易背叛對方的訊號，從而和他人達成合作。

另外，重義氣是江湖幫派的重要生存哲學。採取重義氣策略可以避免高強度的對抗。

在前面關於「空見神僧打不還手」的故事中已經提到，密西根大學的羅伯特・阿克塞爾羅研究發現，在多輪囚徒困境賽局中，以牙還牙是最有效的策略，也就是別人怎麼對你，你也怎麼對別人。你一開始選擇合作，只要對方合作，你就繼續合作，但要是他背信，你一定要加以報復。

第七章　行為賽局：鉤心鬥角的最佳選擇

2005年諾貝爾經濟學獎得主羅伯特・約翰・歐曼（Robert John Aumann）研究發現，「囚徒困境」的社會變異往往是重複賽局，即同一種互動情境在同一組參與者之間多次重複進行。由於是重複進行，選擇自私（不講義氣）會造成不小的損失，人們會記得你過往的行徑，當再次遇到同樣的情形時，其他參與者便會伺機報復。

如果你正在做生意，你的生意夥伴說：「我這個人沒什麼毛病，就是江湖氣重了點。」那麼他可能正在向你傳達這樣兩層訊息，第一層意思是他非常守信用、講義氣，如果他當你是朋友，可以為你兩肋插刀，絕不會來欺騙你。還有一層意思就是如果你耍手段欺騙了他，他會不惜血本來報復你。

英國作家喬治・歐威爾（George Orwell）曾參加過西班牙內戰（1936～1939），後來他把這些經歷寫在《向加泰隆尼亞致敬》（Homage to Catalonia）一書中。在書中他講了一件有趣的事情：交戰的雙方常常你來我往地使用不會爆炸的啞彈，有一發炮彈居然還刻著「1917」的字樣，簡直可以作為古董收藏。最誇張的事情是有一發啞彈你打來，我修補一下打過去，你再修一下打回來。就這樣，這一發砲彈每天在陣地上方呼嘯飛翔且從不爆炸，以至於最後作戰雙方都認識了這顆炮彈，還為它取了個親切的名字叫「旅行家」。互相發射啞炮成為戰場上重複賽局的最佳選擇。

就像一派軍閥無法單挑所有的軍閥，武林中的一個門派也無法單挑所有江湖人士，在江湖上的重複賽局中，武林門派通常也首先採取合作，一旦遭到背叛馬上採取「以牙還牙」的報復行動，這樣的行動策略也符合他們的生存法則。

江湖上對背叛的報復尤為慘烈，往往追到天涯海角、不惜喪命也要報一箭之仇。在《倚天屠龍記》中，金毛獅王謝遜為了報仇、逼成昆現

身，不惜大開殺戒，掀起整個江湖的腥風血雨。因此，不講義氣、背信棄義也要背負很大的成本。

另外，不講義氣還會遭到自身所屬團體的拋棄。

當人類還生活在以捕獵和採集為生的原始小部落時，任何試圖暗自儲藏食物的人，都極有可能遭到群體其他成員的摒棄和懲罰。在這種部落社會裡，被驅逐出去就等於判了當事人的死刑，除非他能加入另一個群體。如果你的名聲太差，人人都知道你以自我為中心，為人不可靠，你必須流浪到很遠的地方，才能找到不清楚你過往的群落接受你。

同樣地，在江湖上，一旦你做出不講義氣的事情，成為某個門派的棄徒被掃地出門，這樣的事情很快會被廣泛散播，那麼你就很難在江湖上立足。

所以行走江湖必須講義氣，這並不是說江湖人士天生更講義氣，而是強調「義氣」是江湖的最佳策略，它更容易讓江湖人士彼此達成合作，降低交易成本；另一方面，不講義氣面臨很高的報復成本，尤其在重複賽局，講義氣是一種理性選擇。

第七章　行為賽局：鉤心鬥角的最佳選擇

老大究竟喜歡怎麼樣的左右手
—— 忠心而無能的人就是「專屬資產」

在《鹿鼎記》中，洪教主的夫人微笑道：「哪一個忠於教主的，舉起手來。」數百名少年男女一齊舉起手，年長教眾也都舉手，大家同聲道：「忠於教主，絕無二心！」韋小寶見大家舉手，也舉起了手。

教主喜歡怎麼樣的人？自然是忠誠的人。可是天底下不會憑空掉下忠誠，任何人都是經濟人，都會考慮自己的成本和收益。所謂忠誠，不過是審時度勢，跟老大之間達成的微妙默契。就像韋小寶此刻心裡想的：我忠於烏龜王八蛋。

當權者如何保住他的位置？最大的危險往往不是來自邪惡的統治，而是身邊覬覦寶座的人。任我行再是老謀深算，還是被篡位的東方不敗囚禁到西湖底下的地牢，如果東方不敗再狠一點，他就丟了性命，永無翻身之日。

因此對教主來說，沒有比出現一個擁有聰明頭腦的下屬更讓人擔心的事情。

培養一名能幹的左右手是一件危險的事，因為他遲早會成為你潛在的對手。所以教主們心裡明白，與其擁有幾個能幹的潛在對手，不如找到很多忠心耿耿的庸才。一個始終有效的策略是，選擇那些無法登上權力頂峰的人作為自己的親密同袍。

教主如何挑選候選人，這是個大學問。選擇能力差的候選人，除了因為無能能贏得信任，還存在其他原因。

被任命的人能力越差，他超越任命者的可能性就越小。

比如在神龍教中，洪教主選用了一批沒江湖地位、沒武功能力、只會拍馬屁的新人，在教中，地位僅次於洪教主的是他的夫人蘇荃，另外，不會武功卻拍馬屁一流的韋小寶也大受重用。

被任命者對任命者越是感激（當一個人得到他認為自己應得的榮譽與獎勵時，他並不認為自己對給予他榮譽的人有任何義務）。當神龍教那些年輕人迅速爬到龍使地位，必然感恩戴德，而不像其他那些老部下，覺得自己勞苦功高，這個位置理所應得。

任命者能夠炫耀自己的權力。越是能隨意提拔某人，越顯示出自己的權力的至尊，讓屬下臣服於自己的殺生予奪的權力之下。

因此，在江湖教派中，能力差有時反而會成為競爭優勢。東方不敗就是因為顯示了自己的能力（任我行曾經說過他最佩服的人之中第一個就是東方不敗），引起任我行的猜忌，誘使他練習《葵花寶典》，變得不男不女。

在現實世界，也有個有趣的例子。在義大利某些學術領域，一些掌權者不僅表現出非常糟糕的學術水準，而且低於他們所在領域的平均程度。他們的論文發表紀錄幾乎為零，對實質性的學術和研究毫無興趣，他們只會當掛名主編，替門生寫序言，自己幾乎不發表任何和學術有關的東西。

最有趣的一點在於，他們並不打算遮掩自己的缺點，甚至在交往中往往讓人感到，他們簡直在誇耀自己的缺點。

真正的原因是如果表現出無能，就傳遞了這樣一個訊號，我不會逃跑，因為我沒有能力跑去其他地方。相反地，在一個腐敗的學術市場

第七章　行為賽局：鉤心鬥角的最佳選擇

中，熱愛並擅長研究也就傳遞出一個訊號，此人有能力，他不參與互惠式的腐敗也能發展自己的職業生涯。這就令人害怕。

在義大利學界，當權的人如果是那些表現出對研究既無興趣也無打算的人，這樣其他人就確信，他們一定會遵守互惠協定，彼此提拔關照其他教授的門生。

在星宿派中，星宿老仙丁春秋門下弟子拍馬屁、吹法螺的本事一流，功夫卻實在平平。丁春秋其實並不在乎弟子武功如何，而在乎弟子是否對自己忠心。這也和神龍教洪教主的想法是一致的。

這個現象，也可以用經濟學家奧立佛・威廉森（Oliver E. Williamson）提出的「資產專屬性」（specific assets）來解釋。即將當事人牢牢連結在特定的業務或貿易投資中，從而向他人表明，當事人並不打算改變他的業務範圍或一夜之間消失。具有高度專屬性的資產除非用到相關的交易中，否則沒有價值。

忠心而無能的心腹就是「專屬性資產」，他們並無所長，不能一拍屁股說：此處不留爺，自有留爺處。更不敢也沒有能力覬覦教主的寶座——教主不就是喜歡這樣的人嗎？

因此，江湖上（現實生活中也是如此）有些人很樂意展現自己的無能，這其實證明他們懂得無能的「價值」，至少說明他們並不認為無能是一種負面特質。一個人顯示出無能，他還可能在告訴別人，你完全可以相信我，因為即使我想欺騙你，我也沒有這個能力。

韋小寶似乎也深知這種無能的價值，所以他不停地說，皇上是鳥生魚湯（堯舜禹湯）；君子一言，什麼馬難追（駟馬難追）；什麼什麼之中，什麼千里之外（運籌帷幄之中，決勝千里之外）。康熙越覺得他不學無

老大究竟喜歡怎麼樣的左右手—忠心而無能的人就是「專屬資產」

術,就越喜歡他(說明韋小寶是專屬資產)。

老大們除了找到這些合適的左右手,還有什麼重要的事情?

紐約大學政治學教授布魯斯‧布恩諾‧德‧梅斯奎塔(Bruce Bueno de Mesquita)認為,對於統治者而言,建立一個穩固的執政聯盟十分重要。那怎麼建立這樣的執政聯盟?

教主的核心朋友圈人數不能太多。以神龍教為例,教主的核心圈包括了教主夫人和五龍使者。這個權力核心結構有一定的合理性。布魯斯教授說,統治者需要為追隨自己的人提供足夠多的好處,才能讓他們死心塌地聽自己的話。如果執政聯盟中的人數太多,需要用來收買人心的成本會太高。

同樣地,核心圈人數也不能太少。如果太少,尤其是如果這些少數的支持者是不可替代的,那麼他們又可能成為潛在的競爭對手,令在位者寢食難安。另一個教派就犯了這個錯,在日月神教中,教主任我行的核心圈只有左使向問天,右使東方不敗和任盈盈。由於核心成員過於集中,就很容易產生內部政變。

洪教主雖然看起來是個昏庸之輩,但他卻深諳權力運作。他明白,五龍使者也是潛在的競爭者,難保不會有一天和自己作對。於是,他在教中提拔一批年輕人,鼓勵他們反對教中元老。七少年誅殺白龍使鍾志靈時,「七劍齊至,(鍾)竟無絲毫抗禦之力,足見這七名少年為了今日在廳中刺這一劍,事先曾得教主指點」。

洪教主的這個策略和布魯斯看法相同,布魯斯認為:最佳的結果是,在執政聯盟內部的人數很少,但在門外等著入場的候選者很多,隨時可以替補,這將使內部的成員感到競爭的壓力,天天想的都是如何緊跟,

第七章　行為賽局：鉤心鬥角的最佳選擇

不敢有任何非分之想。

　　江湖的教派鬥爭和辦公室政治也沒什麼兩樣。所以，我們在辦公室裡總能見到一些無能的窩囊廢混得比你好多了，他們能把好好的事情搞砸卻還能如魚得水。現在你該明白了，他們為何能得到老大的青睞，他們從某種程度來說，比你聰明多了。

第八章
神經科學：大腦知多少？

第八章　神經科學：大腦知多少？

暗器高手柯子容的「呼喝功」
——大腦中的系統 1 和系統 2

金庸的小說《飛狐外傳》有個武林人物，叫柯子容，他屬於「柯氏七青門」，這個「七青門」善於使用袖箭、飛蝗石等七種暗器。在書中柯子容武功平平，但他除了善用暗器以外，還有一門金庸人物中獨有的功夫——呼喝功。

在和鳳天南的比試中，柯子容叫道：「鐵蒺藜，打你左肩！飛刀，削你右腿！」果然一枚鐵蒺藜擲向左肩，一柄飛刀削向右腿。鳳天南先得到提示，輕巧地避過了。

柯子容擲出八、九枚暗器後，口中呼喝越來越快，暗器也越放越多，呼喝卻不是每次都對。有時口中呼喝用袖箭射左眼，其實卻是發飛蝗石打右胸。

原來他口中呼喝乃是擾敵心神，接連多次呼喝不錯，突然夾一次騙人的叫喚，只要稍有疏神便會上當。

丹尼爾‧康納曼在其著作《快思慢想》(Thinking, Fast and Slow)中，開宗明義地提出了「系統1」和「系統2」兩個概念。

康納曼說：「這裡我且採用由心理學家基思‧史坦諾維奇 (Keith E. Stanovich) 和李察‧魏斯特 (Richard West) 率先提出的術語，用以說明大腦中的兩套系統，即系統1和系統2。系統1的運行是無意識且快速的，不怎麼費腦力，沒有感覺，完全處於自主控制狀態；系統2將注意力轉移到需要費腦力的大腦活動上，例如複雜的運算。系統2的運行通常與

行為、選擇和專注等主觀體驗相關聯。」

如果要進一步了解大腦運作的這兩個系統,我們先來看一個在1930年代就已經廣為人知的測驗,這就是以發明者約翰·里德利·史楚普(John Ridley Stroop)命名的「史楚普作業」(Stroop Task)。當你用五色筆寫下顏色的名稱,受試者即使看到文字的意思和文字的顏色不一致,也必須無視這種不一致,而回答出文字的顏色。例如以藍色筆寫著「紅」字,受試者必須念出「藍」。請你親自試試看。

假如你覺得自己說出文字顏色的過程不順暢,那是因為你的思考受到了文字意思的嚴重干擾,在無意識中讀取了「紅」的意思,卻與正確答案「藍」相衝突。當然,也可以不用文字,而用一些沒有任何意義的記號,此時受試者回答的速度就會變快。

假設你被催眠了,並且以核磁共振造影觀察你的大腦。你聽到如下指示:「每次聽到我的聲音,螢幕上就會出現一些沒有意義的記號。請把這些記號看作自己不懂的外文,不要在意記號代表的意思。」最新研究發現,進入催眠狀態的人容易受到暗示,在清醒狀態下進行實驗所看到的效果,在催眠的狀態下反而不會出現。例如受試者看到的明明是自己的母語,卻認定那是自己不懂的外文,而能馬上說出顏色。至於沒有進入催眠狀態的人,則需要花很長時間才能說出顏色的名稱。

在實驗過程中,以醫學顯像技術觀察兩組受試者的大腦,比較兩者腦內活化的部位(尤其是前扣帶皮層,可以協調認知上的糾葛,減少錯誤)。結果發現,進入催眠狀態的受試者,腦內負責閱讀功能的部位並未活動。換句話說,兩個系統中有一個停止了,於是受試者能順暢而快速地說出顏色的名稱。

第八章　神經科學：大腦知多少？

　　柯子容的招數和「史楚普作業」相似，當柯子容把暗器射向對方左肩，嘴裡喊道，鐵蒺藜，打你左肩。當他把暗器射向對方右腿，嘴裡喊道，飛刀，削你右腿。你的大腦對對方的語言呼喊形成了系統 1 的運作，這就是無意識的直覺過程，於是對方喊什麼，你會無意識地閃避那個部位。

　　然而柯子容的狡猾之處在於，口中呼喝越來越快，暗器也越放越多，呼喝卻非每次都是正確的。有時口中呼喝用袖箭射左眼，其實卻是發飛蝗石打右胸。這時閃避暗器就需要啟動系統 2。系統 2 掌管著高度認知的過程，也就是分辨對方的手法和暗器的方位，不被他的呼喊所干擾。

　　柯子容口中呼喝乃是擾敵心神，接連多次呼喝不錯，突然夾一次騙人的叫喚，只要稍有疏神，立時便會上當。康納曼說：「當人們太過專注於某件事時，就會遮罩其他事情。」如果你只是專注柯子容的呼喊，那麼就會無法注意到真正的暗器襲來。

　　系統 1 常常會超乎尋常的強大，我們再來看下面幾道測試題，這是認知科學家夏恩‧佛德瑞克（Shane Frederick）為了測試認知思考而設計的實驗：

　　1 雙足球鞋和 1 個足球的總價為 110 美元，足球鞋比足球貴 100 美元，請問足球的價格是多少美元？

　　在 5 分鐘內製造 5 個足球，需要 5 部機器。現在有 100 部機器，需要多長時間才能製造 100 個足球？

　　足球場有一部分是草地，草地以每個月都變成上個月的兩倍的速度迅速擴大著。經過 48 個月後，整個足球場都會變成草地。請問，經過幾個月後，足球場有一半是草地？

暗器高手柯子容的「呼喝功」──大腦中的系統1和系統2

請你快速回答,這三道題的答案是什麼?(答案分別為 5 美元;5 分鐘;47 個月),給完答案請你回頭再仔細想一想。

如果你回答錯誤,這也沒什麼大不了的。事實上,只有 20% 的人能迅速答對所有問題(麻省理工學院的學生例外,有 48% 的人回答正確)。之所以會犯錯,是因為人在看到問題時,系統 1 就開始活動了。在這種情況下,系統 1 會在無意識間快速得出錯誤的答案。雖然系統 2 負責檢查答案的正確與否,可惜常常還來不及讓它發揮作用,大腦就已經接受了錯誤的答案。

儘管柯子容的「呼喊功」干擾人心的呼喊常常能發揮作用,但是這也不是絕頂武功,大多數高手還是能夠躲避;上述的題目儘管會有很多人答錯,但仍然有不少人能很快給出正確答案。這究竟是為什麼?

康納曼解釋說:我們在清醒狀態中,系統 1 和系統 2 都處於活躍狀態,系統 1 是自主運行的,而系統 2 則通常處於不費力的放鬆狀態,運行時只有部分能力參加。通常情況下,一切會順利進行,系統 2 會稍微調整或是毫無保留地接受系統 1 的建議。因此,在通常情況下,我們都會相信自己的最初印象,並且依照自己的想法做出相應的行為。

但是當系統 1 運行遇阻時,便會向系統 2 尋求支持,請求系統 2 提出更詳細和明確的處理方式來解決當前問題。系統 2 在系統 1 無法提供問題答案時,就會被啟用,這就像當我們發現暗器並非總是按照對方口頭所說的方位飛來,我們便會啟用系統 2 來防禦。當我們遇到令人吃驚的事情時,同樣會感到自己有意識的那部分注意力會瞬間激增。

系統 1 和系統 2 的分工是非常高效的,它們總是讓決策代價最小,效果最好。通常情況下,這種分工很有效。兩個系統經常互相拉鋸,但又唇齒相依,少了其中一個,另一個也將無法正常運作。也就是說,對

第八章　神經科學：大腦知多少？

　　於日常生活中的任何決策而言，情感和抽象的邏輯運作一樣重要。我們的選擇和行為，取決於系統 1 和系統 2 來回拉鋸的結果。當中的關鍵在於大腦如何管理兩者之間的糾葛，系統 2 如何抑制系統 1 衝動、無意識、迅速的反應，適度修正系統 1 所造成的決策偏差。

　　我們的大腦是以「付出最少努力」為原則思考的，這樣做既節省了寶貴的能量，也能讓我們在危險的情況下迅速作出決策（人類在狩獵階段遇到猛獸時，沒有大量的時間思考對策）。然而，系統 1 很容易讓我們在無意識中犯錯。同時系統 1 還有一個更大的局限，即我們無法關閉他，當藍色筆寫著「紅」字，我們很難關閉對顏色的認知。

　　正是這個原因，當柯子容喊著那些暗器的方位時，你同樣也很難充耳不聞。

楊康為什麼會謊話連篇
——說謊者的大腦和我們有什麼不同

沒有謊言就沒有江湖。

當黃藥師尋找黃蓉遇到歐陽鋒和靈智上人時，靈智上人張口就來：「你找的可是個十五、六歲的小姑娘嗎？……三天之前，我曾在海面上見到一個小姑娘的浮屍，身穿白衫，頭髮上束了一個金環……」他說的正是黃蓉的衣飾打扮，黃藥師聽得心神大亂，頓時遷怒於江南六怪。

楊康是金庸小說中撒謊數一數二的人物（可能略輸韋小寶）。撒謊完全融入他的日常生活，他對母親撒謊，對戀人撒謊，對師父撒謊……

在丐幫大會上，楊康雙手持定綠竹杖，高舉過頂，開始了滔滔不絕的謊話：「洪幫主受奸人圍攻，身受重傷，性命危在頃刻，在下路見不平，將他藏在舍間地窖之中……洪幫主臨終之時，將這竹杖相授，命在下接任第十九代幫主的重任。」

說謊可不是楊康的專利，事實上它早已滲入了我們的基因，可以這樣說：說謊是人類的天性。

說謊可能是人類演化過程中的產物。研究者推測，說謊行為起源於語言出現後不久，不用武力而操縱他人的本領很可能為爭奪資源與配偶的競爭提供先機，這與動物世界的詐欺策略（如偽裝）的演化類似。哈佛大學倫理學家希瑟拉·博克（Sissela Bok）說：「與其他獲得權力的方式相比，說謊是如此輕而易舉，依靠說謊騙取他人錢財比動粗或搶銀行容易多了。」我們大多數人一輩子也遇不到一個持刀搶劫的歹徒，但是卻常

第八章　神經科學：大腦知多少？

常會遇到各式各樣的騙子。

加州大學聖塔芭芭拉分校的社會心理學家貝拉·德保羅（Bella De-Paulo）首次系統性地記錄了說謊行為的普遍性。德保羅及其同事曾經讓147名成人在一週之內記錄下每個試圖誤導他人的時刻，他們發現研究對象平均每天說謊一到兩次。大部分謊言都是無害的，只是為了掩飾個人不足或避免傷害他們。其中一些屬於藉口，有人將沒有倒垃圾歸咎於不知道倒到哪裡，還有人說謊為了個人形象，例如聲稱自己是外交官的兒子，這些都是輕微的不當行為。

但德保羅及其同事還發現，大多數人曾在人生中某個時刻說過一次或多次「嚴重的謊話」，例如向配偶隱瞞出軌，或在申請大學時虛報資訊。

美國杜克大學心理和行為經濟學教授丹·艾瑞利在十多年前就開始對不誠實和說謊行為著迷，有一次他搭乘長途飛機，在翻看雜誌時，翻到一篇智力測驗，回答了第一個問題後，他翻到後面確認是否正確，發現自己快速掃視了下一個問題的答案。他繼續以這種方式完成整個測驗後，不出所料得了高分，他說：「想必是因為我既想知道自己有多聰明，同時也想向自己證明我很聰明。」那次經歷使他發展出持續一生的研究說謊和其他不誠實行為的興趣。

回到楊康的問題，假如欺騙是為了獲得利益的話，那這個養尊處優、什麼都不缺的小王爺為何會謊話連篇呢？

為了釐清不誠實的行為和社會階層的關係，加州大學的心理學家設計了一系列實驗。研究小組的調查結果顯示，特權往往誘發了不誠實的行為。有錢的上流社會受試者更有可能欺騙別人，為了贏得一張線上的禮品券，他們撒謊的程度是一般人的三倍。研究小組把這一項結果公布

於《美國國家科學院院刊》(*Proceedings of the National Academy of Sciences of the United States of America*)。

丹·艾瑞利的一項實驗發現，越是基層的勞工越誠實。在艾瑞利的這個實驗中，實驗人員安娜維是位盲人，她拄著手杖來到蔬菜店告訴店主，自己需要兩公斤番茄，但現在要出去辦點事，她會離開蔬菜店 10 分鐘後再回來拿。

安娜維把從各處買到的番茄請人鑑定品質，結果發現那些商販不計損失、不怕麻煩地為這個盲人顧客挑選外觀和品質都很好的番茄。

當安娜維搭乘計程車並要求按表付費時，她支付的計程車費用比別人相同的路程更便宜。計程車司機常常名聲不佳，但事實上他們並沒有欺騙她計價器上的價格，司機反而為她挑選更短的路程，還常常在沒到終點時，就提前關了計價器。

艾瑞利發現那些有身分、有地位的人卻熱衷撒謊和欺騙。比如高爾夫球是個高雅的紳士運動，但是他發現，球員常常會用球桿和腳移動球的位置，同時這些球員還普遍認為自己的行為和其他人的作弊行為比起來要好很多。

另外，那些德高望重的專家在收到高額的鑑定費用後，常常給出片面和有失公允的鑑定報告。事實上，所謂的菁英人士撒謊的動機更大，華爾街那些評估抵押證券的人，只要在複雜的運算中把折價係數從 0.394 改成 0.395，馬上就能看到證券的價值大幅上漲。奧斯卡獲獎紀錄片《黑金風暴》(*Inside Job*) 展示了華爾街的金融服務業是如何付錢給學者，這其中包括著名大學的校長、系主任和教授，讓他們撰寫虛假的專業文章。

假如有機會研究和掃描楊康的大腦，他的大腦和常人有什麼不同？

第八章　神經科學：大腦知多少？

2015 年，舊金山加州大學一個研究小組前往舊金山的臨時就業機構。一些沒有長期固定工作的人很難找到工作，但他們其實不是找不到工作，而是因為愛說謊，保不住工作。經過一連串的心理測驗和面談，他們把研究對象分成三組，並對這三組測試對象的大腦掃描圖進行了對比，這其中包括 12 名有反覆說謊史的成人、16 名符合反社會人格障礙標準但不常說謊者，以及 21 名既不屬於反社會者也沒有說謊習慣的人。

研究人員對每組對象進行了腦部掃描，以檢測每個人的大腦結構，他們主要是看這些實驗對象的前額葉皮質（即我們額頭後面的那部分大腦，被認為負責高級思考活動，包括安排日程、決定如何抵制身邊的誘惑等），這部分大腦還被我們用來協助做道德判斷和決策工作。簡而言之，就是支配思考、理性和道德的指揮塔。

整體而言，填滿我們大腦的物質主要有灰質和白質，研究結果顯示，病態說謊者的灰質平均要少 14%，這說明病態說謊者的前額葉皮質（區分是非的重要區域）中有較少的大腦細胞（灰質），他們在做決策時就較少考慮到道德，因此也更容易說謊。

同時病態說謊者前額葉皮質的神經纖維體積至少多出 20%，顯示慣於說謊者大腦中有更強的連通性，將不同的記憶和想法連繫起來。或許他們有能力更快地編造謊言，使其更傾向於說謊。但同時這一項特點也可能是由不斷說謊導致。

京都大學心理學家伸仁阿拜和哈佛大學的約書亞·格林（Joshua D. Greene），用功能性磁共振造影掃描測試者大腦，發現有詐欺行為者位於前腦基部的大腦伏隔核（nucleus accumbens）顯示出更強的活性，這一個位於前腦基部的組織在處理獎賞中發揮關鍵作用。「你的獎賞系統在得到錢財的可能性面前越興奮，你越可能行騙。」格林解釋說。這一項發

現的潛臺詞是，貪婪令人說謊。

楊康的謊言和華爾街的大佬沒什麼兩樣，都是貪婪，若非是對金錢的貪婪，就是對權力的貪婪。

同時我們還會發現，楊康是個非常有創造力和想像力的人，扯謊簡直不用打草稿。丹·艾瑞利認為，創造性越強，粉飾不誠實行為的能力也越強（要編個彌天大謊可不是件容易的事情），這是因為大腦不同區域連結越多，被認為越具創造力。

現在還有一個問題，如果說楊康在丐幫大會上撒謊是為了權力，那麼為何他幾乎會在每件事情上撒謊，對師父、戀人，甚至是母親，有些其實根本不需要撒謊，也就是說，為何有人會撒謊成癮？

研究者發現，一個謊言可能導致第二個、第三個謊言，最終一發不可收拾。倫敦大學的神經科學家塔莉·沙羅特（Tali Sharot）及同事展開的實驗顯示，大腦能適應我們說謊時產生的壓力和情感不適，讓下一次說謊更加容易。在透過功能性磁共振對參與實驗者的大腦掃描中，研究者觀察的是參與情感處理的杏仁核。他們發現，杏仁核對說謊的反應隨著說謊次數的增多而不斷減弱，即使謊言不斷變本加厲。

所以沙羅特說：「輕微的謊言也會通向嚴重的詐欺。」這也是楊康在撒謊的道路上一發而不可收的原因。

第八章　神經科學：大腦知多少？

江南四友為何上癮琴棋書畫
──成癮消費中邊際效用不再遞減

在《笑傲江湖》中，老大黃鐘公、老二黑白子、老三禿筆翁、老四丹青生，合稱「江南四友」。四人都一度是武林成名人物，他們的任務就是受東方不敗的命令在杭州西湖梅莊看守被囚的任我行。

當向問天帶著令狐冲來搭救任我行時，他找到了江南四友的最大弱點。老大黃鐘公對彈琴有癮，一心想抄錄嵇康的〈廣陵散〉琴譜；老二黑白子對下棋有癮，聽到劉仲甫和驪山仙姥的對弈棋譜《嘔血譜》就激動萬分；老三禿筆翁對書法有癮，想得到張旭的《率意帖》；老四丹青生對繪畫有癮，心心念念范寬的〈溪山行旅圖〉。

向問天利用了這四個人的這幾個弱點，讓他們一步步落入圈套……

江南四友雖為武林中人，但又分別痴迷自己的愛好，明知道看守任我行責任重大，但是卻無法抵抗自己成癮事物的誘惑，結果就中了向問天的計，使得任我行得以逃脫。

「癮」在金庸小說中隨處可見，武林豪俠大多對武功上癮：任我行、左冷禪、岳不群等對權力有癮；曲洋、劉正風對音樂有癮；洪七公對美食有癮；蕭峰對喝酒有癮；周伯通對玩有癮；韋小寶對賭成癮；函谷八友各自都有上癮的事物……

「癮」到底是怎麼一回事呢？行為經濟學對此進行了深入的研究。

「上癮」是指行動者在過去的經驗中，體驗到能使其感到快樂的行為，儘管很多情況下不良的上癮行為會帶來降低行動者效用程度的後

江南四友為何上癮琴棋書畫─成癮消費中邊際效用不再遞減

果,但行動者還是會堅持滿足自己的嗜好。

上癮這件事用傳統經濟學似乎很難說得通。傳統經濟學通常假定邊際效用是遞減的,即人們對於一個消費物品的評價會隨著消費量的增加而逐漸減少。但是行為經濟學家則對此提出了質疑,邊際效用真的是遞減的嗎?如果是這樣,喝酒第一杯是最爽的,然後越喝帶來的快感就會遞減,也就是越喝越不帶勁,可是事實上好像並不是這樣,《天龍八部》「劇飲千杯男兒事」一章中蕭峰分明越喝越振奮,幾十杯酒下肚後反而更加豪氣沖天。

為了解釋這個問題,行為經濟學家引入了「偏好」的概念。偏好是指消費者按照自己的意願對可供選擇的商品組合進行的排列。偏好是微觀經濟學價值理論中的一個基礎概念,它是主觀的,也是相對的概念,偏好實際上是潛藏在人們內心的一種情感和傾向。

偏好會隨著某些上癮商品的消費而發生變化,例如人們長期喝酒,常常會增加對這些物品的欲望,並且隨著時間的推移,消費量也會不斷增加。根據效用理論的觀點,由於偏好發生了有利於這些商品或人的變化,這些商品或人的邊際效用就會隨著時間的推移而增加。

比如江南四友中老大黃鐘公對音樂有特殊的偏好,當他聽越多美妙的音樂,就越容易引起他對音樂強烈的偏好,他的音樂鑑賞能力也不斷提高,聽音樂獲得的邊際效用也就越高。

不過有益的上癮行為和有害的上癮行為也是不同的,有害的上癮行為在長期內是邊際效用遞減的,即隨著上癮程度的加深,得到的快感會逐漸減少。行為經濟學家的研究顯示:著眼於當前利益的個體對有害商品的潛在上癮程度,要高於著眼於未來利益的個體。也就是說,不考慮未來的人,越容易對不良嗜好上癮。

第八章　神經科學：大腦知多少？

為何江南四友各自都有上癮的事物，這還有可能是因為看守日月神教前任教主是一項壓力龐大的工作。書中寫到，當黑白子發現任我行逃走時，萬分驚恐地發出一聲悲號，聲音中充滿痛苦和恐懼之意，令人毛骨悚然。可見這幾個人平時的壓力有多大。

成癮其實是一種學習模式，包括為了應對壓力而進行的舒緩、愉快的活動。上癮必須發生在這樣一個情境中，那就是此人發現該種體驗是愉快的、有用的，而且刻意重複該體驗，直到大腦將其從刻意的、有意的處理過程轉向自動的、習慣性的處理過程。

獎賞系統是大腦的原始組成部分，就這一點而言人與老鼠差別不大，它的存在是為了保證我們追尋自己需要的東西，讓我們對指向目標的聲音、影像和味道提高警覺。它在本能和反射的領域運作，為的是搶在競爭對手之前獲得食物和配偶。但在我們擁有時時刻刻滿足欲望機會的現代世界中，這一個系統卻可能成為絆腳石。

欲求的產生依賴一連串複雜的大腦活動，但科學家認為觸發它的可能是神經傳遞物質多巴胺的飆升。作為傳遞訊號的化學信使，多巴胺在大腦中扮演多重角色，它與上癮的關聯最大。每一種成癮物質都以其獨特的方式影響大腦的化學狀態，但共同之處是它們都讓多巴胺濃度竄升至遠超過自然水準。劍橋大學神經學者沃夫雷姆・舒爾茨（Wolfram Schultz）將分泌多巴胺的細胞稱為「我們大腦中的小魔鬼」，這些化學物質驅動欲望的能力極其強大。經由熟習系統，獎賞的訊號、提醒或暗示會激起多巴胺的大量分泌。

書中這樣描述道——黑白子道：「你當真見過劉仲甫和驪山仙姥對弈的圖譜？難道世上真有這局《嘔血譜》？」他進室來時，神情冷漠，此刻卻是十分的熱切。

此刻的「十分的熱切」，就是多巴胺分泌後的表現。黑白子並沒有看到所謂的《嘔血譜》，為何僅僅聽到這個名字就會如此激動？

賓夕法尼亞大學戒癮研究中心的臨床神經學者安娜‧羅斯‧奇爾德雷斯（Anna Rose Childress）證實，上癮的人不需要特地接受暗示來喚醒獎賞系統。奇爾德雷斯在《公共科學圖書館》（Public Library of Science）期刊上發表的一項研究中，她掃描了 22 名古柯鹼上癮者康復過程中的大腦，同時在他們眼前閃過玻璃煙槍和其他吸毒工具的圖片，每幅停頓 33 毫秒，僅為眨眼時間的十分之一。那些人並未有意識地「看到」任何東西，但圖片激發的獎賞系統中的特定部位，與看見毒品暗示產生刺激的部位相同。

在金庸小說中，我們看到各人上癮的事物如此不同並且如此廣泛。事實上任何過高的回報、引起歡愉或有安撫作用的事物，都可能讓人上癮。

最新修訂的美國精神病學寶典《精神疾病診斷與統計手冊》（Diagnostic and Statistical Manual of Mental Disorders），首次納入了一種行為癮癖：賭博。一些科學家還認為，現代生活中的各種誘惑，比如垃圾食品、購物、電子遊戲、智慧型手機都存在潛在的致癮性，這是由於它們對負責產生渴望的大腦獎賞系統產生巨大影響。

妮柯爾‧阿韋納（Nicole Avena）是紐約市西奈山聖盧克醫院的神經科學家，她發現老鼠在條件允許的情況下會不停吃糖。她說高度加工食品，例如精製麵粉，可能和糖一樣會造成上癮的不良後果。

阿韋納和其他學者在密西根大學訪查了 384 名成人，其中 92％ 反映對吃某種食品的持續渴求，反覆試圖停止未果，這正是成癮的兩個象徵。受訪者將披薩——通常由白麵粉烘製的餅皮和飽含糖分的番茄醬汁

第八章　神經科學：大腦知多少？

製成——被評為最易上癮事物，而洋芋片和巧克力並列第二，阿韋納對於食品上癮的存在性毫不懷疑，她說，這是人們難以擺脫肥胖症的主因之一。

「癮」控制了江南四友的大腦，他們很快便中計。四個原本應該在藝術文化領域大放異彩的武林人士以悲劇收場，或被逼迫服下三屍腦神丹，臣服於任我行，或不甘受辱而自盡。

武林高手如何做到「快」
── 我們的反應如何繞過大腦

天下武功，唯快不破。

風清揚在華山頂向令狐冲傳授獨孤九劍時說：「田伯光那廝的快刀是快得很了，你卻要比他更快⋯⋯你料到他要出什麼招，卻搶在他頭裡。敵人手還沒提起，你長劍已指向他的要害，他再快也沒你快。」

「快」在武林中是十分重要的法則，令狐冲使用「破箭式」在內力全失的情況下，瞬間打敗 15 個高手，方法就是「快」。

東方不敗也是快到了匪夷所思的地步。他誅殺童百熊時，「突然之間，眾人只覺眼前有一團粉紅色的物事一閃，似乎東方不敗的身子動了一動。但聽得嗆的一聲響，童百熊手中單刀落地，跟著身子晃了幾晃」。

高手的「快」究竟是如何做到的？這個問題可不是武俠小說才有的奇思異想，在現實世界，專業運動員的快就達到了不可思議的地步。

1974 年，拳王穆罕默德‧阿里（Muhammad Ali）和喬治‧福爾曼（George Foreman）在薩伊首都金夏沙進行了一場比賽，美國作家諾曼‧梅勒（Norman Mailer）在報導這一場比賽時，這般描述阿里的拳擊：「兩秒鐘內能迅速揮出 12 拳，出拳的方式變化多端，速度快到尖叫的觀眾只能看到模糊晃動的手套。」如果梅勒的計算是正確的，那麼阿里的一拳從揮出到結束只要 166 毫秒。事實上，賽後更準確的統計資料顯示，阿里的左刺拳只要 40 毫秒就能完成。

有一段李小龍在拍攝《猛龍過江》時留下來的紀錄影片中顯示，當

第八章　神經科學：大腦知多少？

時李小龍每天抽出 4 個小時練習，其中練拳占了大部分時間。影片是用高速攝影機拍攝，只能感到李小龍出拳迅速無比，很難分清拳的路線。把影像放慢至原速的二十五分之一觀察，李小龍在一分鐘之內一共擊出 170 多拳，平均速度相當於在 0.8 秒內穿越整個籃球場。李小龍最快的出拳速度約每秒 18 公尺，也就是大約每小時 65 公里，1 公尺之內的對手只有 50 毫秒的時間做出反應。

運動員在比賽中做出的反應和令狐冲一樣，必須快得不可思議。時速 145 公里的板球只需要 500 毫秒，就能飛過 20 公尺的距離，擊中擊球手身後的三柱門；時速 225 公里的網球，只需要 400 毫秒就能飛到對方場地的發球線處；足球比賽中，罰球只需要 290 毫秒，就能飛躍 11 公尺的距離射門；從藍線擊出的冰球只要不到 200 毫秒就能砸到守門員的安全帽；乒乓球的球速在每小時 110 公里左右，兩個運動員之間的距離只有五、六公尺，回球的一方只有 160 毫秒的反應時間⋯⋯

然而體育比賽中的反應速度卻與神經科學研究的某些結果是相悖的。

比如，當視網膜感知到某一物體時，需要 100 毫秒的時間。而且我們的視覺系統是很遲緩的，當視網膜感知到光時，光子要先轉化為化學訊號，然後再轉化成電子訊號，由神經纖維傳送到大腦背面的視覺皮質區域，再通向兩條不同的通道，分辨出物體的方位和運動與否。接著兩條通道會融合為一個影像，到了這個時候，影像才會出現在我們的意識世界中，這個過程又需要 100 毫秒。

當我們的視線從一個物體轉到另一個物體時，我們需要很長時間看清模糊的物體，眼睛不斷地記錄也需要占用大量的大腦資源。在 1 秒鐘內我們最多進行 5 次視線的轉換，也就是說，要進行一次視線的轉換，

武林高手如何做到「快」—我們的反應如何繞過大腦

至少需要 200 毫秒。

這樣的話，100 毫秒的時間還不夠板球運動員完成一次視線的轉移，他根本就意識不到球的存在，那他是如何在 100 毫秒內接到球的呢？認知決策系統還需要 300 至 400 毫秒的時間啟動，運動系統也需要 50 毫秒的時間將指令送達給肌肉，當我們完成這些後，球早就砸到腦袋上了。在武俠世界中，當對方從十公尺遠的地方擲出暗器時，可能只有 100 毫秒的時間做出反應，他們又是如何做到準確躲過（或者接住）高速飛行的暗器呢？

運動員，或者說那些武俠小說中的大俠，是如何在十分之一秒或者更短的時間內做出決策呢？

當人類還處在冷兵器甚至是更早的時代，例如人類還在非洲大草原狩獵的史前時代，若有一頭獅子忽然從隱藏的樹林裡衝出來，牠以每小時 80 公里的速度從 30 公尺外向你撲過來，只需要一秒鐘的時間，牠的利牙就能穿透你的脖頸，你根本來不及考慮逃跑、爬上樹，或是拉弓射箭。在另一些時候，一個敵對的部落出現在面前，他們向你投擲長矛，長矛以每小時 100 公里的速度從 10 公尺遠的地方飛來，只要三分之一秒就能穿透你的腦袋。

我們今天之所以能夠幸運地在咖啡店裡喝著咖啡，或者悠閒地在音樂廳裡聽著交響樂，就歸功於我們的祖先像閃電一樣的反應速度，演化就如同奧林匹克的資格賽，它讓反應更快的人才有資格存活下來。

然而等訊息傳遞到大腦，再由大腦做出決策、指揮我們的身體做出反應時，我們可能早就成為猛獸的食物了。大腦還有一個更有效的方法來彌補意識的延遲。當需要快速反應時，大腦會切斷意識世界的通路，依靠反射、自動行為和所謂的「前意識」（preconscious）處理。前意識（不

第八章　神經科學：大腦知多少？

同於我們熟悉的「潛意識」）處理是指大腦意識到某件事之前，我們已經有所感知，做出決定並採取行動，意識大腦完全沒有參與其中。

沒錯，真正的高手唯有經由無數次的練習達到自動反射，從而實現那些匪夷所思的速度。當他們聽到出劍的風聲，或者對手肌肉細微的變化，便會本能地出手。那麼這些習得性的動作是如何變成條件反射，在電光石火的一刻，破解對手的凌厲招式呢？

要回答這個問題，首先我們要理解反射和自動行為的一個基本原則：我們的神經系統從脊柱、到腦幹、到皮質（處理有意識的運動），越往上走，參與的神經元越多，神經訊號傳遞的距離越遠，反應時間就越慢。為了加快反應速度，在人類學會一個動作後，大腦會把這個動作的控制權下放給大腦下半部分，也就是負責無意識的自動行為那部分。一個習得動作一旦成為自動行為，便可以在短短的 120 毫秒內觸發。

有一個實驗可以驗證這一個過程，讓實驗對象學習玩俄羅斯方塊，剛開始，實驗對象大腦的大部分區域都是亮的，表示大腦在經歷複雜的學習過程。一旦掌握了遊戲方法以後，就變成了習慣性的動作，大腦皮質的活動逐漸停止了，大腦消耗的葡萄糖和氧氣量也大幅減少，反應速度卻大幅加快了，實驗對象玩得熟練以後，玩遊戲時就不再需要思考了。這一點，司機一定有所體會，長期的駕駛經驗會讓他們本能地操作而無需思考。

儘管自動行為的反應速度已經很快了，但是還不足以讓我們應對很多挑戰，依然會有遲滯的感覺，主要的問題在於它們是「反應」，等到對方球發過來，或者拳打過來以後才決定要怎麼應對。優秀的運動員會進行預判，棒球比賽中，打擊手會研究投手的動作，判斷球的大致軌跡；板球比賽中，球還在擊球手手中時，內野手就會研究擊球手的每一個細

節，包括姿勢、目光、抓球的方式；拳擊比賽中，拳手會無意識地觀察對手的步伐、頭部運動和穩定肌的狀態，為出拳做準備。

在武俠世界也同樣如此，預判十分重要，比如「令狐冲內力雖失，但一見他右肩微沉，便知他左手要出掌打人，急忙閃避」。有技巧地預測對於減少反應時間是十分重要的。

在《笑傲江湖》中，我們看到劍術頂尖的令狐冲出招也不受大腦控制，而出於反射本能，尤其當危險出現時。在令狐冲和岳不群比劍的時候，令狐冲就誤傷了岳不群。令狐冲隨手擋駕攻來的劍招，不知如何，竟使出了「獨孤九劍」中的劍法，刺中了岳不群的右腕。他立即拋去長劍，跪倒在地，連稱自己罪該萬死。

而當令狐冲和岳靈珊在嵩山比劍時，再次出現這種情況。當岳靈珊長劍已撩到他胸前，令狐冲腦中混亂，左手中指已經本能彈出，把岳靈珊的長劍震得脫手飛出。

這些看似誇張的描寫其實相當真實。肯‧德萊登（Ken Dryden）是著名的冰球守門運動員，他有一段談話可以間接說明高手的快速反射行為是如何產生的。

「當我感覺到威脅靠近時，我的大腦意識一片空白，沒有任何感覺。我什麼都聽不到，也沒告訴身體要往哪裡移動，怎麼移動，但是身體就是在移動。我的眼睛盯著球，所看到的東西也不是我命令眼睛去看的……我看到了射手握桿的方式，看到他身體的角度，看到他面對的防守，並預測他會做什麼樣的動作。我的身體無意識地移動著，我相信我的無意識動作。」

這些話聽起來更像一名武林高手的描述。

第八章　神經科學：大腦知多少？

滅絕師太為何懷有強烈的報復心
——復仇如何讓大腦產生快感

滅絕師太人如其名，武功雖高，卻是個令人憎惡的老尼。

出家前的滅絕師太和她的大師兄孤鴻子有嫁娶之約，孤鴻子與明教光明左使楊逍比武落敗，被奪走倚天劍而氣死。滅絕師太一心想為大師兄報仇，所以非常痛恨明教。

為了報仇，滅絕師太令弟子紀曉芙去殺了楊逍，承諾事成之後將衣缽和倚天劍全部傳給紀曉芙，並立她為本派掌門的繼承人。面對誘惑，紀曉芙極為堅決地拒絕了，於是這個老尼惱羞成怒，手起掌落，殺了紀曉芙。

不過在滅絕師太眼裡，並不會認為是自己殺了紀曉芙，而是魔教害死了紀曉芙。

在我們生活中，其實也能碰到很多「滅絕師太」，雖然他們不會一掌把我們的頭蓋骨拍碎，但是他們的思考方式卻是一樣的，並且，從某種程度來說，我們都帶有「滅絕師太」的復仇基因。

報復這件事不但存在於人類的基因中，它在動物之中同樣存在。

德國萊比錫的馬克斯‧普朗克演化人類學研究所的研究人員在一次實驗中，想弄清楚黑猩猩是否有正義感。他們的實驗設計是把兩隻黑猩猩分別關進兩個相鄰的籠子裡，籠子外面放一張堆滿食物的桌子，這兩隻猩猩都能搆得到。桌子裝有腳輪，兩隻猩猩都能將桌子拉近自己或者推出去。桌子兩頭分別拴一根繩子，繩子連在桌子底部。如果任何一

滅絕師太為何懷有強烈的報復心──復仇如何讓大腦產生快感

隻猩猩拉動繩子，桌子就會翻倒，食物就會散落一地，牠們誰都搆不到了。

當他們在籠子裡只放一隻猩猩，另一個籠子空著的時候，猩猩會把桌子拉過來，想吃多少就吃多少，牠不會拉繩子。但是臨近的籠子裡再關一隻猩猩後情況就變了。只要兩隻猩猩都能吃到食物，牠們會相安無事；但如果其中一隻有意無意地把桌子拉到自己這邊，另一隻一旦搆不到食物，牠會發怒拉動「報復」的繩子把桌子掀倒。

不僅如此，惱怒的猩猩還會暴跳如雷，狂叫不休。

人類與黑猩猩相似，即使要付出代價，他們也會採取報復。在靈長類和人類的社會秩序中，報復都具有深層次的作用。建立在信任基礎上的社會契約一旦被破壞，我們就會非常憤怒，即使付出自己的時間和金錢，有時還冒著人身傷害的危險，也要使違約者受到懲罰。

當滅絕師太出手懲罰魔教的人，或者懲罰她認為該懲罰的人時，其實並不是她想像的那麼高尚，這在相當程度上出自於一種動機，即可以享受懲罰別人的快感。而這種快感，和我們看到令人垂涎的菜餚，或者股市中狠狠賺了一票，甚至是和愛人親密時一樣，它們都出自於人的本能。

人的這種快感來自於大腦，產生快感時，大腦內控制喜悅、滿足等情緒的部位會劇烈活動，該部位稱為「紋狀體」。紋狀體是基底神經節的主要組成部分，位於皮質底下深處，靠近腦幹上方的腦中心。紋狀體有豐富的多巴胺神經元，負責處理精細的情緒。科學家們早已知道，紋狀體這個部位與「復仇的美妙滋味」有關。

滅絕師太對魔教中人大開殺戒，可能就是在享受這「復仇的美妙滋味」。

第八章　神經科學：大腦知多少？

我們來看一個經濟學研究團隊進行的「信任賽局」遊戲（我們已經在之前的章節中介紹過這個遊戲）。

甲和乙匿名協商。兩人各得到 10 美元，甲可以把錢留給自己，也可以給乙。如果選擇後者，那麼甲給乙的錢會擴大至原本的 3 倍。也就是說，假如甲把自己的 10 美元全部給乙，就會變成 30 美元。乙加上自己一開始就得到的 10 美元，將擁有 40 美元。

假如乙是值得信任的人，願意和甲合作，最後可以與甲平分這筆錢，那麼甲得到的就不是 10 美元，而是 20 美元，這對兩人都有利。不過乙也可能不把錢分給甲，自己獨吞 40 美元，這代表著甲遭到了乙的背叛。

研究者想知道的是，當甲基於信任，把 10 美元給乙，結果卻遭到對方背叛時，甲的大腦活動會出現什麼樣的變化？

研究者進一步設計這個賽局遊戲。甲在遭到乙背叛後可以選擇懲罰乙，並且每懲罰乙一次就意味著從乙身上拿走 2 美元。不過重點是，甲的錢並不會因此增加，甚至還會因懲罰乙而減少。因為每當甲懲罰乙一次，雖然從乙身上拿走 2 美元，但甲自己也會損失 1 美元。

同時，這個遊戲不會重複進行，因此甲並不是出於教導乙要合作的目的，以便下次玩遊戲時彼此都能拿到更多的錢才懲罰乙。甲經由懲罰給予乙「利他」的教訓。換句話說，甲懲罰乙，是「花錢教乙做人」，讓乙知道如何與人合作，並不是為了甲自己，而是為了下次和乙一起玩遊戲的人。

在實驗過程中，研究者發現，甲的紋狀體後部的血流增加，代表著該部位的活動劇烈。這個部位能提前感受到對特定對象採取行動之後帶來的喜悅。雖然復仇未能替自己帶來經濟利益，但卻能帶給自己強烈的

喜悅感，否則在甲必須付出代價才能懲罰乙的遊戲中，甲就不會甘冒經濟損失之痛也要懲罰乙了。

事實上，大家都想懲罰那些違反社會規範的人，即使我們無法因此得到好處，甚至還得為此付出代價，但我們依然想懲罰那些做了不該做的事的人。在這種情況下，合乎經濟理論、出於自私考慮、讓自己獲得最大利益的念頭完全消失了。

蘇黎世大學的多明尼克·狄奎凡（Dominique de Quervain）和恩斯特·費爾（Ernst Fehr）以傑出的研究證明了這一項結論。他們運用正子斷層造影（PET）掃描了懲罰者的大腦，從而揭示出懲罰是一種由人類大腦自我犒賞系統（brain reward circuit）所驅動的自我激勵行為。

原來「為了正義」復仇是一件很爽的事情。

在六大門派圍攻光明頂之戰時，滅絕師太仗著倚天劍的威力向身負重傷的張無忌挑戰，作為一派之尊的武林前輩，為了幫助武林誅滅魔教，也為了自己復仇的快感，滅絕師太連自己作為前輩的尊嚴和榮譽都完全不要，置江湖的基本道義不顧，居然向一個身負重傷、並且早已贏了她的人下毒手。顯然她心裡很清楚，這會讓她的名譽受損，但她為何堅持要這麼做？

其實我們的大腦也產生了成本和收益的交鋒，我們之所以會不顧一切採取報復行動，是因為這種行為帶來的快感（收益）超過我們所要支付的成本。在「信任遊戲」中，研究者發現甲的大腦內出現了認知上的糾葛，「更多的金錢損失」和「懲罰乙帶來的快感」出現了交鋒，但最終快感戰勝了損失。

復仇的快感每個人都會有，比如林平之為了報余滄海滅門之仇，並不一劍殺了余滄海，而是慢慢地和他玩貓捉老鼠的遊戲，先把他的弟子

第八章 神經科學：大腦知多少？

一個個殺死，讓余滄海處於死亡的恐懼中，林平之就是在一點一點地折磨余滄海至死的過程中，享受復仇的快感。

當我們讀完《笑傲江湖》後，我們會驚訝地發現，即便是俠義心腸的令狐冲，也同樣享受這種復仇帶來的快感。

岳靈珊臨死前託付這個大師兄，請他好好照顧林師弟，那麼令狐冲做了什麼呢？

令狐冲因為恨林平之殺了岳靈珊，最後把林平之「照顧」到了梅莊關押任我行的地牢，在這個西湖地下地牢滋味如何呢？難道令狐冲不知道嗎？他自己不是在這個地牢裡「想到要像任老先生那樣，此後一生便給囚於這湖底的黑牢之中，霎時間心中充滿了絕望，不由得全身毛髮皆豎」。令狐冲把林平之餘生關在這樣生不如死的地牢，遠遠比一劍殺了他更殘酷，這不是「復仇的快感」又是什麼？

雖然我們的大腦朝著利他的方向運作，懲罰破壞合作關係的個人，以便讓受懲罰者在未來懂得與他人合作，但很顯然，這種行為在很多時候並非出於高貴的動機或崇高的人本思想，而只是為了滿足利己的、本能的喜悅。

令狐冲為何會和向問天同仇敵愾
── 鏡像神經元讓我們產生同理心

在《笑傲江湖》中有一段扣人心弦的描寫，就是令狐冲初次遇到「天王老子」向問天的情景。當時令狐冲不知道眼前老者姓名來歷，也不知為何有這麼多武林中人要和他為難，更不知他是正是邪，只是欽佩他這般旁若無人的豪氣，不知不覺間起了一番同病相憐、惺惺相惜之意，於是令狐冲大踏步向前，當著老者的對手朗聲說道：「前輩你獨酌無伴，未免寂寞，我來陪你喝酒。」

令狐冲這「不知不覺間起了一番同病相憐、惺惺相惜之意」是怎麼來的？在神經科學家和小說家眼中，這一切的發生恐怕有點不同。

我們與他人之間的連結關係，比一般人想像的更加深刻，這種連結關係甚至已深植於大腦之中。更準確地說，是一種叫做「鏡像神經元」（mirror neuron）的神經細胞的作用創造了這種連結關係。

1990 年代，義大利神經生理學家賈科莫‧里佐拉蒂（Giacomo Rizzolatti）和他在帕爾瑪大學的研究夥伴做了一項非凡的研究。在研究大腦功能的時候，研究者把電極植入猴子的大腦。有一天，一位飢腸轆轆的研究者想吃點零食，靠近食物的時候，他注意到猴子大腦前額葉皮質的神經元開始興奮，興奮的區域正是牠自己拿食物時的興奮區。但是，猴子只是靜靜地坐在一旁看人類拿食物而已，那麼興奮現象是怎麼發生的呢？

隨後，研究人員發現，這是因為這些特殊的神經元不僅會在個體親自拿食物時產生反應，它們在別人做出這個動作時也會興奮，研究人員

第八章　神經科學：大腦知多少？

將這些神經元稱為「鏡像神經元」。

當時著名的神經科學家維萊亞努爾·拉馬錢德蘭（V. S. Ramachandran）認為：這一項研究是1990年代最重要的事件，鏡像神經元在心理學界的作用將會像去氧核糖核酸（DNA）在生物學界的作用一樣，它們將為至今為止無解也無法實驗的心理之謎，提供解釋和框架。

今天幾乎沒有任何科學家再質疑這一項發現的重要性。在此發現之前，科學家普遍認為我們理解和預測他人的舉止時，主要透過系統R（指受意識控制的思考方式）進行理性思考。現在，他們明白社會理解和同理心可能會自發產生，就像鏡像神經元不僅會刺激人們的行為，還會刺激他們的意圖和情緒一樣。比如說，看見別人微笑，我們的鏡像神經元就啟動了，並在我們的腦海裡產生一種與微笑相關的情緒，而沒必要去思考他人微笑背後的意圖。

科學家對靈長類動物的大腦所進行的研究實驗尺度太大，無法在人類身上進行。介入靈長類動物大腦的電極可以檢測到小至單個細胞的電流活動，可證明鏡像神經元存在的實驗證據雖然都較為間接，但仍然很有說服力。

神經科學家現在又開始使用功能性磁共振造影技術來探究人類的鏡像神經元，這種技術可以顯示出大腦不同區域所增加的耗氧量。功能性磁共振造影的影像顯示，人做出某項行為時，某些大腦區域會顯示出活動跡象，而看到其他人做出同樣行為時，這些區域也處於活躍狀態。

回到《笑傲江湖》中令狐冲遇到向問天這段，令狐冲眼中的向問天相貌、神情和舉止是這樣的，「只見他容貌清臞，頷下疏疏朗朗一叢花白長鬚，垂在胸前，手持酒杯，眼望遠處黃土大地和青天相接之所，對圍著他的眾人竟正眼也不瞧上一眼」。

> 令狐冲為何會和向問天同仇敵愾—鏡像神經元讓我們產生同理心

　　正是這般天不怕、地不怕的豪邁氣概和神情，不但讓令狐冲欽佩，也同樣刺激了令狐冲的鏡像神經元，此刻，他也表現出置生死於度外的氣概。也是鏡像神經元的緣故，讓令狐冲「不知不覺間起了一番同病相憐、惺惺相惜之意」。

　　當我們察覺到他人的某種情緒，並自己親身體驗同樣的情緒時，所刺激到的神經細胞就會開始劇烈活動。最具代表性的例子就是觀賞電影或逼真的戲劇演出時，自己也彷彿成了劇中人，一起歡笑或者哭泣。

　　能看穿別人的內心，好處多多。我們可以藉此避開危險，在可能遭遇傷害時思考對策，也能與別人建立互信、互助、互愛的關係。連剛出生才幾天的嬰兒都能辨識母親的表情是喜還是怒，並以嬰兒獨有的方式給予回應。

　　「同理心」（empathy），即感受他人情感體驗的能力，對象甚至包括我們並不熟悉的陌生人，以及電影、小說中虛構的人物。所以，即便令狐冲從來不認識向問天，也不知他是正是邪，但是看他雙手繫著鐵鏈，又被這麼多江湖人物追殺，想到自己也有這樣的經歷，於是頓時產生同理心。

　　腦科學家已達成共識，認為「同理心」正是鏡像神經元活動的結果，它與負責肢體運動的運動鏡像神經元不同，同理心是由情感鏡像神經元引起的。2009 年，一項利用功能性磁共振造影技術進行的研究調查顯示，兒童在觀看他人遭受痛苦的影片時，有活躍跡象的大腦區域與他們本人承受這種痛苦時的大腦活躍區域相同。在成人身上進行的研究也發現，受試者看到他人處於悲痛或恐懼狀態的照片時，大腦活動也會出現類似的現象。

　　大腦到底是透過怎樣的機制，讓人得以洞悉他人表情背後的情緒

第八章　神經科學：大腦知多少？

呢？人體真的有像鏡像神經元這種了解他人行為的情緒讀取裝置嗎？

　　這一切來自大腦中一個稱為「腦島」的部位。根據實驗和臨床資料顯示，腦島內（尤其是左側的前腦島）有共通的神經基質，當自己不開心或看到別人臉上顯現出不高興的表情時，這個區域便會開始劇烈活動。例如你在咖啡館喝到又苦又澀的咖啡，或是你看到朋友喝到那杯咖啡的表情時，同樣的神經元就會開始活動。

　　目前已經證實，腦島受損的患者無法感知別人的厭惡，但依然能辨識他人臉部表情的變化（如憤怒、害怕等）。除此之外，這種患者自身也無法表現出不高興的情緒。

　　科學家由此推測，腦島可能是鏡像機制的核心，將接收到的臉部表情的視覺訊號解讀為各種情緒。同時，腦島也是統籌感覺訊號和體內反應的中心。舉例來說，若我們看到有人噁心想吐，也會跟著有想吐的感覺。大腦內有情緒的共鳴機制是很自然的，感同身受的能力是人際關係的基礎。一般人都是如此，更何況嫉惡如仇的令狐冲呢？

　　向問天見令狐冲瘋瘋癲癲，毫沒來由地強自出頭，不由得大為詫異，低聲道：「小子，你為什麼要幫我？」令狐冲道：「路見不平，拔刀相助。」

第九章
幸福探索：最重要的一種智慧

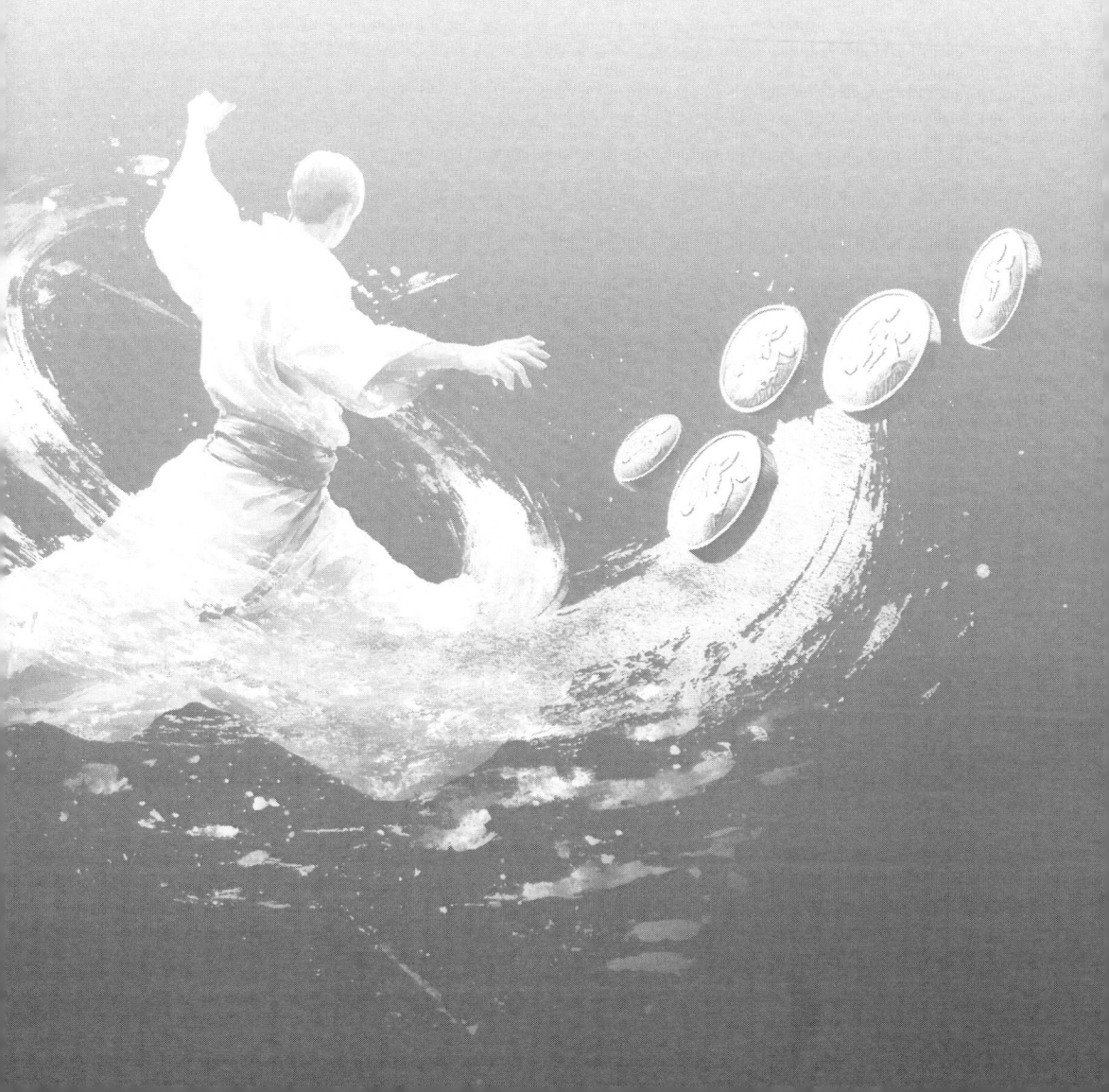

第九章　幸福探索：最重要的一種智慧

楊過和小龍女重逢是最好的結局嗎
——我們的記憶受到「峰終定律」的影響

關於《神鵰俠侶》有一個爭論（這個爭論有點殘酷），就是小龍女跳入絕情谷後，是不是還應該活著。

有一種說法，金庸當時在《明報》刊登連載，讀者基本上就是衝著金庸的武俠小說來看報紙的，而那些讀者強烈要求小龍女復生，面對這些熱情的讀者（同時也是為了報紙的銷量），金大俠用迴天神力，居然令神鵰大俠一躍跳入絕情谷，和小龍女重逢，楊過結束了十六年的悽苦等待，使他漂泊的情感得到如意的歸宿。

而後神鵰大俠和小龍女重出江湖，大戰蒙古大軍，最後這對神仙眷侶歸隱南山，百年後，他們的後人還穿著杏黃衫，在江湖神龍一現，讀者對這樣的結局非常滿意。

但這是最好的結局嗎？

從小說的結構來說似乎不應該如此。

還記得小說從頭至尾反覆出現的那首元好問的〈摸魚兒・雁丘詞〉（問世間，情為何物，直教生死相許），這首詞的序中寫道：乙丑歲赴試并州，道逢捕雁者云：「今日獲一雁，殺之矣。其脫網者悲鳴不能去，竟自投於地而死。」

書中關於雙鵰之死的描寫，似乎也對應這首詞中的故事。「只見那雌鵰雙翅一振，高飛入雲，盤旋數圈，悲聲哀啼，猛地裡從空中疾衝而下。雌鵰一頭撞在山石之上，腦袋碎裂，折翼而死。」

這段描寫，我們隱約能看到原本應該有的小龍女跳崖而死、楊過殉情的情節。

從小說創作來說，楊過和小龍女一再面臨正常世界不太可能發生的「極限情境」，小龍女失貞，楊過斷臂，兩人明明刻骨銘心相愛，卻生生分離十六年。金庸透過這種武俠的象徵結構，來抒寫人生的「極限情境」。

楊過和小龍女的愛情為世俗所不容，即便是郭靖這樣的大俠也將其視為洪水猛獸，所以這種愛情，一開始就是一場悲劇。而悲劇還不止這種單純的衝突。楊過斷臂，主要是楊過激越而自負的性格所致，因此屬於「性格悲劇」；小龍女失貞，是一種「場合悲劇」，待情節發展到兩人在絕情谷中被迫分離，生死茫茫，再見無期，這時場合悲劇和性格悲劇已經完全糾結在一起。

《神鵰俠侶》的悲劇已達情境交融，首尾呼應，天殘地缺繼而女死男殉，才是結構上應有的安排。難怪金庸的好友倪匡說，讓小龍女復生並非是金庸本意，否則好好的小龍女為何要被一個破道士糟蹋了呢？

假如是小龍女死了，楊過殉情，整部小說的魅力是否將大大提升（雖然楊、龍重逢的《神鵰俠侶》同樣是經典之作）？

如果是悲劇收場，人們將更加牢牢記得這兩個人物。這一點，經濟學家一定會同意。

丹尼爾·康納曼曾說：「比起整個人生，我們更在意人生的結局。」

康納曼所說的就是峰終定律（peak-end rule），他對這一個問題進行了開創性的研究，並取得了卓有成效的研究成果。

根據峰終定律，我們對過去體驗的記憶由兩種因素決定：事情達到

第九章　幸福探索：最重要的一種智慧

極限（最好或最壞）時我們的感受，以及事情結束時我們的感受。我們用它總結自己的體驗，並作為日後評價新體驗的參考依據。這種體驗總結又反過來影響我們是否再來一次的決定。而其他一些因素，比如體驗過程中快樂和不快樂所占的比例，或者體驗持續的時間，幾乎對我們的記憶毫無影響。

康納曼在醫學領域找到了一個例子。在 1980 年代末期，病人對結腸鏡檢查可謂談虎色變，檢查過程讓人極度不適，那種滋味沒人願意再嘗一遍，但另一方面每年因結腸癌而死亡的病患在美國達到 6 萬人，如果能在患病早期接受檢查，很多人完全可以治癒。

而導致結腸癌直至晚期才被發現的一個重要原因是，人們在第一次結腸鏡檢查後感受到了太多的不適，所以拒絕做第二次檢查。

為了解決這個問題，一個名叫雷德梅爾的醫生花了一年的時間，在大約 700 人身上展開了實驗。在為其中一組病人進行檢查時，醫生在結束檢查後直接把結腸鏡從病人身體中抽了出來；而為另一組病人做檢查時，醫生在結束檢查後，將結腸鏡在病人的直腸內又停留了三分鐘左右，這多出來的三分鐘當然也不舒服，只不過這段時間沒有前面那樣痛苦。

檢查結束後的一個小時，研究人員請病人對剛才的經歷進行評價，結果顯示，第二組病人，即結束時不那麼痛苦的這些病人，所記住的痛苦要比第一組病人少。更有意思的是，在後續研究中，第二組病人要比第一組更樂意再做一次結腸鏡檢查。

康納曼說，朱塞佩‧威爾第（Giuseppe Verdi）的歌劇《茶花女》（*La Traviata*）最後一幕中，薇奧莉塔（Violetta）即將死去，她躺在床上，周圍有幾個朋友。薇奧莉塔的愛人得知她病危的消息，匆匆趕往巴黎，而她

在聽到這個消息後,也彷彿看到了希望,感受到了喜悅,儘管她的病情在快速惡化……無論他看了多少次這一部歌劇,還是會為這個緊張而危險的時刻揪心,這位年輕的愛人會及時趕到嗎?當然,他做到了,美妙的二重唱響起,但薇奧莉塔也在這 10 分鐘的美妙音樂過後死去。

康納曼的觀點是在評估整個生命以及一些有趣或重要的事情時,高潮和結局很重要,過程通常會被忽略。

我們可能把包法利夫人(Madame Bovary)追求愛情的渴望遺忘,只記得她吃下的那些砒霜;我們也會忘了朱利安‧索海爾(Julien Sorel)改變人生的努力,只記得他被砍下的頭顱。如果卡門(Carmen)沒有死在唐‧荷塞(Don José)的手中,那麼小說還能這麼讓人難忘嗎?

同樣地,一次旅行無論多麼美妙,但在最後付款的時候你和旅行社發生了激烈的爭執,那麼這場爭執就會毀掉你整個旅行美好的記憶;一場交響樂如果在結尾的時候發出刺耳的聲音,那麼無論中間的過程多麼完美,我們都認為這是糟糕的體驗;當我們從自己的記憶角度思考失敗的婚姻,離婚就會像以刺耳的音符結束的交響樂,事實上,這雖然很糟糕,但並不意味著自己的婚姻從來沒有幸福過……

聰明的商家常常會利用這一點來執行完美的行銷。

當我們在逛宜家家居購物中心時,你或許走得筋疲力盡,卻還沒找到想買的商品,心中不免有點沮喪,在結完帳離開時,你會經過銷售食品的櫃檯,這裡提供的冰淇淋在週一到週五僅需 1 美元,小孩子最愛的熱狗只需 2 美元,美味的黑巧克力也只需 8.9 美元。當我們吃著 1 美元的美味冰淇淋滿意地離開時,很快就會忘記剛剛的不快,想著下次再去逛逛。這就是峰終定律的魔力。

在日本一些店面裡,門口站著接送客人的店員,當客人離開的時

第九章　幸福探索：最重要的一種智慧

候，他們必須站在門口目送客人遠去，並且一直在門口躬身目送，直到對方看不見為止。顧客走了很遠回頭時，仍能看到他們在躬身相送，於是對整個消費的過程評價大幅提高。

峰終定律是一種啟發性策略，人們在對過去的情感經歷進行回溯性評價時，幾乎大多依靠經歷過程在高峰時期和結束時期的相關資訊。當我們這樣做的時候，事實上忽略了幾乎所有其他資訊，包括幸福經歷或不幸經歷的完整資訊，以及事件持續多久。

1990年代的日劇《東京愛情故事》令一代人念念不忘，其中，男、女主角最後無法在一起的結局發揮了關鍵的作用。女主角莉香說：「一生中能愛上別人並不是一件簡單的事……喜歡過完治，因此覺得很珍惜。」

《東京愛情故事》的結局讓我們陷入了永遠的遺憾中。如果是大團圓結局，我們可能早就不記得《東京愛情故事》這個故事了。

有個反面的例子，美劇《冰與火之歌：權力遊戲》（Game of Thrones）前面七季，觀眾的網路評分都保持在9分以上，可是最後一季第八季，出人意料地只獲得了6.1分，是製作水準突然下滑嗎？當然不是，最後一季也拍得相當精采，只不過有一個讓人厭惡的結局，觀眾喜愛的「龍后」忽然變壞，出現了男主角殺了女主角這樣莫名其妙的結局。一個糟糕的結尾破壞了觀眾對整季劇的評價。

而《雪山飛狐》中，金庸為全書留下了一個完全開放式的精妙結尾，胡斐對苗人鳳的這一刀，到底有沒有砍下去，作者並沒有寫出來。「胡斐到底能不能平安歸來和她相會，他這一刀到底劈下去還是不劈？」全書到這裡戛然而止，這個耐人尋味的結局，令全書增色不少。

同樣地，《神鵰俠侶》中，如果是以悲劇收場，那麼這部小說的震撼

楊過和小龍女重逢是最好的結局嗎─我們的記憶受到「峰終定律」的影響

力將遠遠超過目前這個大團圓的版本，人們會對小龍女和楊過更加念念不忘。

在同樣的情境下，英國作家查爾斯‧狄更斯（Charles Dickens）則採取完全不同的方法。他當時在雜誌上連載《老古玩店》（The Old Curiosity Shop）大受歡迎，讀者對善良的少女小耐兒（Little Nell Trent）的遭遇非常同情，在連載快要結束前，狄更斯每天收到幾十封讀者來信，懇求他「發發慈悲」，「不要將小耐兒弄死」。許多讀者來到老古玩店前，乞求店主開恩，饒小耐兒一命。他們明知小耐兒不在店裡，仍趴著窗探視，為垂死的小耐兒哭泣。

此景此情，狄更斯深受感動，他說：「這篇故事使我心碎，我簡直不敢寫出它的結局。」然而，狄更斯是一名嚴肅的現實主義大師。他的「心腸更硬」，沒有讓情感的隨意性取代生活邏輯的必然性。小說的最後結局，小耐兒還是香消玉殞了。

《神鵰俠侶》原本的大悲劇最後被另一個小小的悲劇取代，我對這個悲劇故事的印象卻比對楊過、小龍女成為神仙眷侶的印象更深刻，這個小小的悲劇發生在深深愛戀楊過的郭襄身上，郭襄看著楊、龍二俠的背影悵惘不已。

書中最後這樣寫道：「卻聽得楊過朗聲說道：『今番良晤，豪興不淺，他日江湖相逢，再當杯酒言歡。我們就此別過。』說著袍袖一拂，攜著小龍女之手，與神鵰並肩下山。其時明月在天，清風吹葉，樹巔烏鴉呀啊而鳴，郭襄再也忍耐不住，淚珠奪眶而出。」

第九章　幸福探索：最重要的一種智慧

茅十八的命到底值多少錢──
湯瑪斯・克倫比・謝林測定生命價格的方法

《鹿鼎記》中，揚州城裡貼滿了榜文，說是捉拿江洋大盜茅十八，只要有人殺了茅十八，就賞銀二千兩，倘若有人通風報信而捉到茅十八，就賞銀一千兩。

看到榜文的韋小寶心中閃過一個念頭，要是去舉報得了這一千兩賞銀，幾年也花不完。可是他又覺得自己不能為這一千兩銀子就出賣朋友，就算有一萬兩、十萬兩銀子的賞金，也絕不會去通風報信。接著他又想到，倘若真有一萬兩、十萬兩銀子的賞格，出賣朋友的事要不要做？這讓他頗有點打不定主意。

茅十八的命到底值多少錢？韋小寶考慮的問題也是經濟學家一直在考慮的，他們一直試圖為生命標價，並且認為生命的價格是有高低的，事實似乎也是如此。

「911」事件發生後，美國國會成立了一個受害者補償基金，那麼這些錢是每一位受害者的家屬平分嗎？當然不是。基金首先要判定的是每個人的經濟損失。一說到損失差別就大了，世貿中心北樓105層的期貨公司高階主管，年薪數百萬美元；而同一座樓110層「世界之窗餐廳」的廚師，一個來自秘魯的非法移民，每年才賺17,000美元。

基金最後支付給2,880位罹難者「平均每人」200萬美元左右的賠償，年輕人的生命比老年人值錢，30多歲男性的生命價格大概是280萬美元，而70歲以上的男性則少了60萬美元。男性的生命比女性值錢，女性家庭得到的補償金比男性少37％。8個年薪超過400萬美元的罹

茅十八的命到底值多少錢—湯瑪斯・克倫比・謝林測定生命價格的方法

難者家庭平均得到 640 萬美元，而補償最少的罹難者家庭只拿到 25 萬美元。

有意思的是，98 個最有錢的家庭決定放棄賠償金，轉而和航空公司打官司，雖然這要花費一大筆律師費。幾年之後，有 93 個家庭與航空公司達成協議，平均的賠償金是 500 萬美金。

這只是對逝者的生命定價，那麼活人呢？經濟學家認為同樣可以。1960 年代，2005 年諾貝爾經濟學獎得主、美國經濟學家湯瑪斯・克倫比・謝林建議，可以根據人們肯為自己的生命安全花多少錢，來測定他們為自己生命的定價。一項關於家長為孩子購買腳踏車安全帽意願的研究得出結論，在美國父母的心中，孩子的價值為 170 萬到 360 萬美元之間。

根據世界銀行 2007 年的估測，一個印度公民每年維繫生命的成本為 3,162 美元，那麼其一生的成本大概就是 9.5 萬美元。2005 年一項關於墨西哥城工人薪資的研究，把他們的生命價值量化為每人 32.5 萬美元。

美國前總統巴拉克・歐巴馬（Barack Obama）的首席經濟顧問勞倫斯・薩默斯（Lawrence Summers）曾簽署一份備忘錄，該備忘錄暗示富國向窮國出口垃圾是合理的。他說，窮國薪資水準低，工人生病或死亡的損失比較小一點。備忘錄表示：「把汙染環境的垃圾傾銷給薪資水準最低的國家，這一項經濟學邏輯無可指責，人們應當接受。」薩默斯的話受到了廣泛的指責，但他說出了一個事實：今天的環境汙染、水汙染各種問題，都源自於我們生命的廉價。

關於生命的定價還發生過一起駭人聽聞的事件。福特汽車公司明知其 1971 年生產的平托汽車（Pinto）的油箱在追撞事故中容易起火，卻選擇不改進，結果這款汽車上市後車禍不斷，在一些追撞事故中，由於油箱起火，受害人在車內被活活焚燒致死。

第九章　幸福探索：最重要的一種智慧

　　當受害者家屬訴諸公堂，其中內幕天下大白，福特公司早已發現問題，他們計算了改良成本，將這一項成本與預計死亡人數以及對這些死者的法定賠償數額進行了比較，他們所參照的是美國對生命價值的裁定。經過一番成本效益的分析之後，福特公司發現不改良汽車的成本較低，於是其工程師出於成本考慮，放棄了安全性。

　　雖然福特公司最後付出了天價賠償，但也說明生命在生產商心裡都是有價格的。

　　美國有一則著名的廣播諷刺小品，一個名叫本尼的人從鄰居家回來，路上遇到了強盜，強盜拿刀威脅說：「兄弟，要錢還是要命？」本尼是有名的守財奴，半天沒回答，強盜急了，繼續問：「要錢還是要命？」不料本尼回答道：「你急什麼，我這不正在考慮嗎？」

　　再談談韋小寶，當茅十八扔來一個元寶說，你的就是我的，我的就是你的，拿去使便了，說什麼借不借的？韋小寶頓時被他的義氣打動，茅十八性命的估值也隨之大大提高，韋小寶心想：這好漢真拿我當朋友看待，便有一萬兩銀子的賞金，我也不能去報官。十萬兩呢？這倒有點兒傷腦筋……

　　在《鹿鼎記》的最後，韋小寶又重新判定了茅十八性命的價格。他想拜託結拜兄弟多隆放了茅十八，但被多隆一口拒絕，多隆說，皇上吩咐了要自己嚴加看管，明天一早由你監斬。倘使自己徇私釋放，皇上就要砍我的頭了。韋小寶心裡一涼，心想：現在連一百萬兩銀子都買不到茅大哥的一條命。

　　此時茅十八的命在韋小寶眼裡，其實遠遠超過一百萬兩銀子，於是他鋌而走險，冒著掉腦袋的風險，在刑場用了調包計，救下了茅十八。

像靖哥哥一樣出手大方
——為自己花錢和為別人花錢何者更快樂

當郭靖初遇乞丐打扮的黃蓉時,慷慨程度讓黃蓉大吃一驚。

黃蓉在酒樓裡點了一桌昂貴的菜,讓店小二驚訝得嘴巴都合不攏,郭靖對此卻毫不在意。他又見黃蓉衣衫單薄,當下脫下貂裘,披在她身上,還把身邊剩下的四錠黃金,取出兩錠,送給了眼前這個剛剛認識的朋友。

靖哥哥揮金如土也罷了,黃蓉繼續提出了過分的要求——自己喜歡郭靖的那匹汗血寶馬,沒想到郭靖毫不遲疑地答應了。

郭靖之所以眉頭都沒皺一下,就把自己的黃金、貂裘、寶馬送給了別人,這固然和他在蒙古草原養成的重友輕財的豪爽個性有關,而另一部分,也是行為經濟學家們一直所關注的內容。

伊麗莎白・鄧恩(Elizabeth Dunn)是加拿大英屬哥倫比亞大學心理學社會認知和情緒實驗室的教授,麥可・諾頓(Michael Norton)是美國哈佛大學商學院工商管理系的教授,兩人的主要研究問題是:金錢財富的花費方式是否會和獲得金錢財富一樣影響人們的幸福感?為自己花錢與為別人花錢對於人們幸福感的影響是否會有不同?

兩人最終把研究成果發表在《科學》(Science)期刊上。在這篇名為〈為別人花錢能促進幸福〉(Spending Money on Others Promotes Happiness)的文章中,他們介紹了自己的研究方法和結論。

兩人首先探討的是花錢方式與人們幸福感之間的相關關係。他們採

第九章　幸福探索：最重要的一種智慧

用了調查法，隨機抽取 632 名有代表性的美國人樣本，男女比例為 45 比 55，要求評價並報告他們的整體幸福感和他們的年收入，並報告他們在有代表性的一個月內四項花費的情況。四項花費分別為：付帳單和日常開銷費用；為自己買禮物的開銷費用；為別人買禮物的開銷費用；向慈善機構捐贈的費用。

這一項調查研究初步證實了人們的消費方式和幸福感之間的關係，即人們怎樣花他們的錢對於他們幸福感的重要性，或許和他們賺多少錢對其幸福感的重要性一樣大。進一步講，就提高幸福感而言，比起為自己花錢，為別人花錢也許是獲得幸福感更有效的一條路徑。

人們常常會說，「我從前太虧待自己了，以後要好好善待自己，多為自己花錢，不能只是為配偶或者孩子們花錢」，事實上，為配偶或者孩子們花錢所帶來的幸福感，可能比為自己花錢帶來的幸福感更高。最典型的例子就是歐·亨利的小說《麥琪的禮物》中，德拉賣掉心愛的長髮，買了送給吉姆的錶鏈，這件事情雖然讓德拉有些不捨，但是能夠為吉姆送上禮物，卻能帶給德拉深深的幸福感；而吉姆也一樣，雖然賣了自己心愛的掛錶，但是想到能送給德拉禮物，他也有深深的幸福感。如果兩人都只想著為自己買禮物，那他們就無法體會到彼此深愛的那種幸福。

鄧恩和諾頓的另一個實驗中也得到了幾乎相同的結論，也就是當得到意外之財後，將其為別人花費比花在自己身上能體驗到更大的幸福感。

他們的實驗過程是這樣的，在某一天的早上，每一位實驗者都拿到一個裝有數十美元的信封，他們被要求在當天下午五點前將各自信封裡的錢花出去。一些實驗者被隨機分到個人消費組，這一組的實驗者被要求將錢花在為自己付帳單、為自己付日用品開銷或者為自己買一件禮物

等方面。而另一些實驗者則被隨機分配到社會消費組,這一組的實驗者被要求將錢花在為別人買一件禮物或者進行慈善捐贈等方面。

當天下午五點之後,所有實驗者都被電話訪問,並報告他們的幸福感狀況。研究者對他們的幸福感進行了評定,實驗的結果直接支持了研究者的因果判斷:為別人花錢對幸福感的提高,遠高於為自己花錢對幸福感的提高。

鄧恩和諾頓的這些實驗,證明了郭靖如此慷慨的一個原因——為別人花錢能帶來更大的幸福感。這一項研究的重要意義在於,將傳統研究中聚焦於收入本身對幸福感影響的觀點,轉向了探討消費方式的選擇對幸福感的影響。

金錢的獲得並不能帶給我們幸福。來自紐約州立大學水牛城分校的心理學教授羅拉・帕克(Lora Park)認為:當一個人把自我價值建立在金錢之上時,那麼便有可能在對金錢的追逐中變得消極不安;當人們把自我價值建立在經濟成功的基礎上時,他們在日常生活中常常會感到孤獨。

所謂把自我價值建立在金錢之上,是指個人的價值和價值感取決於實現經濟上成功的能力,即賺到自己滿意數量的金錢的能力,這種外部的、有條件的來源又構成了自尊,它反映了一種渴望,即獲得經濟上的成功以作為自尊的基礎。

那些把自我價值建立在金錢之上的人,會承受更大的壓力與困擾、更少的自主性、更多的負面情緒,面對問題變得更加消極,想著逃避。而不被金錢奴役、不看重金錢,不把自己價值和金錢捆綁的人,則表現出更大的自信和滿足感。

當一個人的自我價值與金錢無情地連繫在一起時,他們會把經濟上

第九章　幸福探索：最重要的一種智慧

的成功視為自我價值的基礎，這些人在經濟上的成功程度直接影響到他們對自己的看法。當他們做得好的時候感覺很好，但是如果他們在經濟上沒有安全感，就會覺得自己一文不值。所以在生活中，那些總是努力表現出自己很有錢的人，自尊心其實是很脆弱的。

研究者瑪格麗特・克拉克（Margaret Clark）、艾倫・格林伯格（Aaron Greenberg）等人在 2011 年的一項研究顯示：人們增加財富累積或看重財富擁有主要是為了增加自身的安全感，而提高人們的人際支持系統或提高人們的人際交往安全感，則可以降低人們對財富擁有的正面評價。簡單地說，堅實的親情和友情才是最可靠的財富，它們可以降低人們對金錢的依賴性。

在另一項實驗中，參與者包括 800 多名加拿大人和東非烏干達人，參與者需要回憶曾花掉的一小筆個人財富：20 加幣或 1 萬烏干達先令，兩者購買力大致相當。在這兩個國家，分別有一部分人被要求回憶一個將這筆錢花在自己身上的事例，而另一部分人則要回憶一個將這筆錢花在別人身上的事例。

加拿大和烏干達幾乎在任何方面都不一樣，包括歷史、宗教、氣候以及文化，最重要的是，這兩個國家的個人所得屬於兩個極端。加拿大個人所得排名全球前 15%，而烏干達排名後 15%。

無論是加拿大人還是烏干達人，幸福的感受都是一樣的。對於兩國人民而言，當想起把錢花在別人身上時，比想起花在自己身上時的感覺更加幸福。即使在相對貧困的國家，儘管人們手頭不寬裕，但把錢用來幫助更加急需用錢的人，也會增加他們的幸福感。

在小說中，郭靖一定覺得黃蓉更需要錢，於是慷慨解囊。他的這些

舉動也深深打動了黃蓉。她原本是隨口開個玩笑，心想郭靖對這匹千載難逢的寶馬愛若性命，自己是存心要瞧瞧這老實人如何出口拒絕，哪知他竟然豪爽答應，不禁愕然。黃蓉心中感激，難以自已，忽然伏在桌上，嗚嗚咽咽地哭了起來。

在黃蓉的內心，已經深深認定眼前這個人是可以依靠終身的。

第九章　幸福探索：最重要的一種智慧

裘千尺是如何在地牢中煎熬過來的
——「適應性偏見」隨處可見

在《神鵰俠侶》中，裘千尺的故事是一個悲劇。裘千尺是鐵掌幫的幫主裘千仞的妹妹，她年輕時是一位美人，下嫁給絕情谷谷主公孫止，她看不起丈夫，對公孫止隨意辱罵。當丈夫愛上了侍婢柔兒，她便逼他殺了這個婢女。於是，心懷怨恨的公孫止騙裘千尺服下迷藥，挑斷她的手足筋絡，並將她拋入深穴之中。

當楊過與公孫綠萼在地穴遇見裘千尺時，她的形象已幾乎與野獸無異，她的衣服早已破爛不堪，只能在地上爬行。裘千尺儘管眼看沒有重回地面的希望，但她仍頑強地活著，靠著棗樹上掉下來的棗子為生，並且就地取材，練成以口噴射棗核釘的厲害功夫。

究竟是什麼支持她繼續活著？只是單單憑著胸中對公孫止的仇恨，或者是求生的本能嗎？

在日常生活中，我們理所當然地認為幸福的事件能使人更幸福，而不幸事件的發生毫無疑問會降低人們的幸福感。假如成為「手足筋絡挑斷」的殘疾人，每一天必定生活在無比的痛苦之中。

美國社會心理學家菲利普·布里克曼（Philip Brickman）等人依據「適應水準理論」（adaptation level theory）採用實證研究的方法，研究了一個人們在日常生活中根本不會存有任何疑問的問題：買彩券有幸獲得百萬美元大獎的幸運兒的幸福感，一定會比事故中致殘的人高嗎？

這還用說。人人都願意成為那個中獎的幸運兒，中了大獎可以買

車、買房，甚至下半輩子都不用工作了，而那個遇到事故的不幸的人，恐怕從此離不開輪椅了。兩者幸福感相差何止千萬倍。

那麼我們來看看布里克曼的這個研究吧。

布里克曼等人首先把研究對象分為三個小組。

第一個是事故受害組，他們從一家康復機構抽取了因事故致殘的11位截癱患者和18位四肢傷殘者。

第二組是彩券中獎組，該組來自伊利諾州彩券中獎者名單中的22位中獎者，其中7位中獎金額為100萬美元，6位中獎金額為40萬美元，其餘幾位分別為20萬美元、10萬美元和5萬美元。

第三組是對照組，受試成員是28位和彩券中獎者生活在同一地區的人。

這其中無論是中獎的事件還是傷殘的事件都已經過去了一段時間。

研究者採用了評分的方式對他們的幸福感採取評價，在量表中，0代表一生中可能發生的最壞的事，2.5作為假設的中立點，5代表可能發生的最好的事情。

在評估整體幸福感的時候，作為對照組，測試的平均得分為3.82分，而中大獎者的幸福度也並沒有高出很多，平均為4分，事故受害組也比對照組低了不到一分，為2.96分。

三者的差別遠比我們想像的來得小。

更耐人尋味的是，當預測未來的整體幸福感時，三者更為接近，中獎組為4.2，對照組為4.14，事故組為4.32。

而三組在評估日常快樂時，也很接近，中獎組為3.33，對照組為3.82，事故組為3.48（在日常生活中似乎中獎者成了最不快樂的人）。

第九章　幸福探索：最重要的一種智慧

行為經濟學家將之稱為「適應性偏見」（adaptive bias）。適應性偏見指的是人們常常低估了自己的適應能力，從而高估某些事情在一段時間之後對自己的影響。比如我們冬天參加冬泳運動，剛開始會覺得水冰冷刺骨，游了一下子以後就會覺得沒有原來那麼冷了。這些都是適應性發揮的作用。適應性是普遍存在的，正因如此，它才不太容易被人們所察覺和重視，於是，適應性偏見也在不知不覺中產生。

我們在日常生活中，遇到升遷、加薪、買了心儀的汽車或者房子都會非常開心，並且會高興好長一段時間，但是隨著時間的推移，我們很快會產生適應性，我們的幸福程度又會回到原來的水準。

舉個例子，如果你住在中國哈爾濱，那裡冬天冰天雪地，假如住在昆明，那裡則是四季如春。那麼你覺得，住在哪個城市的人比較開心呢？

事實上，就氣候而言，住在兩個城市的人愉悅程度差別並不大。一直住在昆明的人，早就對昆明的氣候產生了適應性，並不會因為自己能夠住在四季如春的城市感到格外高興，同樣地，住在哈爾濱的人也早已適應了冰天雪地，不會覺得這樣的天氣有什麼特別難熬。

行為經濟學家阿夫納‧沙凱德（Avner Shaked）和丹尼爾‧康納曼等人的研究證實了上面的現象，他們發現住在美國中西部和加州的人的愉悅程度實際上並沒有顯著差別，而住在中西部的人覺得住在陽光明媚的加州的居民更開心，加州人也覺得自己比中西部的人更快樂，只可惜人們的推測都是錯誤的。

曾經有人做過這樣的研究，追蹤一批人，調查他們在結婚前五年到結婚後五年的幸福程度。實驗證明，結婚的確可以帶給人幸福，從結婚前五年開始（那時候還是單身），越臨近結婚那個時刻，幸福程度越

> 裘千尺是如何在地牢中煎熬過來的—「適應性偏見」隨處可見

高,當結婚那個美好的時刻終於來臨時,這種幸福程度達到了頂峰。很快地,多數人的幸福程度就開始下降,一直到結婚後的第五年,此時的幸福程度已經和結婚前五年沒有差別了,整個婚姻的幸福度呈現「倒U形」,難怪有我們常說的「七年之癢」,在婚後的七年,再熱烈的感覺也可能變得平平淡淡了。

我們剛搬進一棟新房子,可能會為精緻的裝潢而感到興奮不已,或者會為了浴室瓷磚格格不入的顏色感到不舒服。過了幾個星期,這些因素逐漸淡化為背景;又過了幾個月,浴室瓷磚的顏色不再顯得那麼刺眼,但是同時,精美的裝潢也失去了原來的魅力。

這種情緒上逐漸穩定的現象,即原有的正面感覺淡化,負面感覺也減弱,這一個過程稱為「快感適應」。

回到布里克曼等人的實驗中,行為經濟學家在解釋之所以中百萬大獎者和事故傷殘者幸福感相似時,提出了兩個重要機制,一個是對比機制,另一個是習慣化機制。

所謂「對比機制」,是指在短時間內,大的幸福事件的發生,會導致一些小事件失去驅動幸福的作用,而重大不幸事件的發生,同樣導致以往為自己帶來苦惱的小事件失去對幸福感的負面影響。

那些因事故帶來巨大不幸的人,以往小的不幸事件便無足輕重,而以往不引人注意的小幸福事件,卻會帶給他們更大的幸福感,反而降低了他們整體的不幸感。

中大獎的幸運玩家因中獎獲得了巨大的幸福,但很快會覺得以往一些小的幸福事件不再有特別意義,反而降低了自己的整體快樂和幸福。

所謂的習慣化機制,是針對長時間而言,隨著重大幸福事件或不幸事件發生的事件遠去,中大獎後的激動心情或因事故致殘的劇烈痛苦和

第九章　幸福探索：最重要的一種智慧

不幸會逐漸消失（即人們常說的時間會抹平一切）。

中大獎者會把中獎帶來的快樂幸福看得習以為常，這些快樂不再強烈，因而對他們的日常快樂程度不再有很大影響；因事故致殘者也會把事故帶來的不幸和痛苦看得習以為常，這些不幸和痛苦也不再強烈，故而對他們的日常不幸和痛苦程度不再有很大的影響。

1995 年的春天，電影《超人》（*Superman*）的扮演者克里斯多夫‧李維（Christopher Reeve）因在比賽中不慎墜馬而導致四肢癱瘓。作為明星的所有特權一下子消失了，他的生活就是圍繞著輪椅和病床，還需要別人幫他用海綿擦拭身體。正如他在自傳中寫道，他覺得自己的生活徹底完蛋了，他想：「我為什麼不死呢？也省得為大家添麻煩。」

可是僅僅幾年之後，克里斯多夫就又回到了大眾的目光中，他開始積極資助脊髓研究，1996 年他在奧斯卡頒獎典禮上發言；1997 年他自己擔任導演，執導了《黃昏時刻》（*In the Gloaming*）；1998 年他重返銀幕，參加了《後窗》（*Rear Window*）一片的演出。雖然他已離不開輪椅，脖子以下的部位都無法控制，但是他仍然保持高度樂觀，信心百倍地宣稱：「當我放眼未來時，我看到了更多的可能性，而不是局限性。」

當生活出現巨大轉變後，我們應該避免迅速作出重大決定，在美國監獄裡的自殺行為有一半都發生在入獄的第一天。當我們陷入絕望或者狂喜之中，都很難相信這些強烈的情感會消失。就像克里斯多夫回憶當初人們告訴他，可以從絕望和痛苦中恢復過來，他只簡單地回了句「我不信」。

哪一種生活讓令狐冲更幸福
—— 幸福感嚴重依賴區域性排名

在嵩山封禪臺推舉五嶽派掌門人時，令狐冲已經名震江湖，不過他遇到的對手卻是小師妹岳靈珊。一接上手，頃刻間便拆了十來招，令狐冲又回到了昔日華山練劍的情景之中，心中感到歡喜無限。

究竟是在小小的華山派做大師兄更幸福，還是在偌大的江湖中「滄海一聲笑」更幸福，這個問題也許困擾令狐冲，也許他早有答案。

美國經濟學家羅伯特·弗蘭克說，我們社會生活的品質取決於我們渴望成為哪個池塘裡的大魚，如果只有一個池塘，每個人都把自己的地位跟別人比較，那麼絕大多數人都是失敗者。畢竟，在一個有鯨魚的池塘，即便是鯊魚也會顯得渺小。與其和全部人比，不如從整個世界裡劃出一個小群體，在這個小池塘裡，每個人都是成功者。

幸福感是一件相對而言的事情。我們曾經盼望著現代化時代到來，可是這個時代真的來了，就算有水晶吊燈、智慧型手機，也覺得不過如此。1993 年諾貝爾經濟學獎得主羅伯特·福格爾（Robert Fogel）說，美國公民獲得的生活舒適程度甚至是 100 年前的皇室貴族所無緣享受的，但又有幾個美國人的幸福度超過了百年前的皇室貴族？

神經學專家的研究告訴我們，人類感受快樂和幸福的潛能是有限的。假如只要隨著財富的增加，我們就會變得越來越快樂，那麼我們恐怕早就幸福無比了 —— 很顯然，事實並非如此，我們可能正坐在高級轎車裡，望著被堵得一動不動的車流咒罵，對著最新款的平板電腦裡老闆傳來的工作郵件悶悶不樂。

第九章　幸福探索：最重要的一種智慧

　　人類是一群靠比較存在的傢伙，當鄰居買了新的 BMW，你開著福斯汽車的愉悅度就會陡然下降；同事買了別墅，你頓時覺得自己原本還算寬敞的公寓變得非常狹小。20 世紀美國作家 H L·孟肯（H. L. Mencken）說：富人是一個比他的親戚多賺 100 美元的人。孟肯還說過一句很經典的話：一個人對自己的薪資是否滿意，取決於他是否比他的連襟賺得多。

　　1975 年到 1995 年，美國個人所得實際成長了近 40%，但美國人在這一段時期並沒有感到更幸福。儘管擁有了電漿電視機、遊戲機和第三輛小汽車，但是人們對生活並沒有感到比 20 年前多一絲半點的滿足。

　　美國經濟學家理查·伊斯特林（Richard Easterlin）早在 1974 年就注意到這一個現象：就財富和幸福的關係而言，只有在貧窮國家，整體生活滿意度才與平均收入呈線性成長關係。只要最低生存標準達到了，這種相關性很快就會瓦解。一旦某個國家達到一定的發達程度，收入的絕對價值就不再重要，而相對價值的重要性則開始顯露。人們會和左鄰右舍比較財產，或者和親朋好友比較車子、房子，再或是和同事之間比較獎金、薪資。

　　其中的原因很簡單，絕對收入對人們生活的影響越來越小，大多數人主要關心的是他們相對於其他人的境遇差異。比如你是一個大學畢業生，相較於得到的第一份薪酬的具體數字，你更在意的可能是這個收入在班上排到什麼樣的位置。

　　科學家莎拉·索爾尼克（Sara Solnick）等人曾做過一個廣為人知的實驗：他們調查學生更願意生活在哪一個世界裡，一個是他們有 5 萬美元收入，而其他人都只有他們一半的收入；另一個是他們有 10 萬美元的收入，而其他人的收入是他們的兩倍。結果大部分人都選擇了前者，儘管選擇後者其收入會明顯提高。

> 哪一種生活讓令狐冲更幸福—幸福感嚴重依賴區域性排名

針對幸福感的早期研究顯示，雖然針對某一國居民在較長時間內測定的幸福感程度往往具有高度穩定性，但是在任何一個國家，個別居民在既定時刻的幸福感則嚴重依賴於收入水準。近期研究資料則顯示，個人的幸福感與周圍人群的收入之間存在明顯負相關性。

事實上幸福感存在著一種重啟機制，只要別人過得比你好，這個重啟鍵便會被無情地按下。經濟學家在觀察這類比較現象時，還用了一個有趣的術語，叫做「趕上瓊斯家」（意思是比鄰居和朋友們富有）。

1990年代，美國證券交易委員會強制上市公司披露高階主管的薪酬。當時高階主管們的薪酬已經是工人薪酬的131倍。證券交易委員會的意思就是讓大眾看看，你們好意思拿這麼多錢嗎？

薪酬公開後不久，媒體就依照高階主管們的收入高低排名，可是大眾低估了高階主管們臉皮的厚度，這樣做不但沒有降低薪酬，反而使得各路高階主管互相比較。結果，他們的薪酬像火箭一樣往上竄，和普通工人的收入比達到了369比1。要知道，高階主管們的比較對象是其他公司的高階主管。

丹尼爾‧康納曼和阿摩司‧特沃斯基曾經提出「參照依賴」（reference dependence）理論，認為多數人對於得失的判斷往往由參照點決定。人們的價值總是基於某個參照點來進行得失判斷，在參照點之上，個體感受是受益，反之感受為損失。中國古代的老子也說：「不患寡而患不均。」所謂不均，就是對比參照物所產生的落差。薪酬豐厚的高階主管把參照點設定在收入頂尖的高階主管上，而不是普通的工人身上，所以他們才會貪得無厭地覺得自己的薪酬還不夠多。

神經科學家也從理論上證實了上述觀點，區域性排名不僅影響到調節情緒和行為的神經傳導物質複合胺的濃度，也反過來受到它的影

第九章　幸福探索：最重要的一種智慧

響。在一定限度內，神經傳導物質複合胺濃度的升高，表示人的幸福感增加。

男性睪固酮的濃度與區域性排名存在類似的關係。區域性排名的降低往往會帶來血液睪固酮的下降，而排名的提高通常會伴之以血液睪固酮的上升。比如說，在一場網球賽中，奪取最終勝利的選手在比賽結束後通常會出現血液睪固酮上升的現象，而失利的對手血液睪固酮則會在賽後下降。和血清素一樣，睪固酮濃度的升高似乎可以刺激人們採取有助於實現或維持較高區域性排名的行為。

這一點也證實了為何武林中人，尤其是男性，熱衷於所謂江湖排名，所以才有這麼多武林大會、華山論劍。在這些區域性排名（比試武功）的活動中，勝利者的血液睪固酮上升，從而提高成就感，而那些被打敗的人，總是那麼垂頭喪氣。

那麼令狐冲應該退回到華山這個小圈子，和師弟、師妹過著幸福的日子（如果他能夠回去），還是去更大的江湖不斷地回應挑戰呢？同樣地，在現實世界中，我們應該把網際網路和社群帳號關了，回到自己悠閒的小池塘嗎？

美國《國家地理》(*National Geographic*)雜誌報導過一件有趣的事：我們養在魚缸裡的金魚通常只能長到十幾公分，然而在2013年，美國生物學家目瞪口呆地從太浩湖中釣起一條近40公分長的金魚，而且牠還不是湖裡的獨苗。有些住戶把不要的觀賞魚丟進湖裡，於是這些小金魚便自由繁殖並且恣意長大。由於這裡對小小的金魚而言食物充足而且天地寬廣，內華達大學水生生態系統的專家認為，將來有可能會在太浩湖看見比牠更大的金魚。

更廣闊的池塘的確使我們感到氣餒，但是同時也促進了我們的迅速成長。

在這個網際網路的時代裡，每一個人都不可能單獨生活，或者只活在一個封閉的小圈子中，因為我們隨時能得到別人的資訊。如果把時間倒退三、四十年，我們並不會在意和自己太遙遠的事情，我們的收入只會和身邊的親戚、鄰居比較，大家的狀況也差不多，並沒有什麼能激發出人們強烈改變自身境遇的欲望。

然而今天則大不相同，我們無法回到自己的池塘，世界是彼此連通的大海洋。我們可以從各種管道了解他人的生活，比如富人們的豪宅和遊艇……在這個世界上人和人的差距是如此之大。因為這種比較，會讓我們的幸福度下降，但是另一方面，和太浩湖的金魚一樣，我們得以擁有一個更大的世界，這個世界讓我們努力變得強大。

在金庸小說《笑傲江湖》中，華山派放在整個江湖上來看只是個不大的池塘，令狐冲在這個池塘裡幸福感很強，他不但是受到同門師弟尊敬的大師兄，還有他喜愛的師妹。然而命運卻把他推到了更大的世界，在這個武俠世界的滄海中，他既遭遇各種險境，看見人性的險惡，但同時也迅速地成長。

從個體而言，弗蘭克說的是對的，在一個小池塘裡我們的幸福感會更強，令狐冲也無時無刻不想著回到華山和小師妹一起練習「冲靈劍法」。當師父岳不群在嵩山爭奪五嶽派掌門人之前表示願意將他重列門下，令狐冲欣喜若狂。但是從更廣闊的角度來說，大海的存在讓每一個物種不敢懈怠並更加進取，競爭增加了整個社會的整體財富。而在武俠世界的滄海中，才會英雄輩出，令狐冲最終也成為笑傲江湖的絕頂人物。

第九章　幸福探索：最重要的一種智慧

寫在本書最後

從金庸小說中了解和學習行為經濟學的旅程將在這裡結束。了解這些知識，或許能幫你做出更明智的決策，避免財務和投資上的損失。不過更重要的是，我們能在了解這些知識的同時去思考幸福的真諦──什麼樣的人生才是真正值得我們追求的。

在金庸的故事中，如果一個人的人生目標是追求權力和江湖地位，那他最後難免走火入魔。就像任盈盈所說：「一個人武功越練越高，在武林中名氣越來越大，往往性子會變。他自己並不知道，可是種種事情，總是和從前不同了。」

行為經濟學家喬治‧洛溫斯坦（George Loewenstein）、丹‧艾瑞利（Dan Ariely）和強納森‧修勒（Jonathan Schooler）提出了相同的觀點，他們認為當人們為了追求金錢、權力等外在獎勵而執行某些行動時，往往會忘記這些行動的內在訴求。

三位經濟學家進行的一項研究證實了這個觀點，他們考察了475名參與者歡度千禧夜的目標、計畫和實現程度。結果發現，那些制定了最為龐大的計畫並且為了狂歡投入最多精力的參與者，最有可能感到失望。

如果你的人生目標是得到某個掌門或教主（上級主管）的肯定，那麼最後難免會疲於奔命，今天肯定你的人，明天也會用同樣的理由否定你。

寫在本書最後

如果你的目標是武功天下第一（比身邊的人更有錢和地位），那麼你會不斷感到挫折，會發現天外有天，總有人比你更厲害。

如果你想時時刻刻安排和掌控別人的人生，不容出錯，那麼你很可能到頭來什麼都抓不住。

如果你喜歡不停地比較，比孩子、比父母、比愛人，而忘記他們都是獨一無二的，那麼你這一生難免會心力交瘁、迷失自己。

如果你的目標是想成為快樂而充實的人，你隨時珍惜當下所擁有的一切，並且知道幫助別人也是一件幸福的事，那麼你的幸福感就會不斷累積。

這讓我想起香港 1983 年版電視劇《射鵰英雄傳》中的主題曲〈世間始終你好〉，這首由黃霑作詞，歌手羅文、甄妮合唱的歌曲膾炙人口。它看似歌頌愛情，但同時也唱出了行為經濟學的某種真諦──

問世間，是否此山最高，或者另有高處比天高。

在世間，自有山比此山更高，但愛心找不到比你好。

無一可比你，一山還比一山高。

真愛有如天高，千百樣好，愛更高。

決策江湖，金庸小說中的行為經濟學：
張無忌的猶豫、慕容復的執念、韋小寶的賭性……行為經濟學教你識破盲點，打通財經八脈！

作　　　者：	岑嶸	
發 行 人：	黃振庭	
出 版 者：	沐燁文化事業有限公司	
發 行 者：	崧燁文化事業有限公司	
E - m a i l：	sonbookservice@gmail.com	
粉 絲 頁：	https://www.facebook.com/sonbookss/	
網　　　址：	https://sonbook.net/	

地　　　址：台北市中正區重慶南路一段 61 號 8 樓
8F., No.61, Sec. 1, Chongqing S. Rd., Zhongzheng Dist., Taipei City 100, Taiwan

電　　　話：(02)2370-3310
傳　　　真：(02)2388-1990
印　　　刷：京峯數位服務有限公司
律師顧問：廣華律師事務所 張珮琦律師

-版權聲明

原著書名《读金庸学行为经济学》。本作品中文繁體字版由清華大學出版社有限公司授權台灣沐燁文化事業有限公司出版發行。
未經書面許可，不可複製、發行。

定　　　價：399 元
發行日期：2025 年 03 月第一版
◎本書以 POD 印製

國家圖書館出版品預行編目資料

決策江湖，金庸小說中的行為經濟學：張無忌的猶豫、慕容復的執念、韋小寶的賭性……行為經濟學教你識破盲點，打通財經八脈！/ 岑嶸 著 .-- 第一版 .-- 臺北市：沐燁文化事業有限公司 , 2025.03
面； 公分
POD 版
ISBN 978-626-7628-67-6(平裝)
1.CST: 經濟學 2.CST: 行為心理學
550.14　　　　114001853

電子書購買

爽讀 APP　　　臉書